西川 潤 編

# アジアの内発的発展

西川潤　野田真里　米岡雅子　穂坂光彦　甲斐田万智子
田中直　佐竹眞明　中谷文美　松島泰勝

藤原書店

# アジアの内発的発展／目　次

# アジアの内発的発展

# 序

西川　潤

一九八〇年代から九〇年代にかけて、東・東南アジア諸国は平均七～八%台の高い経済成長を達成し、「東アジアの奇蹟」と謳われたことは周知の通りである。この高い経済成長は、開発を国家目的とする中央集権的な国家の主導の下に、これらの国が積極的に海外の多国籍企業を誘致し、世界市場向けへの輸出をおこなって達成された。すなわち、かつての高度成長時代の日本がそうであったように、これらの国の輸出成長率は年一五から一六%にも達し、それが七～八%の高いGNP成長を誘導した。その意味でこれらの国の成長は、国家主導型、外資依存型、輸出振興型の成長であった、といってよいだろう。

ところが、一九九七～九八年にタイをきっかけにインドネシア、マレーシア、韓国を次々に襲った通貨・金融・経済危機は、これらの国の発展のあり方に大きな疑問をなげかけるものであった。

二〇〇〇年現在で、これらの国の多くに外資が再び戻ってきて、再び成長動向が回復しているかに見えているが、しかし、経済危機の及ぼしたインパクトにはきわめて大きなものがある。

まず第一に、アジア諸国は現在の世界システムの中心部と、多国籍企業を通じてリンクすることによって、世界システムの周辺部から半周辺部、半周辺部から中心部へと這い上がる戦略を取った。しかし、現在の世界システムを動かしている経済グローバル化とそれに伴う金融グローバル化は必ずしもこのような戦略の成功を保障するものではないことに、巨大な短資の移動に翻弄されたこれらの国は気がつくようになったのである。すなわち、単にグローバル化の流れに乗っていたのでは、いつ市場経済の荒波により成長ブレーキどころかマイナスの成長に転じかねないという教訓を、アジア諸国は汲み取った、といえる。

第二に、これまで、アジア諸国は程度の差はあれ、中央政府に権力と資源を集中し、外資と手を組んで、開発と近代化を推進する国家主導型の開発独裁体制をとってきた。植民地制を経験した多くの国にとって、このような上からの開発体制はなじみ深いものであり、東西冷戦体制のコンテキストもあって、比較的抵抗なく、先進国への「キャッチアップ」のために正当化されてきた。しかし、透明性を欠いたこの統制主義は、各所で汚職腐敗や金融バブルを生み、ここでも日本の例と同じように、行き詰まらざるを得なかった。インドネシアでのスハルト一族及び取り巻きによる利権独占、韓国における財閥と政治家の癒着、タイにおけるノンバンクを通じての不良債権の累積などはその一例である。すでに九〇年代初めに、アジア諸国で民主化運動が強まり、タイでは、九二年の市民デモによる文民政権の樹立に続き九七年には市民参加により新憲法が制定された。韓国でも文民政権への移行が実現し、金大中政権の下で財閥リストラが行われている。インドネシアでは九八年に、スハルト政権が崩壊し、九九年選挙でワヒド政権が成立して「新生インドネシア」を掲げている。すなわち、今までの開発独裁政権は立ちゆかず、政権基盤の民主化、透明性の確立、国民支持の確保などが、アジア諸国での新しい課題として登場している。

今日、アジア諸国の発展には明らかに新しい方向が出てきている。一つには、単に世界市場（＝世界システム）に依存するばかりでなく、地域レベルで横の連携を強め、グローバル化の動きに対応するクッションとしようとする多角化の動きである。一九九九年に初めてＡＳＥＡＮ＋３（日中韓）の会合が持たれ、常設化されたことはこの動きを反映している。第二は、グローバル化の中で生き抜いていくために、より人材養成に努め、教育・訓練など人づくりに力を入れていく方向である。こうした動きは、社会の民主化、社会発展の動きと共に、二一世紀当初数十年間のアジアの経済成長、発展に大きな役割を与えていくことになろう。

だが、もう一つ、この時期のアジア諸国に大きな影響を与える要因が存在する。それは、アジア諸国がアジアとして持つアイデンティティの獲得であり、このアイデンティティを基礎として単に経済成長にとどまらぬ社会や人間を含めた多面的な発展をはかっていく方向である。これが内発的発展の方向にほかならない。

内発的発展とは、ある地域の住民が、自己の文化伝統に従い、自らのイニシアチブの下に自己資源を基盤とし、ある地域の発展に努めていくことを意味している。

すなわち、鶴見和子によれば、

「内発的発展とは、目標において人類共通であり、目標達成への経路と創出すべき社会のモデルについては、多様性に富む社会変化の過程である。共通目標とは、地球上すべての人々および集団が、衣食住の基本的要求を充足し人間としての可能性を十全に発現できる、条件をつくり出すことである。それは、現存の国内および国際間の格差を生み出す構造を変革することを意味する。

そこへ至る道すじと、そのような目標を実現するであろう社会のすがたと、人々の生活スタイルとは、それぞれの社会および地域の人々および集団によって、固有の自然環境に適合し、文化遺産にもとづき、歴史的条件にしたがって、外来の知識・技術・制度などを照合しつつ、自律的に創出される。したがって、地球的規模で内発的発展が進行すれば、それは多系的発展であり、先発後発を問わず、相互に、対等に、活発に、手本交換がおこなわれることになるであろう[1]」。

内発的発展とはこの意味では、先ず第一に単に外生的な発展の波に追随するのではなく、自分固有の文化を重視した発展を実現していく自立的な考え方であり、第二に人間を含む発展の主要な資源を地域内に求め、同時に地域環境の保全をはかっていく持続可能な発展であり、第三に地域レベルで住民が基本的必要を充足していくと共に、発展過程に参加して自己実現をはかっていくような路線であるといってよい。内発的発展はしたがって、民衆参加、自立的な市民社会の興隆と不可分のものである。

ところが、アジア諸国ではすでに高度成長期に各地で市民社会の力強い展開があった。ある時は民衆（住民）運動、ある時はNGOやNPO活動、ある時はマス・メディアの体制批判等に現れた市民社会、民衆運動の自立、人権、平和を求める発展は、最近数十年間におけるアジア諸国の大きな特徴である。これら市民社会、民衆運動が、アジア諸国民主化の大きな動因となっていることは言うまでもない。

ポスト国家主導型開発のアジア諸国の進路に、これら市民社会、民衆運動の発言権、インプットが増していくことは疑いを入れない事実となろう。

本書は一九九五年来、早稲田大学現代政治経済研究所の場で行ってきた「アジアの内発的発展」研究プロジェクトの研究成果に基づいている。すなわち、この研究プロジェクトでは、最近十数年間に、単なる上からの開発、経済成長を排し、むしろそのような開発、経済成長の犠牲となって、開発の周辺部化してきたような地域、社会層から自立と内発的発展を求める動きが随所で出てきていることに着目し、出来るだけこのような内発的発展の事例を収集して、上からの開発に対するオルターナティブを構成するもう一つの発展の諸要件を明らかにすることに努めた。

　もちろん、アジアは広く、本書がカバーした事例、領域は各地で広がっている民衆自立と内発的発展のごくサンプル的なものでしかない。しかしながらここでは、伝統文化（宗教）の立場からの開発政策批判をタイ開発僧の理論と実践やスリランカのサルボダヤ運動について、またこれら人間開発（かいほつ）の視点を教育分野に適用した理論と実践を南アジアのノンフォーマル教育について、それぞれみている。さらに、社会運動としてのＮＧＯづくりと内発的発展の関連を、東南アジアや南アジアの都市スラム自立運動、南アジアでの女性エンパワーメント、組織づくりやインドネシアでの適正技術開発に関する南北提携の試みについて検討している。また、地域レベルでの変化の動きをフィリピンでの地場産業の見直し、バリ島村落社会の変容や南太平洋島嶼の自立条件等について、それぞれ集めている。いずれも動きつつあるアジアの内発的発展についての代表的事例を示すもの、と考えている。

　これらの動きはもちろん、世界システムと国家主導型開発に対して、正面からのオルターナティブを名乗るには余りに局部的である。しかし、二一世紀初頭のアジアで、国家主導型開発の変容が迫られている時点で、可能なアジアの新しい発展の姿に対して二つの意味で民衆運動、市民社会を代弁する新たなインプットを提供しうることはまちがいないと思われる。つまり、一方では、民衆と地域社会を代表する新たな文化的アイデンティティを提供するという意味で。また、他方では、第四章のスラム自立運動の検討で明らかにされるように、行政当局と民衆運動を結ぶ政策パートナーシップ（国連ではこれを「政策環境」と呼ぶ）の形成への提言をなすという意味で。

二〇〇〇年六月、ジュネーブで開催された国連社会開発特別総会に提出されたタイ政府の報告は、タイ社会開発の方向として、一方では地域経済を重視した自給性（self-sufficiency）強化、内発的発展の方向を強くうち出すと共に、他方では市民の社会運営参加の方向を示して、タイの経済社会発展に新しい方向を示している。(2)

こうした意味で、経済危機前にその大部分が行われた本研究が、はからずも経済危機の必然性を予見し、民衆の側からするオルターナティブの諸相を明らかにする形となったことを編者としては喜んでいる。

それでは次に本書の内容を示しておきたい。

第I部「論理的基礎——宗教・文化・教育の視点から」では、タイとスリランカでの仏教に基づく開発及びアジア各地でのノンフォーマル教育と開発の関連に関する理論と実践を扱っている。いずれも理論にとどまらず、実践との関連を主としているところに特徴がある。

第一章「タイ仏教からみた開発と発展——プッタタートとプラ・パユットの開発思想と実践」はタイの急速な近代化、開発によってむしろ周辺化した地域、社会層を対象とした開発僧と呼ばれる僧侶たちの人間開発活動が、各地で地道に草の根開発をひろげている実情を分析している。ここではとりわけ、これらの開発僧たちの理論的支柱であるプッタタート、パユット両師の理論を検討し、彼らがいかに国家体制と密着した保守的な上座部仏教を革新し、上座部仏教特有の個人的解脱から社会的実践、社会開発を重視する方向に悟り（真理）の内容を切り替えることが出来たか、また、上からの開発（かいはつ）に対抗しうる「心の開発（かいほつ）」「人間開発」路線を示し得たか、を明らかにしている。彼らはそのことによって、グローバル化をすすめる世界システムの近代化路線に対して、独自の文化伝統に則った民衆参加型の草の根発展を正当化する論拠を提供した。

第二章「サルボダヤ運動による〃目覚め〃と分かち合い」はスリランカでA・T・アリヤラトネ師が率いるサルボダヤ・シュラマダーナ運動の検討である。

サルボダヤ運動はスリランカの全村落の三分の一を巻き込み、第三世界でも最大のNGO運動の一つである。この運動はスリランカの伝統文化である仏教とガンジー主義に基づいて、個人・家族・地域・国家・世界、あらゆるレベルでの人々の「目覚めと幸福」をめざす非暴力の運動である。サルボダヤは「シュラマダーナ」（能力の分かち合い）と呼ばれる労働キャンプを組織し、民衆が主体的に開発に参加しつつ、慈悲と知恵など、仏教的価値、精神文化に目覚めていくことを奨励している。最近のプログラムでは、貧困軽減、女性と貧困層のエンパワーメント、幼児保育、農村企業、管理能力養成、生計向上等が重視されている。なお、この運動の指導者アリヤラトネ師が庭野平和賞など外国で得た賞金をもとに、最近、平和センターが建設され、民族融和の研修、諸民族救援、平和構築等のプログラムが始まったことも付記しておこう。

筆者はこれらサルボダヤ運動の積極面と同時に外部資金依存に発する財政危機、人材流出等の問題点をも指摘している。いずれにせよ、サルボダヤがスリランカに発し、世界に影響力を持つ内発的発展の運動であることは事実であり、その動向は注目に値する。

第三章「内発的発展と教育」は副題「ノンフォーマル教育の意義」をマハトマ・ガンジーとパウロ・フ

レイレの理論、そして第三世界諸NGOの実践を通じて検証している。

教育というと、小・中学校教育、高等教育が連想されるが、実はノンフォーマル教育（教育制度外での地域、社会教育）の役割は大きい。それは世界人口の増加につれて就学率もめざましく上昇しているものの、絶対数でみれば、学校に行けない子ども、ドロップアウトする子どもの数もまた増大しているからである。(3)

筆者はノンフォーマル教育の理論的基礎をガンジーとパウロ・フレイレに求めている。ガンジーでは教育は人格を形成し、自分の考えを自由に表現し、地域社会のために働けるようになるために、必要である。フレイレでは、世界との主体的・積極的な関わり合いを通じて、自らの課題を設定し、それを解決していく方法を見出す手段として重視される。共に、エンパワーメント、地域・世界とのかかわり、他者の尊重、世界を理解し、そこに自らの課題を見出すこと、価値観や倫理を自分の中に確立すること、自分の生活を改善し、世界の課題に取り組むための知識・技術を身につけること、等を教育の目的として考えている。こうした自立的人間を形成するための教育手段としてノンフォーマル教育は大きな役割を果たすことが出来る。つまり、一つは学校教育を補完する役割、第二は教育改革の担い手としての役割、第三はエンパワーメントとしての役割、である。筆者は、南アジアNGOの豊富な実例を引いて、これらの役割を検討している。

フォーマル教育がしばしば官製カリキュラムや先進国援助、受験競争等の限界に縛られ、校内暴力や登校拒否等にもみられるように、人間性を損なう側面をももつことが指摘されているとき、ノンフォーマル教育はフォーマル教育を見直し、あらゆる階層の子どもたちに人生の選択の幅も広げ、発展の担い手たちを養成する役割をも果たし得るだろう。その意味で、ノンフォーマル教育は、内発的発展の大きな柱といえる。

第Ⅱ部「ＮＧＯの役割――運動の視点から」では、内発的発展の担い手としての市民社会、ＮＧＯ運動をスラム自立、女性のエンパワーメント、適正技術の開発、等の論点で検討している。

第四章「都市スラムの自立運動と政策環境」はアジアはじめ第三世界諸地域で今日、近代化と共に爆発的に増えているスラムの居住問題に関して、世界システム側の論理と住民運動の対応を論じている。アジア諸国が独立した後、居住問題は政府の責任として公共住宅供給を重視する福祉国家型アプローチが主であったが、八〇年代半ばからの新自由主義、市場経済化、経済グローバル化の時代には世界銀行らの、政府は環境整備、住宅は民間供給と「自助」とする安上がりの路線が支配的となった。だが、他方で、スラムに住む都市貧困層は「居住への権利」という新しい人権概念を掲げ、多様な居住生活、生活文化を創造していくことが出来るような住民参加のプロセスを要求した。この両者の妥協として、国連の場で居住権を可能とさせる「政策環境」の形成が重視されるようになった。これは、政府の居住政策に住民の発言権が反映されることによって、政府セクター、民間（住宅産業）セクターと共に、コミュニティに根ざした公共セクターの形成をはかっていく考え方である。ここで扱われている住民運動は民衆組織（ＰＯ）や住民組織（ＣＢＯ）と呼ばれるものであり、厳密に言うと、都市中産層の開発協力組織であるＮＧＯと区別する場合もあるが、本書では市民社会を構成する様々な流れを理解するために、ＰＯ、ＮＧＯなど非営利原理に基づく自発的な市民参加組織を、ＮＧＯと総称しておく。このような市民参加の具体的な様相はしかし、国によって大きな違いがあり、筆者はこれをスリランカとタイで検証している。「政策環境」論は国家主導型開発、グローバル化と内発的発展の接点として、今後どのように実現していくかが、注目される。

第五章「北西インドの自営女性労働者協会（ＳＥＷＡ）――最貧困女性のエンパワーメント」は、インド北西部グジャラート州を中心にひろがっているＳＥＷＡの最貧困女性自立とエンパワーメント運動を分析している。ＳＥＷＡはガンジー主義者によって設立され、その多くが差別を受け、非識字者で、労働の場でも搾取されている低カーストの女性たちを組織した。これらの女性たちは露天商・行商人、家内労働者、日雇い労働者などとして働いている。

ＳＥＷＡは一方ではこれらインフォーマル部門の女性労働者を労働組合に組織し、労働条件の改善に努めた。他方では、零細自営業者たちの協同組合を発展させ、原材料の共同購入、技術指導・交流、会計管理、マーケティング、商人との交渉などで援助を行ない、多くが非識字で立場の弱い女性たちをエンパワーした。このほか、少額融資を行なう銀行、農村開発、環境保全、研修等のプログラムを持ち、今では北西部一帯に拡がり、一六万人余の会員を擁している。

ＳＥＷＡの協同組合運動では、地元の材料を使い、地元の技術を生かして、自分たちで運営していく自立の精神を重視していることも注目に値する。これはガンジーのスワデシ（地域自給）の考え方に沿うものだが、まさしく内発的発展の運動にほかならない。ＳＥＷＡは低カースト女性の労働権、生産の所有権を擁護し、女性たちをエンパワーすることによって、女性の、ひいては地域社会、国の経済的自立に貢献し得るし、それが構造的暴力を克服して平和につながる道だと考えている。

第六章「適正技術の創出に向けて――ＮＧＯ運動の経験から」は、内発的発展を経済技術面で支える適正技術、中間技術の概念を検討し、インドネシアでの実践例を報告している。それは同時に、日本とアジアとの南北民間協力の実践の報告でもある。

　適正技術、中間技術とは単に大規模技術と伝統技術の中間に位置する技術という意味ではなく、近代技術の単純で無批判的な導入とは異なり、現地社会の条件、要請に見合った技術選択により選ばれた技術として定義される。

　技術交流を目的とする「アジア民間交流ぐるーぷ」では、インドネシアでのローコスト・ハウジング、旋盤等工作機械、緑化・廃棄物利用、廃水処理装置等の領域でこれまで、協力・交流を行ってきた。いずれも単に日本から機械を持っていくというのではなく、日本の機械や技術をベースに、現地資材を用いたり、現地条件に合わせて創意工夫を重ねるなどして、新しく開発したものである。交流を重ねる内に、南北関係を乗り越えていく道は、北の側、先進国の側で経済成長一本槍の考え方を改め、持続可能な発展へ移行すること、すべてを商品経済に頼るのではなく、自分で発展に参加したり、修理を行なったり、廃棄物のリサイクルを行なうなど、循環型の経済をめざして生活様式を変えていくことが重要となると考えるに至る。南北協力は単に北が南に「教える」のではなく、むしろ共同の事業を通じて「学び合う」ことによって、南北双方の社会を見直す目を培うことにあることを、本章は示している。それは南ばかりではない、北の内発的発展にもつながる動きにほかならない。

　本章は、南の内発的発展が、北の内発的発展に支えられ、お互いに支持し合うネットワーク・システムを志向していることを示している。そして、各地域ごとの内発的発展の世界では、南北といった垂直的関係は自ずと止揚されるのである。それは恐らく将来の平和な世界システム像を予想させるものであろう。

第Ⅲ部「地場産業・農村・島嶼――地域の視点から」では、フィリピンでの地場産業の自立の条件の分析、バリ島地域社会での「伝統文化」の実態検証と独自の内発的変化のメカニズムの指摘、発展ベースの弱小な太平洋島嶼社会で自立のために海外とのネットワークを形成していく動き、など地域興しの諸条件を検討している。いずれも、自立、内発的発展のためには現在の――世界システムと結んだ――「伝統的」社会構造の改革、人権と人間尊重の思考、そして住民参加に基いた新しい社会形成の動きが必要であることを指摘している。

第七章「フィリピン地場産業発展の条件」は、フィリピンに根強い、経済自立論、「もう一つの発展論」との関係で、地場産業の現状と位置付けを試みている。

一九五〇年代末期、フィリピンでは民族的工業化論、経済自立論の流れが高まり、この流れを基盤に、一九八〇年代以降、ＩＭＦ・世界銀行が債務国を世界経済に統合するために推奨している構造的調整や経済グローバル化論に対する批判が行われている。

最近では経済自立論は、一方では発展が多数の民衆の利益に沿っているか（公正原理）、環境を保全し、フィリピン人のアイデンティティたる文化的多様性を損なわないか（環境・文化基準）、という形で、エストラーダ政権が掲げ、アロヨ政権に引き継がれた貧困軽減、地方分権政策の底流となっている。

この経済自立論のコンテキストから言うと、工芸品、食品、靴・衣料等、地場産業は、フィリピン経済を底辺から支える存在として重要である。実際、地場産業は、製造業の生産物の九九％、雇用の五〇％、付加価値の二五％（一九九八年）を占めている。付加価値の多くは家電、エレクトロニクス、自動車、オートバイ、化粧品等多国籍企業を含む大企業が生み出しているが、雇用産業の地方分散、国内資源利用等で労働集約技術を用いる地場産業の役割は無視しがたい。これはフィリピンに限らず、インドネシアのコッテージ産業等、アジア諸国に共通した現象である。

筆者はとりわけ鍛冶・魚醤の両産業を分析し、政府支援が必ずしも十分とはいえないこれらの産業発展の条件を分析している。税制・技術などの政府支援のほか、農地改革や関連産業興し、労働環境改善、労働者の発展過程への参加等の諸分野で、フィリピンの経済自立・国内市場拡大につながる諸産業・諸部門での改革が必要になる。

今日、アジア諸国の成長を牽引した国家資本主義は構造改革の必然性に直面しているが、同じ構造改革が、そのまま経済自立、内発的発展の条件ともなり得ることを、本論文は明らかにしている。

第八章「バリ地域社会の内発的ダイナミズム」は、いわゆる「伝統社会」の内実を、インドネシア、バリ島の村落において検証している。

インドネシアではオランダ植民地時代に発するデサ（行政村）が地方行政単位として設けられている。独立後の政権はこの行政単位を中心に、地方支配、全国統合を行ない、そのために「相互扶助」（ゴトンロヨン）「全体協議を経た一致」（ムシャワラ）という、伝統的農民文化に沿った集団主義、協同主義のスローガンも作られた。しかし、これらは上からの「開発」過程への農村労働力拠出をはかるイデオロギー装置に過ぎず、中央集権化の用具であって、住民自身の内発的発展の産物とはいえない。「伝統的価値観」はここでは、開発独裁政権によって創出されたのである。

だが、バリ島農村の例をとると、住民の生活世界には種々の社会集団や社会関係のネットワークが重層的に存在し、あるいは相互に協同し、あるいはせめぎ合い、内発的な変化のエネルギーを生み出している。

住民生活と結びついたいくつかの社会集団中、筆者はとりわけバンジャール（慣習的な共同体集落）と呼ばれる、デサの下に包摂されながらも独自のダイナミズムを持つ組織を取り上げ、ここから学校、道路、電気、水道など社会資本建設や観光産業など、独自のイニシアチブの下での開発プログラムが生まれている実例を示している。

だが、バンジャールも理想的な共同体ではなく、そのなかにカースト制を内包し、開発ブームの下で、上位カーストが平民を雇いいれる企業興しなども出てきており、それはバンジャールの変化、そして解体を予知させる。「伝統社会」とは絶えず変化しつつあるダイナミックな存在なのだ。

第九章「太平洋島嶼社会自立の可能性」は、資源ベースが弱小で、それゆえ対外依存、世界システムの周辺部への位置付けを運命付けられていると考えられがちな島嶼国・地域で、いかに自立が可能か、を論じている。

実際、島嶼地域の多くは輸入超過、債務問題の重圧下にあり、それゆえ、基地や観光など対外依存を余儀なくされているが、沖縄をも含めたこれらの島嶼地域では強い自治、自立の伝統があった。太平洋島嶼には商品化されていない生存維持（サブシステンス）経済も未だ広範に残っているが、村を単位とした自立的な諸慣習・制度が解体を始めていることも事実である。こうした時代にあって、島嶼地域では、海を閉鎖系としてとらえるのではなく、むしろ開放系と考え、島嶼間ネットワークを形成することによって、新たな自立の基盤を構築しようとする試みが始まっている。つまり、「海の中の島」と自らを考えるのではなく、「島の中の海」と海洋空間を位置付け、島嶼の「狭さ」を超えて、自立、共同型の発展をはかっていく道である。筆者は太平洋地域で様々なレベルで展開しているこの内発的発展の試みを克明に分析し、その基礎に島嶼の人間（琉球弁を使えば〝海んちゅー〟）としての強烈なアイデンティティがあることを示している。
以上見たように、本書は、内発的発展に関する概論書ではなく、むしろアジア各地で内発的発展がどのように展開しているか、それが日本など先進国とアジア諸国との間の関係の見直しをいかに迫っているか、についての事例を集めたものである。いわば、内発的発展の万華鏡的な現状についての報告書である。

もちろん本書は、アジア各地での内発的発展の事例を網羅的に集めたものではなく、宗教・文化・教育など内発的発展の論理にかかわる視点、都市スラム、女性、技術交流等、市民社会・NGO運動に関連した視点、そして地場産業・農村・島嶼等の地域からの視点、それぞれの分野で、内発的発展、社会変化がどのように展開し、その論理はどのようなものか、そしてそれが経済社会発展にもつ意味は何かを、その代表的な事例を検証しつつまとめたものである。結果としては一九七〇年代以降アジアで生まれ、経済グローバル化の今日、ますます多様な領域で新たなダイナミズムをみせている内発的発展の理論、考え方、現状を、ある程度まとめた形で示すことが出来たと思う。

折りしもアジアでは、高度成長期を担ってきた国家主導型の開発システムが行き詰まり、二一世紀初頭の時点に当たって新たな見直しを迫られている。経済グローバル化、中心地起源の世界システムに依拠してきた発展体制のこのような見直しに当たって、民主化、地域主義、市民社会や民衆運動のインプットは大きな要因となっている。

内発的発展は今日、一方では文化・環境を重視した多様な発展、他方では民衆主体の地域興しの理論として立ち現れているが、政府との政策環境（＝パートナーシップ）形成の可能性をも含めて、ますますアジア諸国の発展動向に影響を与え得る理論、思考体系となり得ると考えられる。本書が、このような方向での内発的発展の理論的展開への一里塚、そしてアジア経済社会の見なおしにつながることを、編者としては期待したい。

# 第Ⅰ部　論理的基礎——宗教・文化・教育の視点から

# 第一章　タイ仏教からみた開発と発展

――プッタタートとプラ・パユットの開発思想と実践――

西川潤

# はじめに——タイ近代化と開発僧の出現

今日、開発理論の分野では一九五〇～七〇年代初めにかけて隆盛をほこった近代化論と経済成長論に代わって、国連開発計画などが後押しする人間開発（human development）論が新しく正統派の座を占めようとしている。

人間開発論は、開発の焦点を「人間選択の自由の拡大」に置き、その指標を保健、教育、購買力等に求める。人間開発論はインド生まれの経済学者アマーティア・センのケーパビリティ論に基くもので、センはこの業績により、一九九九年度ノーベル経済学賞を受けた。

人間開発論に対しては二つの批判が提起され得る。一つは、集計的な保健、教育、実質購買力等の指標の増大がそのまま「人間選択の自由の拡大」につながり得るかどうか、という批判である。人間選択の自由にはその他の社会的、政治的、経済的、文化的諸要因が関連しているかもしれない。[1]第二は個人レベルで保健、教育、購買力等の指標がアップしたとしても、それはあくまでも平均値であり、地域格差や所得分配格差等の問題を考えると、それが社会全体の自由を拡大しているかどうかは、必ずしも定かでない、という批判である。[2]

ところが、一九八〇年代以降のアジアでは急速な近代化と経済成長を通して、国家と多国籍企業による上からの開発を批判しつつ、これら二つの批判に答えるような独自の人間開発論が登場し、発展しつつある。この人間開発論は、仏教思想に基づき、現代社会の問題（とりわけ近代化、開発、そこから生まれる社会問題）に答えることをめざし、草の根レベルでの民衆発展の思想的拠り所となっている。タイの「開発僧」(development monks)といわれる僧侶やそれに共鳴する人びと、カンボジアの平和行進の指導者ゴーサナンダ師、インド亡命中のダライ・ラマ、スリランカで展開されているサルボダヤ運動の指導者アリヤラトネ師らは、このようなアジアに内発的な人間開発論の首唱者たちである。

本稿ではとりわけ、タイの開発僧に焦点をあて、先ず、その理論的支柱としてのプッタタート（一九〇六～一九九三）、パユット師（一九三九～）の開発論を検討しよう。

両者は、従来個人の悟り（開発）を究極の目的とし、俗人はタンブンという喜捨や布施の形でその功徳にあずかる論理構造をもったタイの上座部仏教(3)の伝統の中にあって、個人の悟りと社会発展を結び付ける形で、仏教を革新し、仏法者が社会問題、開発問題、民主主義など社会体制や平和の問題に正面から答える道を切り拓いた。彼らの業績の思想史的意義にはきわめて大きなものがある。

次いで、両者の影響を受け、「セキヤタンマー」（仏法者のなすべきこと）というＮＧＯ団体にその多くが加入し、「社会参加型仏教」(socially engaged buddhism)の流れをつくり出した開発僧たちの多面的な活動の中から、とりわけ近代化と開発の中で周辺化した人びとに対する手の差し伸べと自立支持活動、環境保全活動、協同組合形成による村興し運動の三つの側面について、代表的な事例を説明し、これら草の根レベルでの活動が、いかに「もう一つの開発」運動と関連しているか、を眺めることにしよう。

これらの検討を通じて、国連の場で支持されている「人間開発」論に対して、いかにアジアの内発的発展の流れを踏まえた独自の「人間開発」論がタイで提起され、さらにこの開発論は、近代開発論のパラダイムである「物＝ＧＮＰの成長」から「心の開発」への開発目的転換を行うことによって、独自の平和な社会への展望を示しているか、を明らかにすることが、本稿の目的である。

## 1　プッタタート、パユット師の教説

### 二人の生涯と著作

近現代タイの生んだ最大の思想家プッタタート、パユット師は、個人の悟りと社会、自然の動きを結び付ける点で共通の思想構造をもつが、両者の思想、実践はかなりの程度異なるものである。

プッタタートは一九〇六年、南タイ、チャイヤー近辺の漁村に生まれた。中国人の父親とタイ人の母親の混血児で、グアム・パーニットという名前だった。父の死後、二〇歳で得度し、一九二九年バンコクに出て仏教教理を学んだ。当時のバンコクは、ピブン・ソンクラームら人民党によるクーデタで近代化が始まる直前だったが、華人街を中心とした繁栄と物欲の渦巻く大都市、そして形骸化した仏教教団制度（サンガ）に彼は失望し、一九三一年末、故郷のスラタニ県に戻り、プムリエン近辺の森の中にスアン・モク（解放の園）と名付けた仏法の実践道場を開いた。同時に、自らの名をプッタタート（仏のしもべ）と改名し、一生この名を名のる。

プッタタート

それから六〇数年、スアン・モクは間もなく近辺の小山に移動するが、形式的戒律や偶像や呪術を排し、真のブッダの教えに近付くための実践の道場として、全国から有為の若者を集め、改革派の総本山となった。一九九四年八月、私が訪問した際には僧侶、俗人合わせて二〇〇人が常住し、折々、全国的なセミナーが開催され、国際研修センターも置かれて、年間三〇万以上の訪問者のほか、一〇〇〇余人の外国人が研修や訪問に訪れる、とのことであった。山頂近くの森の中で、早朝から、全山の僧侶、比丘尼が集まり、交代で説法に励んでいる姿が印象的であった。

プッタタートは禅など大乗仏教やキリスト教をも研究し、文明間の対話にも興味をもつ自由思想家としての側面があった。その全集は二〇〇余巻を数え、英語訳されたものだけで一四〇冊に上る。

プッタタートは独立した教団指導者、実践者としての側面が強いのに対し、ずっと若いパユット師は学

パユット師

僧であり、サンガ内部のヒエラルキーを着実に上ってきた点が大きく異なる。パユットは一九三九年タイ中央部スファンブリ県シプラチャンに生まれた。幼名プラユート。小学生の時、政府の奨学金でバンコクのプラピライン寺で学び、間もなく寺の小僧となる。バンコクのマハチュラロンコーン仏教大学に進み、パーリ語で最高のレベル9の試験に受かったため、ブミポン国王の主宰の下にエメラルド寺院で得度するという栄誉を得た。そのまま、マハチュラロンコーン大学で教え、サンガ内の位階も着実に上昇した（それと共に名前も変るが、ここでは繁雑さを避けるため、プラユート・パユットを採用する）。一九

七二年と一九八一年、ペンシルバニア大学とハーバード大学に招かれ、講義をした。この渡米の成果が『タイの問題を解決するのにアメリカを見る』（一九八六年）である。パユットは一方では上座部仏教の教理を現代的な感覚、言葉でまとめた理論書『ブッダの法』（初版一九七一年）で、また他方では、現代の問題に対し、仏教の立場から答えることを試みた『二一世紀のための仏教による問題解決』（一九九五年）等のパンフレットで、知られている。一九九四年にはユネスコの平和教育賞を受賞した。

ここでは、プッタタート、パユットの数多くの著作の中から、次のものを題材として、彼らの仏教理論とその現実への適用についてまとめてみよう。


Buddadasa Bhikku (n.d.), *Handbook for Mankind*, Bangkok : Dhammasapa.

Id. (1986), *Dhammic Socialism*, Bangkok : Suksit Siam.

Phra Prayudh Payutto, (1995a), *Buddhadhamma. Natural Law and and Values for Life*, The State University of New York Press.

Id. (1995b), *Buddhist Solution for the Twenty-first Century*, Bangkok, Buddhadhamma Foundation.

Id. (1992), *Buddhist Economics. A Middle Way for the Market Place*, Bangkok, Buddhadhamma Foundation.

Id. (1986), *Looking to America to Solve Thailand's Problems*, Bangkok, Sathirakoses-Nagapradipa Foundation.


## 近代化＝上からの開発に対するオルターナティブとしての心の開発

実践家と学僧と、その活動の幅はずいぶん異なっていたが、この二人は現実認識と、現実の危機に対して仏法の立場からどう答えるか、という理論構造についてはかなりの程度重なる点をもつ。

プッタタートが一九三〇年代、近代化前夜のバンコクのうわべの繁栄と形式化したサンガに失望したことについては先に触れた。

パユットの思想が形成された一九五〇〜六〇年代はベトナム戦争の後方基地としてタイの経済成長が準備された時期であり、間もなく急速な工業化、近代化、都市成長が始まる。だが、この近代化は人間の幸福をもたらしているか、というのが、パユットの問いである。チュラロンコーン大学での講義で彼は言う。

「われわれは、近代的な社会的政治的制度や建造物をもっている。だが、このめざましい近代化の陰で、貧しく助けを必要とする人びとの置かれた惨めな状況を見てみよう。そこには何の改善も存在しない。社会的地位や経済面での格差は拡大する一方で、社会は全体として規律のない状態に置かれている。犯罪、麻薬への誘惑や濫用が人びとを蝕んでいる。社会の中で与えられる機会は平等ではない。地方と都市との間の発展も均衡を欠いている」。(Payutto 1986 : 5)

政府が音頭をとった上からの開発 (Pattanā) はタイをめざましく変えているものの、決してそれは人びとの幸福をもたらしているわけではない。むしろ、日夜新しい問題をつくり出しているのである。

その根本の理由は、上からの開発、近代化が資本蓄積、経済成長、物を増やすことに集中しているが、それは人びとの蓄積欲及び (過剰) 消費欲をかき立て、人間の貪欲心 (tanhā) を強め、本来、自然と社会の中であるべき自分の姿を忘れさせてしまう。つまり利己心をかき立て、他人や自然のことを考えない人間をつくり出す。こうして、人間の迷い (無明) はますます深められるからである。ここに貧富や地域格差、犯罪、アル中、エイズ、売買春、交通事故、社会的対立等、今日のタイがかかえている社会問題の根源がある。

タイの問題を解決するのに、アメリカに倣え、近代化をますます促進せよ、という人びとがいるが、そのアメリカでこれらの社会問題はタイをはるかに上回る規模で存在する、とパユットは皮肉たっぷりに言う。してみると、タイの発展の道は、アメリカ的な近代化、開発の促進ではなく、むしろ、今の開発（パッタナー）を見直していくことにある（Payutto 1986）。

本来の開発とは、人間が人間らしい物の考え方、生活をとり戻すことである。それは過剰消費でも不足でもなく、中道の生活を行い、自然や社会と調和して生きる道である。これが仏法（タンマ）の根本であり、パユットの主著『ブッダの法』は全編が、この中道による物の見方、中道の実践の説明に充てられている。

貪欲心をかき立てる上からの開発に対し、中道の世界観、生活を獲得していくためにはどうすればよいか。それは人間にとって本当のものを追求しようとする意欲、精進心[4]（chanda）を強めていくことである。精進心は、人間が何が正しいか誤っているか、を明確に識別し、正しいもの、真理に到達しようとする明確な認識と努力によってはじめて発揮される（Payutto 1992: 33-34）。つまり、それは人間を迷い、苦しみから遠ざけ、本来（当）の自然、社会、人間間の関係を再建していく行動である。

このような精進心の発揮によって、人間が中道の生活に近付いていくとき、それは悟り＝開発（かいほつ）の側に人間が向き直ったことを示す。この悟り＝開発はパワナー（Pavanā）と呼ばれ、それ自体が平和な状態を示している。

ここに、上からの開発（パッタナー）に対し、心の開発（パワナー）への転換の軌跡が描かれる。すなわち、近代化、上からの開発（かいはつ）は人間の貪欲心（タンハー）を強め、社会問題を増幅させるのに対し、心の開発（かいほつ）は、人間の精進心（チャンタ）に立脚し、この世の苦楽にまどわされない自立した人間像、すなわち、中道という理想、自然、社会、人間間のバランスのとれた状態に向かって一歩一歩進んでいくことを示す。

それでは、このような人間の心の転換が、中道、平和な社会をもたらす理由はどのように説明されるか。ここにプッタタート、パユットが共に重視するのが、縁起（dependent origination）の法則である。

## 心の開発と社会運動

パユット自身は、プッタタートからの継承性をあまり認めていないが、[5] 両者の理論構成が驚くべく似ているのは、仏法の現代的解釈の根本に、縁起の法則を据えたことである。実際、ブッダ自身が菩提樹の下で悟りを開いたとき、かれが発見したのは苦悩（dukka）とその原因に関する「縁起」の理であった、と言われる。[6]

プッタタートは仏法の本質を問われて、経典の中でアサジ比丘が答えた言葉をそのまま引用している。「すべて生起する現象は、原因の結果として存在している。……だからすべての現象は原因を除することによって終らせることができる。これが偉大な教師が説いたところのことである」。

パユットも、ブッダの言葉を次のように引いている。

「縁起を理解する者は仏法を理解する者であり、仏法を理解する者は縁起を理解する者である」。（Payutto 1995a：78）

縁起とはすべてのものがつながり合い、それぞれ原因となり、結果となって、相互依存関係にあることの認識だが、それにとどまらない。

ブッダが悟りに到達したときの二大発見とは、人間は絶えざる苦しみ（満たされない状態）を負っている存在だ、ということと、この苦しみには原因がある、ということであった。

ここで苦しみとは、「私の」あるいは「君の」苦しみにとどまらず、人間一般の苦しみである。人間は出生から死まで、自分の身心や五感にとらわれ、苦しみを経験するが、これは貪欲や執着に由来するものである。貪欲や執着は人間が本当のもの（仏法、真理）に目を開くことが出来ず、無知（明）の中にとどまっていることから起こる。

ここから、縁起の三大特徴が導き出される。第一は人間生活のすべての局面は絶えず移り変わっていくこと（無常）、第二にこれらすべての局面を通じて、人間は、苦しみを経験する（苦しみ）、第三に、しかし、この苦しみは、本来の自分以外の、この世に現出しているさまざまの事象（五体や五感を含む――仏教の言葉では五蘊）に人間がとらわれ、貪欲心の追求に固執することを原因としている（非我）。これは仏教の主要命題と言われているものでもある。人間が自分をとり戻すためには、自然、社会、宇宙の法としての仏法（真理）に目を見開かなければならないが、そのためには正しく考え、話し、行動し、生活し、精進し、より集中し、充実した精神生活を実現していかなければならない（八正道）。これは一連の学習過程であって、人間は我欲を抑え、中道の道を守るべく、自分に働きかけると同時に、周囲（社会）に働きかけることによって、苦しみの原因を一歩一歩解消し、真理の道（仏法、ニルヴァーナ）へと自らの目を見開いていくことが可能になる。

この点についてプッタタート、パユット両者はきわめてはっきりしている。

「自然界においては、自分の分け前以上にとろうとする種は存在しない。……生きとし生けるもので、必要を充足する以上に消費しようとするものはいなかった」。(Buddadhasa 1986：59-60)。しかし、人間が穀物の貯蔵をはじめ、これを増やし、そして資本の蓄積にのり出したとき、人間は、過剰な分け前をとろうとすることによって自然と対立し、そして、相互に対立するようになったのである。ここに貪欲が人間界の縁起を動かす主要な要因として登場することになる。

「われわれの抱えている問題〔苦しみ〕は単に個人的なものではなく、社会的なものであるがゆえに、われわれは注意を問題の根源——社会——に向けなければならないのである」。(Buddadhasa 1986：59)

「現代の社会問題の多くは、自然的に生起するものと考えられがちだが、実はこれらの動きには人間の手が加わっているのである」。(Payutto 1992：49)

このように、現代世界における多くの人の苦しみが、自然的現象ではなく、社会関係に由来する、と認識されるとき、それではどのような社会組織が、苦しみの克服をめざしての心の開発、本来の自分の回復、要するに人間の救いにとって望ましいか、という設問が出てくる。

二人の教師の社会組織に関する考え方を次に見ることにしよう。

## 仏法型協同社会主義の提案と平和

プッタタートもパユットも、そのような社会組織が民主主義的体制であることについて、認識は一致している。

民主主義とは「自らを統治する術を知っている民衆による政治である」と、パユットは定義する。民衆が自らを統治する術を知らないとき、かれらは王制や寡頭制に依拠するだろう。従って、民主主義の下でかれらは最も自由に自らの可能性、潜在的能力の発揮（人間開発）を追求することが出来るのである。

しかし、自由主義は一方では資本主義と結び付き、生産・消費両面で人間の貪欲を増幅し、社会問題、環境（自然）破壊問題を生み出し、人間の苦しみを増し、人間開発（かいほつ）を阻むことは先に見た。また、マルクス主義＝共産主義は、社会問題の根源を階級対立にあると誤認し、少数の指導者、党や国家に権力を集中することによって、また、人間の物質的利益を心の開発に優先させることによって、民衆の自己統治、自己開発の道をブロックしてしまう。（Buddadhasa 1986：140-141）

プッタタートはこの点では明確に、仏法に則った協同型の民主社会主義体制を提案する。

ここで「社会主義」という言葉は〈sanghamniyama〉で語源としては、真理を追求する人びとの集まりが「サンガ」[7]で、サンガを重視する考え方が「ニヤマ」である。『仏法社会主義』の翻訳者スウェラーはこれを「仏法社会主義」と訳しているが、「社会主義」という言葉は誤解を招くかもしれない。

プッタタートは、人間の苦しみを増幅する「自由主義的民主主義」にこの協同型の民主社会主義を対置している。

「人間の苦しみによりよく対応できる、より社会の必要に応じた民主主義は協同型民主主義である。これは社会のための利益、社会問題の検討と対応を主要な課題とする」。（Id.：81-82）

ここで「協同型」というのは、真理、心の開発を追求しようとする人びとが集まって結成する共同体型の社会組織であって、そこで人びとは共通の目的（仏法＝真理の実践）を追求し、それぞれ、成員の人間必要の充足をはかっていくべく、対等の立場で社会の共同管理を行っている、という意味である。この仏法社会主義以外の社会主義体制は「非仏法的」として退けられる。

このような仏法型の協同社会主義は必然的に、権力を集中した大規模な国家ではあり得ず、ガンジー型の、自治と自給を基礎とした地方分権型の社会組織たらざるを得ない[8]。

また、このような地方分権型組織は、本来仏法の下で真理であったような、自然の不可分の一部としての人間観念を再建することによって、自然、社会、人間の調和関係を重視するような環境保全型、循環型の社会をめざすものであるにもちがいない。(Id.：71；Payutto 1995b：77)

パユットは真の民主主義社会は必然的に開発（かいほつ）を追求する社会であることを指摘している。

「人間開発は智恵の開発に尽きるのであって、これはよいバランスのとれた生活が実現することを意味している。これこそが民主主義の意味である」。(Payutto 1995b：25)

戦争、紛争を含め、今日の社会問題の多くも人間一人一人が十分自らを開発していないことから起こるのであり、われわれは自分を「開発の目的としてではなく、開発の主体、享受者として考えなければならない」(Id.：41)。

戦争、紛争・社会対立が起こるのは、人間の貪欲、権力欲、そして特定の物の見方に執着するような行動に由来する。これは人類の智恵が十分発揮されず、人間開発が遅れている状態の反映である。われわれはみな幸福を追求しながらも、次の二つの行動により、不幸をつくり出し、平和をそこなっている。一方では、外部から快楽を獲得することによってこれを実現しようとする行動、他方ではわれわれの不幸を他人に転嫁しようとする行動。(Id.：49-50)

心の開発がすすめば必然的に物的、社会的発展がもたらされ、さらにそれを通じて、人間の物理的、社会的自由も拡大していく。われわれは瞑想と学習を通じて、心の開発をすすめ、自らの自由と幸福を増大していくことができる。

「真に幸福な人間のみが真の平和を獲得でき、平和な状態にある人間のみが真に幸福であり得る」。(Id.: 60)

この自由、かつ平和で幸福な人間の開発を担当するのが平和教育の役割である。(Id.)

二一世紀に向かって、戦争と平和の問題、民族紛争の問題、貧困など社会問題、環境問題は山積し、むしろますます悪化しているようにみえる。自由市場型民主主義やグローバル資本主義は事態を悪化させ、「人間的な社会環境を縮小させつつある」(Id.: 82) とパユットは指摘する。「だからこそ、仏法に基く人間開発（かいほつ）は誤った物の見方を除去することに努めているのである」。(Id.: 81)

この人間開発（かいほつ）観が、グローバル資本主義の推進する開発観、それとリンクしつつ、これを補う役割をもった人間開発（かいはつ）論と、正面から対立していることは言うまでもない。

本章の最後に、本章のまとめにもなるので、二一世紀的問題の克服に向けて、パユットが仏教の教説を要約している箇所を紹介しておこう。(Id.: 80)

[1] 人間は自然の一部であり、すべてが関連し合った縁起の中で生きている。従って、人間行動は自然のシステムと調和し、これに役立つものでなければならない。

[2] すべての人間は幸福を望み、苦しみを恐れている。この点ですべて人間は平等であり、お互いに問題を分ち合って生きるべく運命付けられている。生きとし生きるもの間の愛情、調和、相互扶助、一体性を育まなければならない。

[3] 人間が知恵と瞑想（内観）と学習によって、心の開発をすすめ、より内的自由を獲得していくと

き、人間の幸福は増大し、人間はこれを外界に移してより平和な世界を構築していくことができる。タイ開発僧の開発思想の理論的支柱としてのプッタタート、パユットの心の開発説を概観したので、次に開発僧の実践について紹介を行いたい。

## 2　開発僧の実践

### 周辺層への手の差し伸べと自立

タイで開発僧と呼ばれている社会実践に熱心な僧侶が何人くらいいるかははっきりとは判らない。先にのべた「セキヤタンマー」に集まる開発僧は約三〇〇人だが、これはタイのサンガ（寺の行政組織）に組織された寺約二万四千余の一％強でしかない。「セキヤタンマー」に集まる開発僧のかなりの人たちが、スアン・モクに滞在したり、あるいは研修を受けたり、あるいはそうでなくともプッタタートの思想の影響を受けていることは確かなようである。だが、それ以外にも、タイの急速な近代化と地域ムラ社会の解体に危機感をもったり、目前に急激に起こってくる社会、環境問題から社会活動に乗り出したような僧侶もずいぶんいるのである。

タイでも日本と同様に、体制化した仏教は「葬式仏教」「おまじない仏教」となっているが、ただし、タイの場合、農村では僧侶は代々精神的指導者の役割を果たしてきたために、それだけ、近代化と開発のインパクトを大きく受け、何らかの形でこれに対応しようとする動きも起こっている。都市の中流市民の間で流行している瞑想運動「タンマカイ」(9)、また仏教原理主義の立場から禁欲的な社会改革運動にのり出している「サンティアソク」[10]なども、その有力な表現である。

ここでは、開発僧の多面的な活動から、近代化と開発により周辺化した貧困層への扶助及び貧困層自立をめざして働いているケース、環境保全のために努力しているケース、協同組合により村興しをすすめているケース、この三つのケースについて、それぞれいくつかの事例を紹介し、開発僧の仕事の内容を検討することにしたい。

周辺層への手の差し伸べはとりわけ都市で行われているが、ここではストリート・チルドレンの救護に携わっているパパヨーン和尚、エイズ患者の終末ケアに携わっているナローンコット和尚の事業について見ることにしよう。

パパヨーン・カムラヤノ和尚のスアン・ケアウ寺（蓮の園）は、バンコク北郊一五キロほどのノンタブリから更に船で一五分ほどチャオプラヤー川の支流をさかのぼった所に位置する。船着場を降りた所に金ピカの大伽藍があり、数人の僧侶が新車のホンダに交通事故よけのお祓いをしていたので、これがそうかと度肝を抜かれたが、これはサンガの指導的地位にある高僧の寺院で、スアン・ケアウ寺はその背後にあった。

この寺は森の中にあり、木造の簡素な建物が並んでいる。説法場も森の中で円座となっており、パパヨーン和尚が七年間修行したプッタタートのスアン・モク寺を思い起こさせる。しかし、この寺に続く小径にはあらゆる売店や食物屋がずっと並び、「門前市をなす」という言葉を思い起こさせる。

パパヨーン和尚は一九八七年にスアン・ケアウ寺を開いたが、今日では三〇人の僧、二〇〇人以上の小僧、職員と八〇〇人の子どもを収容し、隆盛を誇っている。私が訪ねたのはちょうど説法日の日曜日だったが、信者が大きなお供えをかかえてつめかけ、船着場前のガランとした大伽藍と対照的であった。

この寺は社会事業に熱心であり、いくつかの領域で、急速な近代化と開発の波から落ちこぼれた人たちに救いの手を差しのべている。

第一は、ストリート・チルドレンで、家庭が崩壊し、行く場所もなく、麻薬や売春の犠牲になったり、なろうとしている子どもたちに、宿舎と職業訓練の場を提供している。そのため、家具工場を経営しており、家具の材料としてはバンコクで取りこわされる家屋の古い木材をもらってきて、これをリサイクルしている。

第二は、麻薬中毒者の更生で、そのため十数人の宿舎がある。末期エイズ患者も十数人受け入れており、将来は一〇〇人規模に増やしたい、とパパヨーン和尚は私に語った。

第三は、火事等の被災者、工場での解職者や労災事故の廃疾者に一時のねぐらを提供し、また弁護士など法律上の便宜をも供与する。

第四は、養老院の運営で、身寄りのないお年寄りをやはり十数人受入れている。

これらの人に仏法を講話し、識字教育を行い、社会復帰を助けることが、スアン・ケアウ寺の社会事業であり、わけても子どもたちの自立に力を入れている、というのが私の印象であった。

「仏法をひろめるということは社会の福祉、社会開発（パワナー、めざめ）をすすめる、ということなのです」。

タイ有数の説法師としても著名なパパヨーン和尚は私にこのように語った。スアン・ケアウ寺は、タイの急速な近代化、上からの開発から落ちこぼれた人びとに、地道に救済の手を差し伸べ、若者たちに自立の道を準備している。これはそのままプッタタートの理想を体現した仕事と私の眼には映った。

バンコクから一〇〇キロほど北上したタイ中央部ロッブリー県のプラパートナムプ寺の住職ナローンコット和尚は一九八九年から、末期エイズ患者のための終末ケア・ホスピスを自分の寺に開設している。

広い清潔な堂に四十余のベッドが置かれ、患者たちがしばしば家族で暮している。日本の病院のように点滴棒が林立する光景はなく、看護婦の資格をもつ二人のメーチー(寺仕事をする女性)が薬草で介護している。バンコクのマヒドン医科大学から五人のインターンが交代でつめている。

タイでは一九八〇年代後半以降爆発的にエイズが流行し、HIV感染者は一九九〇年代半ばの時点で一〇〇万人を越え、エイズ患者は八万人以上に及んでいる。しかし、エイズ患者のための公的な終末ケア施設は存在しない。ナローンコット和尚は社会の中で差別されているエイズ患者の苦しみを見、篤志家の寄付を得て、このホスピスを開設したが、入院希望者は長いリストになっている、と言う。ホスピスでは仏法講話、瞑想、治療、簡単な手作業等のプログラムが組まれている。

一九九五年八月、私が訪ねた時は、四一人の患者が収容されており、男性三五人、女性六人で、内一〇人が麻薬常用者であった。僧が六人いるというので、驚いて「何で僧侶がエイズになるのですか?」と問うと、ナローンコット和尚は破顔して「僧侶がエイズになるのではなく、エイズ患者が社会の偏見に追われて出家に安住の地を求めるのです」と答えた。

このホスピスはエイズ患者に必要な終末ケア、コミュニティ・ケア、そして感染者のための避難所の役割を果たしている。かたわら、社会のエイズ患者に対する差別や偏見をなくす教育の場でもある。患者自身も、この環境のいい場所で親身のケアに接し、瞑想や修行に励み、心を落着かせることが出来る。「もう半年以上いる人で、入院した時四八キログラムだった体重が五五キロに増えた人もいます。患者は仏法を理解するにつれて、心を開いてきます。毎日、隣人の死をみとることによって、死の恐怖からも解放されるようになります。仏法が社会に対して、新しいビジョンを提供し得ることを私たちは示したいのです」。

現在ホスピスは、エイズ患者の家に人を派遣するホーム・ケアも行なっているが、人手が足りない。「将来は母子ケアをやりたいのです。母親がエイズになった場合、乳幼児の面倒を見なければならない。今日のタイ社会の危機を反映して、私たちの仕事に対する要請は山ほどあります」。

寺を辞するとき、丘の上の火葬場の煙突が黒い煙を吐いているのが目に入った。「毎日誰かが亡くなっています。あの煙突から煙が出ない日はないのですよ」と見送りの職員が言った。

これらは、近代化の中で周辺化した社会的弱者に対して、開発僧が手を差し伸べているほんの一例だが、パパヨーン和尚ほど体系立っていなくとも、スラム街での小さな識字教室、保育園や幼稚園運営、貧困者の更生施設など、色々な形で、同様の事業を行っている都市開発僧も各所に見られる。

それでは次に、環境保全運動の例を眺めてみよう。

## 環境保全は仏教者の勤め

プッタタートは、仏法は自然そのものであり、人間の貪欲、利己心が自然を破壊し、人間関係（社会）を堕落させる、と教えた。それゆえ、プッタタートの弟子たち、またその思想に影響を受けた人びとは環境保全に熱心である。また、上座部仏教には、寺に定住するサンガの僧のほかに、森林を逍遥して道を求める森林僧の伝統がある。かれらは当然のことながら、自然の保全を当然のことと考えている。ここではこれら幾つかの例を紹介する。

森林の入口に黄布を掲げて、仏の保護下にある聖なる森であることを示し、盗伐を防ぐ

南部タイ、スラタニ県モタイ地区のスッターワルト寺の住職カセアム・タンマーランシ師は、若い時五年間をスアン・モク寺で過したが、「ブッダは仏法（自然）の灯明、森は自然の灯明」というプッタタートの教えに深い影響を受けた。森はブッダがそこで悟りを開いたように、仏法（生命）そのものの明かしの場であると共に、人間に不可欠な水の源泉でもあり、多様な生命の発現の場でもあり、また人間生活に多様な便宜を供与する場でもある。

カセアム和尚は、タイの急速な近代化の反面、森林伐採が急速にすすんでいることに頭を痛めた。木材は工業化、都市化に使われ、伐採跡はしばしばゴム、コーヒー等のモノカルチュア農園に変えられてしまう。緑は一見残っているようだが、それはもはやすべての人に恵みを与える自然ではなく、特定の人が利益を追求するための商品作物の工場である。そして、モタイ地区でも旱ばつや水不足が現われるようになった。

そこで和尚は、NGOとも協同して、モタイ地区バントウンタンポにある約一万ライ（一ライ＝一六〇〇㎡、〇・一六ヘクタール）の公有林を保護林とし、さらに植林でこの森を拡大する運動を始めた。寺に苗床をつくり、寺僧、村人、NGOの人びとが植林作業に当たる。また、子どもたちのために森林キャンプを組織し、子どもたちに自然のすばらしさを教えている。村人たちにも樹木の不法伐採が仏法に背くことを教えている。

「色々努力していますが、最近近くのカニリーン・ダムであっという間に一〇万本の木を破壊してしまったような開発事業と比べると、私たちの努力はごくわずかなものでしかありません。しかし、このモタイ地区ではごらんのように鬱蒼とした森林が残され、人びとに安らぎを与えています。森林の保全は仏法者の勤めなのです」（一九九四年八月六日のインタビュー）。

タイ最北部、ラオスとの国境地帯ナン県では、アランヤー寺の住職ピタック・ナンタキン和尚は、父親がラオ族、母親がカム族の少数民族出身である。一二人兄弟の七番目であるピタックは七歳の時に寺にやられ、そこで小僧になった。

今あずかっているアランヤー寺は二五六年前に森林僧が建立した由緒ある寺だが、今はナンの町中になってしまった。この寺には六人の僧、一六人の見習僧、二一人の小僧がおり、その半数は少数民族である。ふつう寺を維持するのに最低一〇〇世帯は必要といわれ、この寺の檀家は二三五世帯（人口五〇〇人）いるが、教育を受けた若者はチェンマイ、バンコク等に出て行き、人口流出によって、寺の維持も楽ではない。

ラオスとの国境地帯の広大な森林では従来、不法伐採が盛んだったが、ピタック和尚はその内一万五〇〇〇ライに当たる森林の入口の大木に僧侶の黄衣を打ちつけ、森林の得度を宣言し、村人たちときのこや竹など森林産物を共同開発する協同組合をつくり、森林の監視に当たっている。

一九八〇年代にタイ工業化の中で、森林を伐採し、代わりに輸出用の木材チップを作るユーカリや、家畜飼料としてのキャッサバを植える動きが拡がったが、ここではユーカリ植林やキャッサバ農園は、土壌を収奪し、森林産物を枯渇させるために一切認めていない。

ピタック和尚にプッタタート評を聞くと、「すべてが自然の法の現われというところは好きだが、儀礼や形式に執着するな、とも強調している。しかし、田舎では儀礼が大事なので、そのまま適用は出来ない」という返事だった。

やはり、ナン県で、ナン川をさかのぼったルー族の村では、ノン・ブアン（蓮沼）村のノン・ブアン寺を訪ねた。この寺も陸稲の栽培と共に、養魚池、果樹（マンゴー、バナナ、タマリンド、ライチ）、薬草園、牛・鶏等の家畜、きのこ、豆、野菜等、複合農業を指導しており、村の一八〇家族中二〇家族が参加している。この寺が面白いのは、ナン川流域の九つの寺（二〇キロにわたる流域人口一万五〇〇〇人）で協定を結び、「水中生物保護域」を設け、この水域では魚釣りを禁止し、また化学洗剤の使用もひかえるようにしていることである。

マヌス住職は「限られた範囲ですが、村人たちに生物、自然の大切さを思い起こしてもらうために、この水域を設けました」と語った。

この地域でも森林の伐採が急速にすすんでいることから、住職たちは水源林保護の必要を強調し、近く

タイ東北部ブリラム地区の不法伐採の現場で森林を守るプラチャック師と筆者との対話

のチー山に一万ライ、クンナンポン山に五万ライの共有林の保護林化を求め、九一年からこれらの森林は保護林として認められている。

少数民族の多いこの地域で、焼畑農業の影響を聞くと、マヌス和尚の返事は次のようなものだった。

「焼畑農業は通常決まった地域を順繰りに焼いていくので、焼払われるのは二次林や下草で、原生林が焼払われることは滅多にありません。もともとの森林を消滅させることは、少数民族の生活の支えを消滅させることを、彼らは生活の知恵でよく知っています。しかし、商品作物が入ってくると話は別です。例えばケシ栽培のために彼らは森林を焼払います。数年前私たちは、ケシを栽培していた数軒の家族を発見し、話合いで平地に降りてもらいました」。

これらの他にも先にのべた森林僧で、東部のプリラム県ナンプット村で、ユーカリ植林により森林破壊を阻止するために、村人たちに乞われ、森の中に寺を開いて森林保護に努めたプラチャック・クタチトー和尚、チャイプーン県の山寺に住み、森林保護、非暴力活動に積極的なパイサン・ウィサーロー和尚等、多くの例がある。

それでは最後に、協同組合による村興しに努めている例を検討することにしよう。

## 協同組合による村興し

タイ東北部スリン県のターサワーン村にナーン・シーチョムプーという和尚がいる。[11] サーマッキー寺の住職で、一〇人の僧侶、一〇人の見習僧をかかえている。

近代化の中で古きよき村共同体は崩れ、若者は出稼ぎに行き、子どもと中高齢者が残り、村人たちはオートバイ、テレビなど消費財を買うために借金漬けになり、その中でアル中や博打、家庭崩壊が増えていく、という現実に和尚は心を痛めた。また、村人たちのタンブン（寄進）で生活しながら、村人たちのために積極的にこうした社会問題の解決にのり出そうとしないサンガ体制の高僧たちのあり方にも不満だった。

和尚は村人たちの生活を立て直すために、資金を集め、肥料を安く買って村人には後払いで返してもらう組合をつくると共に、米銀行（サハバーン・カーウ）を始めた。これは、寺の米、村人たちの米を集め、籾米を必要とする人たちに低利で貸付ける仕組みである。商人から借りると半年で五〇％の利子（一〇キログラムの籾米に対し、一五キロの米を返す）をとられたのに対し、米銀行では二〇％（一〇キロの借米に対し、一二キロを返済）の利子で済む互助組織である。

ただし、この互助組織に入るには、余裕ができた生活がすぐ酒や博打で崩れないように、「心の開発」をしてもらわなければならない。会員になろうとする村人は必ず和尚の指導の下に一五日間の瞑想止観（瞑想を通じて仏法の真理を追求する研修）に参加してもらうことを、和尚は義務づけた。座禅を組む中で、人は何が正しいか、何が悪か、自分の進むべき道は何か、が見えてくる。こうして、仏の道に従い、我欲を抑えて、お互いに助け合おうとする人びとが、一口一〇〇バーツの入会金を払って会員になる。

米銀行は八一年、八〇世帯から発足し、三年後には一五〇世帯に広がった。この米銀行は他村にも広がり、お互いに米の融通をしながら現在は三〇数か村に広がっている。

生活に余裕ができた村人が浪費をしないように、生活協同組合、貯蓄組合も出来た。

オランダのセベモ等欧州ＮＧＯの援助を得て、精米及び包装機械を入れ、有機米（白米、玄米）の欧州輸出も始まり、現在月一五トンが輸出されている。

和尚の村にはマハ・ユンというかつて僧侶だった篤農がおり、四四ライの土地を複合農業で耕作している。内二〇ライは米だが、残りの面積で、果樹、野菜、畜産（豚、ガチョウ）、そして養魚を行っており、この多角複合農業は非常な成功を収めている。そのため、ターサワーン村に、米・貯蓄組合や複合農業の実践を学びにくる他村の協同組合関係者も跡を絶たない。

「人びとが瞑想で心をとぎ澄ますと、何が正しく、何が悪かが、自ずと見えてきます。ただ人びとの心は弱いのでややもすると、一時の成功で目が見えなくなり、再びものに引き回され、開発（パッタナー）に流される生活に戻りがちです。そういう時、私は村人たちに、仏はどこにいるか、見えなくなったら、私の瞑想の場に戻っていらっしゃい、と言うのです」。（ナーン和尚へのインタビュー、一九九四年三月一七日）

物の開発ではなく、心の平安（パワナー）を村人たちの間にもたらすのが、ナーン和尚の仕事の目的であり、そして心の開発（かいほつ）が、人びとの相互扶助、共同事業、生活の改善という社会発展に裏打ちされていることが、この事業の成功の根底にある。

同じ東北タイのカンボジア国境に近いプリラム県サクーン村では期せずして、ナーン和尚と同じような複合農業、米銀行を中心とした協同組合作りを行い、一九八三年に全国開発村コンクールで優勝するまでになった。

この村の指導者はパーイ・ソーイサクラン村長（一九六五〜九〇年の間、その職にあった）である[12]。

パーイ村長は村の住職の指導下に一六歳で出家し、寺で学んだ後、独学で第一級仏教試験に合格した。三五歳で還俗し、サクーン村の村長に就任し、村興しに努めた。政府の開発政策であるユーカリ植林計画を拒否し、村の公共地に桑の木を植え、村に養蚕業の基礎をつくった。ユーカリは早く成長し（七年程度で成木)、合板用チップの原料となるので、政府は全国的にユーカリ植林を進めたが、同時にユーカリは地力を収奪し、そのモノカルチュア栽培は、オリジナルな植生に見られた生物多様性を損なう。他方では、大きな溜池を掘り、魚を放ち、果樹を植え、養魚と共に旱ばつ対策を行った。

八九年にパーイ村長は、村で複合農業を実践している人びとを集め、「イトーノーイ」(農作業に使う小さな刀で、使い方を知っている人々には便利な道具)と名づけた米銀行を設立した。その資金には仏教の行事で、五穀豊穣を祈って村人が寺に寄進する「籾の塔作り」で集めた籾米をあてた。

イトーノーイに参加するには、仏教の五戒(禁酒・禁煙、不殺生、盗まない、淫らなことをしない、悪口をたたかない)を守り、さらに野菜・果樹など六〇種類以上を植え、一口一〇〇バーツを出資することが条件づけられている。

会員になると、農業資金や教育資金の融資を受けたり、貯蓄組合、保険医療組合、生協などへの参加資格も出来る。サクーン村で有機農業によってつくられた農作物や地鶏などは「イトーノーイ」ブランドで、バンコクにも出荷されている。

村人たちの生活も、以前の飲酒、博打やけんかに明け暮れし、物の動きに流されていた時代から一変し、イトーノーイを中心に、計画的な教育、研修、村づくりが行われるようになった。すなわち、村人たちは協同を基盤として自立するようになったのである。

サクーン村の開発の成功は、バンコクの「村落財団」などNGOの注目を集め、同様の村興しに努める全国の農村と連携して、「ウムチュウ・タイイサーン」と呼ばれる情報交換や交流の全国組織が発足するまでになった。これには一九九四年現在三三五村が参加している。

これらの他にもやはり東北タイのスリン県バーンサワイのセーンプラパー寺の住職パンヤー・ウティストーン和尚のように、寺に財団を設け、苗床をつくって村の緑化に努める一方、保育園、小中学校を設け、五〇人の優秀な少年に奨学金を与えてスリンの師範大学に送っているような例もある。

「子どもが大きくなって、またバーンサワイ村のこと、またひろくタイ農村のことを考える機会が出てくればそれでいい」。

「心の開発（パワナー）とは、たんに座って瞑想することではない。寺が汚れているとき、その中で瞑想しても平安（パワナー）が実現するとはいえない。木を植えているとき、私たちの心はむしろ平安である。心の開発と社会活動は不可分のものだ」。

これは、一九九四年三月一六日、私のインタビューで語ったパンヤー和尚の言葉だが、開発（かいほつ）が社会活動と結び付いて実現されることをよく示している。

以上、開発僧の実践を、近代化過程で周辺化した社会的弱者への援助、環境保全、地域興こしの三面から眺めた。いずれも、個人の解脱を究極の目的とすると解釈されてきた上座部仏教の教えからははるかに遠く、社会活動、社会参加を促進するような思想体系と関連していることが知られた。このような思想体系こそ、「仏教の再生」と本論で呼んだような、プッタタートやパユットに代表される思想的動きにほかならない。

# 結論　開発概念の転換――物の開発から心の開発へ・平和への道

今日の国際開発の場では、しだいに、人間開発論の比重が増してきている。人間開発論は経済成長の恩恵が自動的に社会のすべての層に行き渡るとした近代化論のパラダイムを退け、開発の目的を人間能力の拡大に置いた点に独創性があるが、しかし、人間能力拡大の指標として、GNPをベースとした購買力をとっている点で、経済成長論との連続性をもつ。すなわち、「物の開発」に基づいた開発論の範疇に入る。

しかし、アジアでは伝統文化としての仏教に基づき、「物の開発（かいはつ）」を中心とした近代化、経済成長を真向から批判するような内発的発展の思想が登場している。タイのプッタタートやパユットらの「心の開発（かいほっつ）」を重視する人間開発論がそれである。

この人間開発論によれば、この世の苦しみ、人びとの必要の不充足の根元は、人間の貪欲（タンハー）にある。開発（かいはつ）で物を増やそうとすればそれだけ、人間の貪欲は増し、社会問題や自然破壊を増幅する。

したがって必要なのは、国家権力や多国籍企業の手による上からの開発（パッタナー）ではなく、むしろ人間が貪欲心を抑え、中道を求めて、日夜精進心（チャンタ）を強めていくことである。こうして人間が真実の法（タンマ）にめざめていくとき、心の開発（パワナー）が獲得され得る。

しかし、心の開発は同時にたんに個人的に成就されるものではない。人間は自然、社会の中で暮らしており、苦しみは人間共通のものであることを認識するとき、人間は同時に社会に働きかけ、中道の社会を実現すべく努力していかないかぎり、パッタナーをパワナーに切り代えていくことはできない。実際、この世の中のすべては相互依存関係（縁起）にあり、個人は社会から切り離されて存在するわけにはいかないのである。

こうして心の開発をすすめるための仏教に基く地方分権型、協同型の社会体制が提案される。苦楽の両極端を退け、我欲を抑え、すべての人の基本的必要の充足をめざして、人びとが民主主義的に共同管理を行っていくような中道の社会で、人間の自由と幸福はもっとも拡大していく。これが人間開発であり、そのような開発（パワナー）をすすめる社会が、平和な社会である。

心の開発論に対しては、それがユートピア的である、増大する人口に対して必要な資本蓄積を無視している、心の開発を社会指標化することは困難であり、行政的手法になじまない、等、さまざまな批判が提起され得よう。

しかし、心の開発論が、タイの都市や農村の草の根レベルで、近代化の陰に周辺化した弱者層や過疎化した農村の地域興し、環境保全のために努力している開発僧たちに理論的支柱を与えていることもまた事実である。また、心の開発論は増大する社会問題の根元が人間の貪欲に発すると説くことによって、周辺地域のみならず、先進地域の人びとにも今の発展のあり方を批判的に考え直させるきっかけを与える。

実際、私がこの研究に従事している期間、多くの開発僧をインタビューしたが、話をしていて自ずと心の中で手が合わさってくる経験が何度となくあった。人間の尊厳とか、人間の幅とかをとると、先進国、開発途上国の区別はまったくないことを痛感した。

もう一つの開発論は、アジアに生まれた内発的発展論である。それは文化と倫理が、人間開発に及ぼす影響を重視する。その意味で、もう一つの開発論は、倫理を切り捨てることによって洗練化されてきた欧米起源の経済学とはきわめて異なったコンテキストに立つ。だが、このような倫理を忘れた「科学」が現代世界における社会問題、環境問題を増幅させ、平和をそこなってきた、と開発僧たちが批判していることも、われわれは忘れてはならない。

今日、人間開発論が国際開発の場での新しいオーソドキシーとなろうとしているとき、人間開発論にも物の開発を重視する立場、心の開発を重視する立場があることを、もう一つの開発論は提起した。本稿はこの開発概念の転換を明らかにすることに努めた。こうした問題提起によって、人間開発論がさらに豊かになっていくことを期待したい。

# 第二章　サルボダヤ運動による〝目覚め〟と分かち合い

――スリランカの仏教に根差した内発的発展――

野田真里

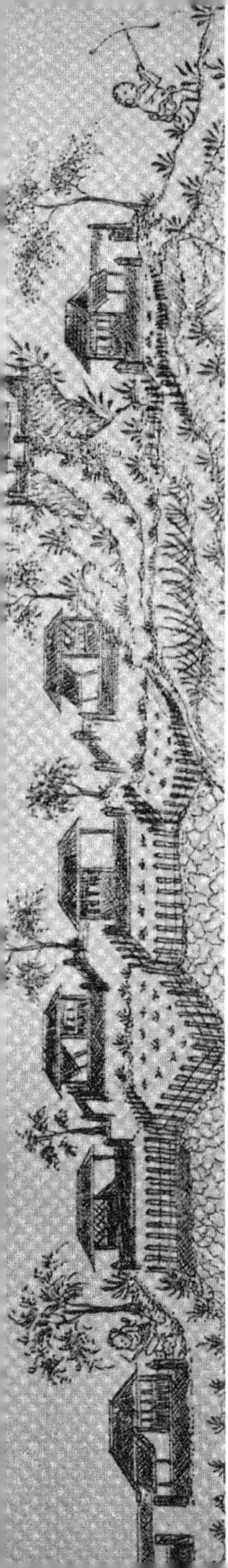

# はじめに

「サルボダヤ・シュラマダーナ運動」(Sarvodaya Shramadana Movement：以下サルボダヤ運動)は仏教国スリランカにおいて、アリヤラトネ(Dr. A. T. Ariyaratne)によって始められた、民衆主体による物心両面の発展をめざす世界的に著名な開発運動である。一九五八年、当時高校教師だったアリヤラトネがコロンボのエリート学生を連れて最下層カーストの村でワークキャンプを始めたのがきっかけで、その活動がスタートした。サルボダヤ運動は約八〇〇〇村、(スリランカの全村落の約三分の一――一九九四年現在)を対象にプロジェクトを行うまでに成長した第三世界最大級のＮＧＯであり、スリランカの伝統文化である仏教に根差した内発的発展のモデルとして世界的にも注目されてきた。

サルボダヤ運動の特徴は端的に言えば以下の三点にまとめることができよう。第一に、スリランカの民衆に広く根ざした民衆主体による草の根の社会開発運動である。第二に、スリランカの伝統文化である仏教(特にプロテスタント仏教の革新的な仏教原理――後述)に基づきつつ、個人レベルから世界レベルまで「全てのものの幸福と覚醒」をめざすという、精神文化の開発運動である。そして、第三に、そのために社会の構造変革を「慈愛」(metta)の精神に基づいて行う、非暴力主義の運動である。

サルボダヤ運動を理解するにあたっては、次の二つの側面をあわせて検討する必要がある。すなわち、草の根レベルでの「物の開発」、「社会開発」を担う側面と、人々の意識の覚醒こそが世界を変えていくとする「心の発展」、「精神文化開発」の側面である。草の根の開発運動をみる際、開発をもっぱら物的生活向上と考え、NGOをそのための基本的人間ニーズ（BHN）のサービス機関ととらえる考え方がある。だが、アリヤラトネは、BHNの充足のみならず人々の覚醒こそが社会を変えていくと考えている。すなわち、社会開発の基底には精神性、道徳、文化といった三つの領域が基礎となっており、これらの開発すなわち価値観の変化、「心の発展」、「精神文化開発」の必要があると考える。そして、こうした開発が、外からの押し付けでなく、現地の民衆自身の文化や価値観に根差したものであるときに、内発的発展のダイナミズムが生まれると考えられる。よって本稿では、サルボダヤ運動を仏教精神に基づく内発的発展の一つのモデルとして、物質的社会的開発の側面のみならず、精神的文化的開発の側面からも検討していく分析アプローチをとる。

本稿の構成は次のとおりである。第一に、サルボダヤ運動のエートスであり、スリランカの社会的文化的土台となっている仏教の役割とその革新について検討する。第二に、「全てのものの目覚め」を目指す、サルボダヤ運動の思想を検討する。第三に、「分かち合い」によって共生社会を作っていこうとする、サルボダヤ運動の実践を紹介する。第四に、サルボダヤ運動における、「キーパーソン」である僧侶の役割とその人材育成について、僧侶による「心の開発」のケーススタディを交えて検討する。最後に、サルボダヤ運動のもつ意義とともに、直面する諸問題についても批判的に検討していきたい。

# 1　内発的発展のエートスとスリランカ仏教の革新

## 内発的発展のエートスと仏教の開発《かいほつ》思想

まず、内発的発展の思想と、サルボダヤ運動の思想的核となっている仏教とはどのような共通点が見られるであろうか。

内発的発展とは次のように定義される。「内発的発展は経済学のパラダイム転換を必要とし、経済人に代え、人間の全人的発展を究極の目的と想定している。内発的発展は他律的・支配的発展を否定し、分かち合い、人間解放など共生の社会づくりを志向する。内発的発展の組織形態は参加、協同主義、自主管理等々と関連している。内発的発展は地域文化と生態系重視に基づき、自立性と定常性を特徴としている」[(1)]。

内発的発展においては地域文化・土着文化をその土台にしたうえでの民衆自身による主体的、自立的発展が重要とされる。「伝統的価値観に立脚した思想と行動原理をもって推進される開発は、それと異なる価値観に基づくものを外部から取り込むよりはるかに成功する可能性が高」く、それゆえ開発計画は、科学や技術であるばかりでなく「民衆の心に響くイデオロギーとしての性格を持たねばならない」[(2)]。また、「土着文化とは、経済、社会、政治の生命源である。この意味で土着文化は、生活のあらゆる分野において内側からの開発の母体となりうるのである」[(3)]。スリランカにおいては、仏教がまさにこうした内発的発展の基礎となるエートス、「民衆の心に響くイデオロギー」なのである。実際、後で詳しく見るように、サルボダヤ運動の開発思想は仏教思想に裏付けされているし、それが民衆の心を捉えている。

また、サルボダヤ運動のような草の根レベルの開発のみならず、国家レベルの開発においても、仏教エートスの影響を指摘する論者もいる。ハリー・オオシマは「スリランカの福祉優先政策は上座部仏教の精神に基づく」と指摘している。国連開発計画の『人間開発報告一九九四年度版』によれば、スリランカは経済開発の面では一人当たりGNP五〇〇ドルの貧困国であるが、平均寿命、乳幼児死亡率、成人識字率といった「人間開発指標」の面では、ニカラグア、パキスタン、ギニア等同程度の所得の国々と比べて際立って高い。[4]これは、経済開発よりも社会福祉の充実を優先させ、貧困や格差の解消に努めてきた結果と言える。

実際、仏教の中には、西欧的な開発とは異なる、独自の社会観、人間観そして開発思想が存在する。そもそも、「開発」と言う言葉自体が、仏教から由来しているのである。仏教では開発は、「かいほつ」と読み、「仏性の開発《かいほつ》」といった使われ方をする。仏教の教えでは生きとし生けるものすべてが、覚者（ブッダ）になる可能性、すなわち「仏性」（buddhata, buddhatva）を備えているとされる。[5]また、「仏性」には「真の人間性、潜在する普遍的な人間性」といった意味もある。ブッダとは、釈尊その人のことを指すのみならず、一般に「目覚めたもの」「悟れるもの」の意味で、「存在の様相とその本質を如実に知見して、人格を完成した人」をいう。すなわち、仏教でいう開発《かいほつ》とは、約言すれば「誰もが内在的に持っている能力を顕在化し、世界の様々な問題の本質に目覚め、真の人間性を発展させ、人格の完成をめざすこと」と定義できよう。

また、スリランカと同じく上座部仏教国であるタイの学僧パユット師（P. A. Payutto）は仏教の開発《かいほつ》思想について次のように述べている。[6]タイ仏教において「開発」には〈pattana〉と〈pavana〉の二つがある。〈pattana〉とは〈tanha〉（貪欲さ、煩悩）に掻き立てられ、物質の量的成長を追求することである。仏教では「貪欲さ」は苦しみの原因とされる。現在、タイは急速な近代化の中で、環境破壊、貧困、売春といった問題を抱えているが、これは、〈tanha〉に基づく〈pattana〉の結果である。他方、〈pavana〉とは仏教本来の開発《かいほつ》であり、〈chanda〉(意思)に基づいて、物事の本質をみきわめ質的発展を図ることである。また、〈pavana〉には、「心の開発」、「瞑想」という意味もある。すなわち、〈pavana〉つまり開発《かいほつ》とは約言すれば、「貪欲さに駆られて物的富のみを追求するのでなく、心の発展も含めた、バランスのとれた全人的発展をめざすこと」と定義できよう。この仏教における開発《かいほつ》の思想が、本節の冒頭に引用した内発的発展の定義と多くの点で類似していることは注目に値する。

## スリランカの仏教とプロテスタント仏教による革新

だが、伝統文化が、そのまますなわち、内発的発展、社会変革のエートスとなるとわけではない。市井三郎によれば「いかなる伝統も長い時間のうちには、はじめの生き生きとした自覚的に体験された意味を失った、定例化(ルティナイズ)され、形骸化される強い傾きを持っている[7]」からである。実際、仏教にせよ、キリスト教にせよ歴史とともに釈尊やキリストの教えは形骸化され、そのダイナミズムを失っていった(中世暗黒時代のカトリシズムや日本の葬式仏教がその最たるものであろう)。よって、伝統文化が再度、その本来もてるダイナミズムを発揮し、内発的発展、社会変革のエートスとなるためには、そうした伝統が革新される必要があり、その革新を担う契機やキーパーソンの役割が重要である。周知の通り、キリスト教においては「宗教改革」のプロテスタント運動がそれであり、ルターやカルビンがキーパーソンであった。では、スリランカの仏教の場合はどのように「伝統の革新」がなされ、社会変革のエートスとなったのであろうか。

スリランカの人口は約一六〇〇万人で、そのうち約七〇%がシンハラ人、約三〇%がタミール人である。シンハラ人は上座部仏教を信仰しており、事実上の国教となっている。また、タミール人の多くはヒンズー教を信仰している。ほかにもイスラム教徒、キリスト教徒もおり、近年、一部でシンハラ人とタミール人の間で内戦が勃発しているが、これら四つの宗教は歴史的にはスリランカにおいては対立することなく、共存してきた。

スリランカには紀元前二五〇年ごろにインドから仏教が伝来した。スリランカの伝統仏教は、農村社会を基盤とした上座部仏教である。[8] 僧侶（出家者）と在家者を明確に区別し、僧侶の生活は村に住む在家の物質的支援によって成り立っている。僧はパーリ語仏教経典の教えを学び、厳格な戒律を守ってその教えを実践し、輪廻からの解脱をめざす。だが、現実には多くの僧は、輪廻を何度もくり返さねば解脱は不可能であると考え、それゆえ真剣に解脱をめざす僧侶は少ない。他方、在家信者は自ら仏法を実践するというよりも、僧侶の教えにしたがって功徳を積み、よりよい来世への再生を願う。また、「悪魔払い」などの土着の信仰も根強い。このような、伝統的村落仏教は稲作農民社会の宗教として長年維持されてきたものである。

しかし、このような伝統的仏教は一九世紀以降の近代化による政治・経済・社会的変化の激しかった都市を中心に革新された。アナガーリカ・ダルマパーラ師（Anagarika Dharmapala）をキーパーソンとする「プロテスタント仏教」（Protestant Buddhism）と呼ばれる改革運動である。このプロテスタント仏教運動こそが、英国植民地支配に対抗するスリランカの民族解放の思想となり、社会革新のエートスとなった。「都市に成立してきたシンハラエリート層が、彼らを取り巻く新しい状況に即した仏教教義の再解釈を行い、新しい信仰と実践の形態を生み出してきたのである。……この改革運動の最初の推進者たちは、一九世紀の英国植民統治のもとで都市（コロンボ、ガーッラ、キャンディなど）において現れた新しい社会階層、つまり英語教育を受け、ある程度西洋化した中産階層の仏教徒であった。彼らは神智学の影響を受けつつ、英国植民者プロテスタント宣教師に対抗し、シンハラ仏教徒としてのアイデンティティーを再興するための仏教復興運動を始めた」のである。(9)

ここでいう「プロテスタント仏教」の「プロテスタント」とは二つの意味を持っている。すなわち、「第一に、その視点や組織形態の上で（キリスト教の——引用者）プロテスタンティズムから大きな影響を受けている、また、第二に、キリスト教および西欧の政治的支配に対して独立を勝ち取るための抵抗（プロテスト）を表す」という点である。(10)

「プロテスタント仏教」の特徴は以下のように整理できる。第一に、出家者集団であるサンガ（sangha）の世俗へのかかわりの拡大である。僧侶が公的行事や儀礼への積極的に参加するようになり、また教師等として世俗で就職しただし戒律では世俗での金銭授受活動は禁じられている）、農村開発、社会運動への参加が盛んになった。後に詳しくみるが、サルボダヤ運動においても僧侶の参加はキーパーソンとしてきわめて重要である。第二に、在家信者の信仰と実践の強調である。出家者と在家信者との区別が不明確になり、在家信者が出家せずとも解脱する可能性が強調され、在家信者自身による仏教の実践が強調された。第三に、仏教的瞑想の強調である。出家者のみならず、在家者にとっても仏教的実践の基本は、伝統的な寺への寄進といった積徳行為というよりも、むしろ瞑想であるとされた。第四に、仏教的な力への信仰の拡大である。修行によってえた力によって、来世や輪廻転生の末ではなく、この現世の問題を解決しようという僧侶が現れてきた。第五に、仏教者の社会実践である。僧侶の社会的かかわりの重要性が強調され、また在家者も悟りのためには、独り身のままで、勤勉に働き、節約を重んじる、といった僧のような質素な暮らしを実践し、瞑想を行わねばならないとされた。ダルマパーラの運動は、在家者に重きをおいた仏教革新運動であったといえる。こうした仏教復興運動を通じてダルマパーラは、伝統仏教を革新し、イギリスの植民地支配に対抗するシンハラ・ナショナリズムの基礎をつくりだしたのである。

以上みてきた様に、近代化を契機に一九世紀に始まったスリランカにおける仏教の革新によって、仏教は社会的、実践的性格を持つプロテスタント仏教となり、民族主義運動、社会革新のエートスとなった。そして、このプロテスタント仏教の思想と実践は、仏教に基づく民衆主体の発展の試みであるサルボダヤ運動へと受け継がれている。アリヤラトネは次のように述べている。「愛国者、民族主義者、仏教復興者であり、生涯を通じた活動によって感銘を与えたアナガーリカ・ダルマパーラ師の尊い教え……我々の運動はその足跡をたどっている[11]」。

## 2　全てのものの目覚め——サルボダヤ・シュラマダーナ運動の思想

### 一切の生きとし生けるものは幸福であれ

サルボダヤ・シュラマダーナ運動の思想は、以上のようなスリランカの伝統文化である仏教およびその革新としてのプロテスタント仏教を土台としつつも、後にみるように、マハトマ・ガンジー (Mahatoma Gandhi) の非暴力運動に大きく影響を受けている。

だが、ここで一点注意しておきたいのは、サルボダヤ運動はあくまでも思想的基盤として仏教をおく民衆主体の発展の運動であって、仏教という特定の宗教運動または仏教徒のためだけの運動ではないという点である。アリヤラトネは以下のように強調している。

「我々の運動原理は『最大多数の最大幸福』といった西欧民主主義とは全く異なる。我々の運動はブッダの『一切の生きとし生けるものは幸福であれ』という教えに基づき、全ての人々が参加し、能力を分かち合うことによって幸福を実現する運動である。よって何よりもまず、子供、女性、お年寄り、他民族、他宗教等の社会的弱者・少数者に対して配慮せねばならない[12]」。アリヤラトネはその一例として村での集会の最初に行う「お祈り」と瞑想に関して次のように述べている。「村での集会のはじめに必ずお祈りと瞑想を全員で行う。これは『心の発展』の基礎となるものできわめて重要である。そのさい仏教だけでなく、村人の信仰する全ての宗教のお祈りを行う。祭壇には、仏陀もキリストもヒンドゥーの神々も祀ってある。しかも、もっとも少数者の宗教を尊重し最初に祈る。例えば、その村でイスラム教徒がもっとも少数であったならば、最初に全員でコーランを読む。お互いの宗教や神々に敬意を払い理解することによって、宗教による差別や偏見がなくなる。それぞれの宗教の優れた点を学ぶこともできる[13]」。

こうした何者をも裁かない、切り捨てない「一切の生きとし生けるものは幸福であれ」という仏教の寛容の哲学を実践していることこそが、サルボダヤ運動が宗教の違いを超えてスリランカの人々に広く受け入れられ、根づいている理由の一つである。

## サルボダヤ——覚醒と非暴力

既に述べたように、「サルボダヤ・シュラマダーナ運動」思想的源泉の一つは、スリランカの仏教、とくに革新的なプロテスタント仏教にある。ここではもう一つの源泉であるガンジーの覚醒の思想・非暴力の思想との関係について検討したい。

「サルボダヤ」とは元をたどればガンジーがつくった概念であり、アリヤラトネはこの概念を援用している。『サルボダヤ』という言葉を最初に広めたのはインドのマハトマ・ガンジーだった。その素となっているアントヨダヤという言葉は、ガンジーがラスキンの使った〈Unto This Last〉(この最後のものにも。『聖書』マタイ伝二〇章より)をサンスクリット語に翻訳したものといわれている。あとになって、ガンジーは、全ての人の幸福という理念を表現するときに『サルボダヤ』を用いた。『サルバ』は『すべて』を、『ウダヤ』は『目覚め』を意味している」。また、非暴力に関しては次のように述べている。「仏教の教えの核には、全ての生命の尊重があり、これは仏教徒が守るべき基本になっている……全ての人の幸福をねがう人々は、暴力の反対の位置にある『慈愛』(Metta)を受け入れなくてはならならない。だから非暴力は、サルボダヤの基本なのである。……非暴力は、人間の尊厳や、価値をそこなわずに、構造改革をもたらす非常に有効な方法である[14]」。

冒頭にも述べたが、サルボダヤ運動にとっての開発ないし社会変革とは、単なる物的な社会開発だけではなく、「覚醒」すなわち「心の開発」、人間の変革に他ならない。**図1**が示すように、覚醒は個人からかならはじまり、世界の覚醒にいたる「全てのものの覚醒」となる。人間(個人)の人格の覚醒(Paurushodaya)、家族・集団の覚醒(Kutumbodaya)、村社会の覚醒(Gramodaya)、都市社会の覚醒(Nagaradaya)、国家の覚醒

図１　グローバルな覚醒に向けてのモデル

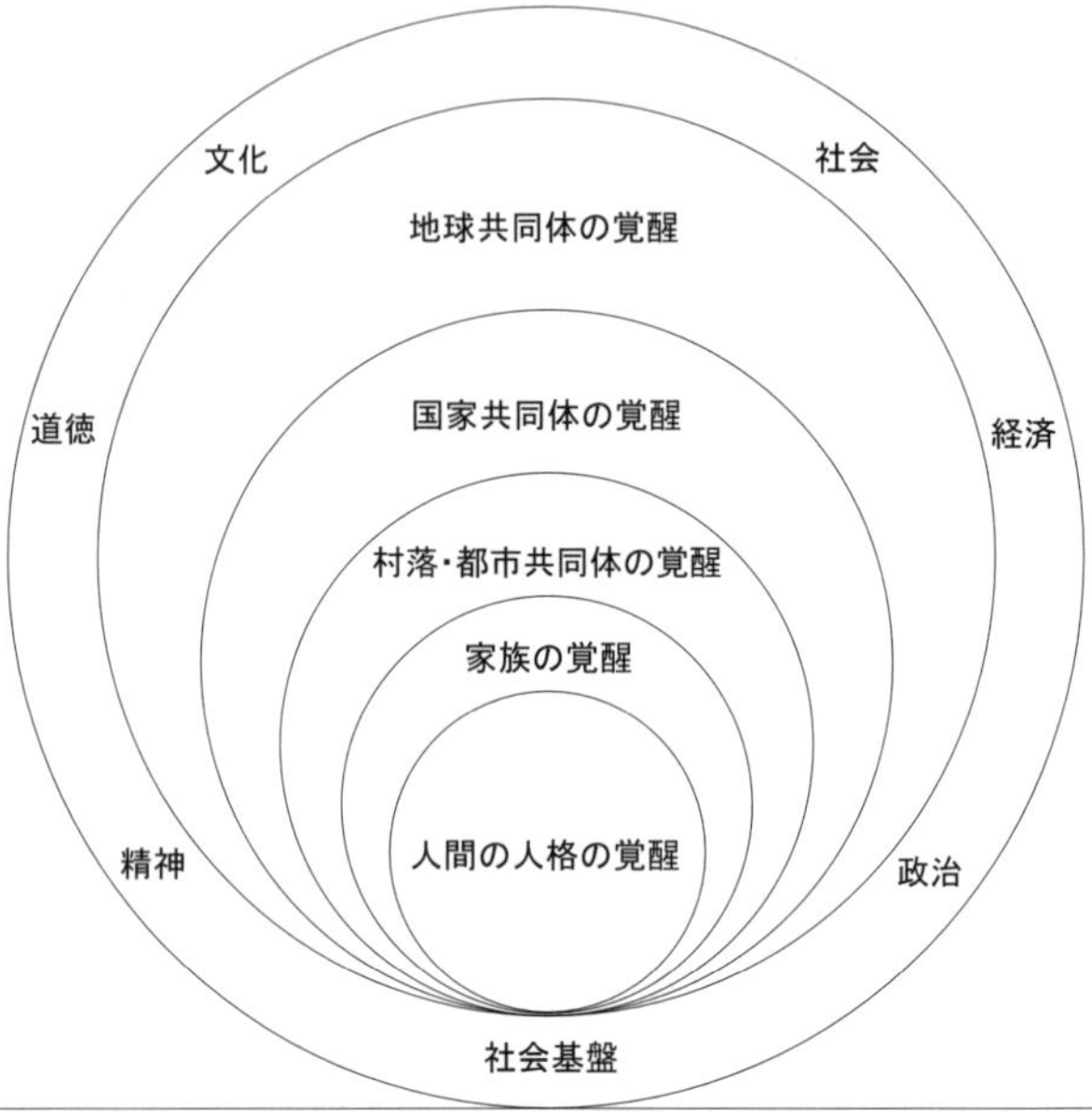


| |
|---|
| 生物圏――生命をはぐくむ地球の一部 |
| 生態圏――生物的要素と無生物的要素の相互依存 |
| 心理圏――人間の意識より生じる精神的エネルギー |
| 人間の命をつかさどる宇宙の法 |

(出典) Ariyaratne A. T., “Transformation of Vision into Reality- Planning for Development (Awaking)”, *Collected Works Vol. 5,* Moratuwa : Sarvodaya Vishva Lekha, 1990, p. 198.

(Deshbodaya)、世界の覚醒（Vishbodaya）の六つの覚醒のプロセスは、社会、経済、政治、インフラ、精神、道徳、文化の開発を通じて達成される。[15]また、その基礎には生命をはぐくむ地球の一部としての生物圏、生物的要素と無生物的要素の相互依存である生態系、人間の意識より生じる精神的エネルギーの総体である心理圏、そして人間の生活をつかさどる宇宙の法が存在する。[16]では、個人の覚醒から宇宙の覚醒に至るプロセスについて順を追ってみていこう。

## 個人および家族・集団の覚醒――「シュラマダーナ・キャンプ」

全てのものの覚醒の基礎となる、個人および家族・集団の覚醒は「シュラマダーナ・キャンプ」（shramadana camp）を通じてなされる。「シュラマダーナ」とは、「シュラマ」（力）を「ダーナ」（布施）する、つまり「持てる能力の分かちあい」の意味である。すなわち、民衆はどんなに貧しくとも、それぞれなんらかの能力を持っており、民衆が主体的に開発に参加しそれを分かち合うことで自力更生が可能となると考えられる。シュラマダーナ・キャンプでは、貯水槽や灌漑用水、井戸の整備、土壌の保護や耕地整備、村の道路建設、学校、トイレ、コミュニティーセンターの整備等の活動を行う。こうしたシュラマダーナ・キャンプでの共同作業を通じて、人々は次の四つのはかり知れない尊い心、つまり仏教で言うに四無量心《しむりょうしん》（catur-apramana）に目覚めていくとされる。慈無量心（metta）すなわち、友情をもって働き、全ての生きとし生けるものを敬う心、悲無量心（karuna）すなわち、苦しみ、恐れ、悲しみを生む原因を取り除く行動を起こす心、喜無量心（mudhita）すなわち、他者を幸福にする労働に参加することによってもたらされる喜びの心、そして捨無量心（upekka）すなわち、損得や名声・誹謗といったものによって揺るがされることのない、も

サルボダヤ運動のシュラマダーナ・キャンプにおける共同活動。村人総出で道路を整備している（筆者撮影）

のごとにとらわれない心である。

他方、家族・集団はシュラマダーナ・キャンプを通じて、四つの共生のための徳目、すなわち仏教でいう四摂法《ししょうぼう》（catur-samgtaha-vastu）に目覚めていくとされる。布施（dana）すなわち、共通の便益をもたらす能力に応じた労働や技術の分かち合い、愛語（preyavachana）すなわち、連帯感を生む関係をつくる、親しみのある言動、利他（artha-chariya）すなわち、全員に利益のある社会基盤の開発、そして同事（samanatmatha）すなわち、自発的で相互的な協力である。

### 村の覚醒

次に、村の覚醒についてみてみよう。サルボダヤ運動は村落開発運動としてスタートし、現在においても村レベルでの開発は運動の大きな柱となっている。**図2**が示す

図２　村おこしの四聖諦

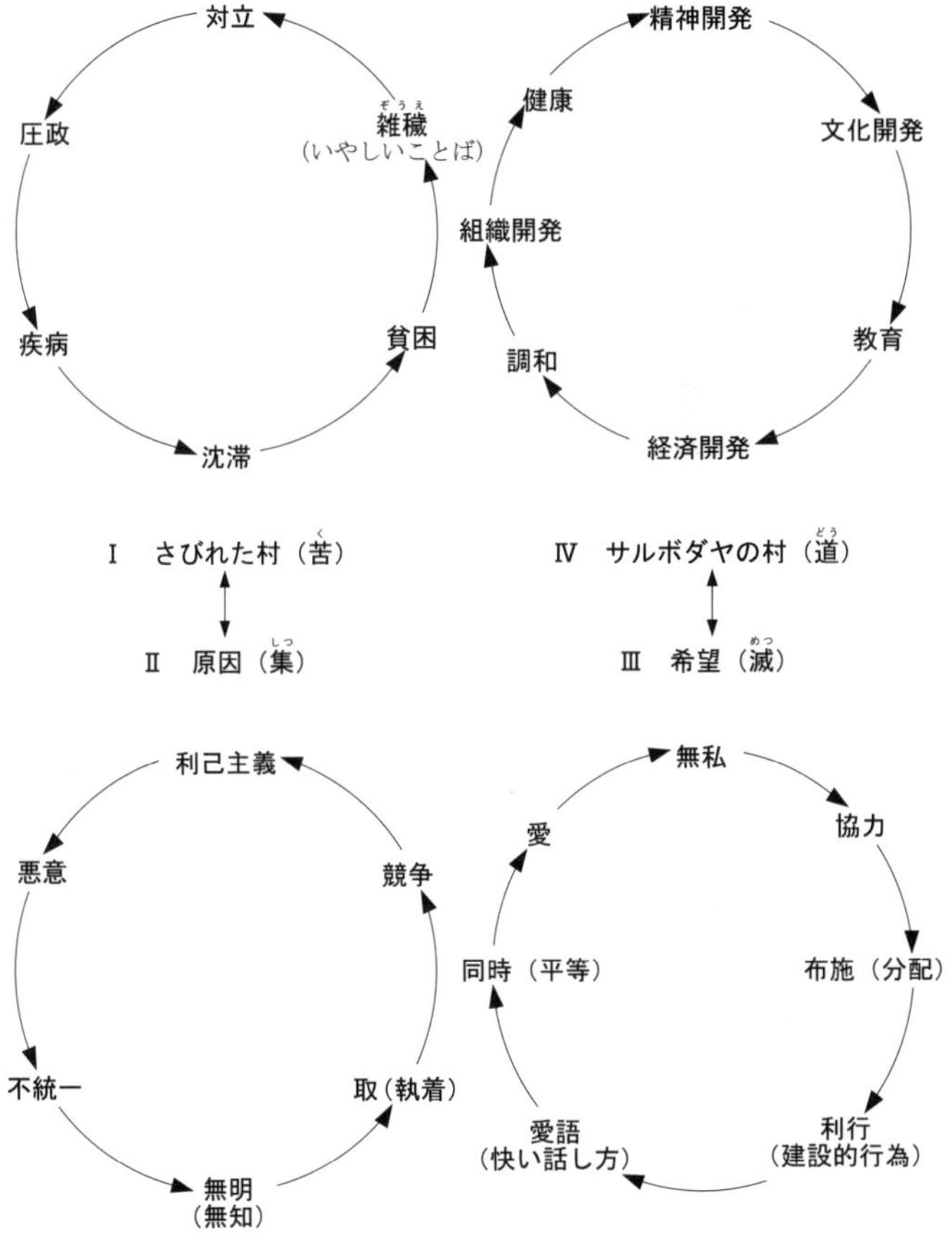


（出典）ジョアンナ・メーシー『サルボダヤ―仏法と開発』中村尚司監訳、めこん、1984年、68頁。

ように、村の覚醒は仏教の四聖諦《しせいたい》(ariyasacca)を農村開発に適用することによって説明される。まず、さびれた村の「苦」をありのままに見つめることから覚醒はスタートする。さびれた村ではいやしい言葉(雑穢《ぞうえ》)が使われ、村人が対立し、圧政や疾病に苦しみ、村は沈滞し貧困にあえいでいる。次に、村がそうした「苦」に直面したその原因(「集」)を突き止めることが大切である。村がさびれた原因は、人々が無知で物事に執着し、争い、利己主義にはしることによって、悪意が生まれ、村人の間で不和が生じたからである。だが、こうした苦しみの原因がわかれば、それを解決(「滅」)する希望がみえてくる。エゴを押さえ(無私)、協力し、分かちあい(布施)、建設的な行いをし(利行)、こころよい言葉を使い(愛語)、平等に振る舞い(同事)、愛情を持って接するのである。そして、さびれた村は、正しい開発実践(「道」)によってサルボダヤの村(覚醒した村)に生まれ変わる。健康な生活を送り、精神・文化を開発し、教育を普及させ、経済を富ませ、社会的調和を保っていく。また、都市の覚醒も農村と同じようなプロセスをたどって達成されると考えられる。

### 国家・世界の覚醒

サルボダヤ運動ではこうした村の覚醒が拡大していくことによって、地域の覚醒、国家の覚醒そして世界の覚醒にもつながっていくと考える。

国家の覚醒のためには次の五つの目的が設定されている。第一に、個人、家族、集団、村、都市、国家といった全てのレベルで精神的、道徳的、文化的価値を再興する。第二に、「基本的人間ニーズ」を、最貧困層や社会的弱者を優先しつつ全ての民衆に充足させる。第三に、農村や都市の地域社会において、住民主体の社会開発を行う。第四に、参加型民主主義の政治体制を構築する。そして第五に、生態系を重んじた、公正で、民衆主体の自足的な国民経済を完成させる。

また、世界の覚醒プログラムは以下のような目的を持って行われる。第一に、覚醒した個人やグループが全ての国々において、個人、家族、都市、農村、国家の覚醒のために、「目覚め」の運動を発展させ、強化させ、拡大させる。その際、各々がもつ歴史的文化的に固有な現状や価値観と、普遍的な「目覚め」の価値観との釣り合いを考慮する。第二に、対等な同胞愛の精神にのっとって、これらの個人およびグループが経験や資源を分かち合うための緊密なネットワークをつくる。第三に、質素なライフスタイルを重んじ、適正技術を用いる等、オルターナティブな発展の道をとる。第四に、対立する勢力間に平和の架け橋を構築し、それを強化するとともに、非暴力による防衛システムの開発を促進する。第五に、環境汚染、生態系破壊、アルコール依存症や麻薬中毒、グループ間・国家間紛争等をもたらすような、あらゆる形態の産業に対して、非暴力による直接行動をおこす。

## 覚醒とライフスタイルの見直し

以上みてきたようにサルボダヤ運動は個人のレベルから世界のレベルに至るまで、首尾一貫した覚醒のプロセスの思想と実践を有している。サルボダヤが目指すものは、スリランカの草の根開発運動にとどまらず、途上国やもちろん、日本のような先進国をもふくめた「全てのものの覚醒」である。すなわち、サルボダヤ運動は、単に遅れた農村を開発するためのものではなく、我々のライフスタイルのあり方そのものを見直し、共生の社会をつくっていく運動なのである。

アリヤラトネはサルボダヤ運動が目指すライフスタイルについて、仏教の中道思想に基づいて次のように説明している。「サルボダヤが目指す生活スタイルは、放蕩でもなければ苦行でもない道、すなわち過剰も貧困もない社会である。……ブッダはそのような道を『中道』と呼んだが、それは八正道《はっしょうどう》すなわち八つの正しい行いの道を歩むことに他ならない。先ず重要なのは、『正しい理解』である。それは永遠なる物は何もなく、全てが刻々と変化していることを理解することである。だから、『これは自分だ、自分のものだ』と主張することは無意味だと分かる。『正しい理解』は『正しい考え』につながる。『正しい考え』を持っていれば『正しい生活』ができる。むやみに自然や環境を破壊したり、不必要に多くの生き物を殺したりして物をつくり、みだりに市場で売ってお金を稼ぐことは『正しい生活』ではない。『正しい生活』とは自然を壊さないこと、次世代にツケを払わせないことである。『正しい努力』とは心の中に良い考えを持ちつづけること、『正しい気づき』とは心豊かな瞑想である。『正しい精神統一』とは苦に向かい、苦の原因を追求し、それを取り除くことである。ブッダの教えを経済学的に言えば、富を正しい方法で生産し、分配し、消費するということである。こうした意味で仏教は『真の経済発展』に寄与することができるのである[(17)]」。

## 3 分かちあいのネットワーク――サルボダヤ運動の実践

既に見たように、サルボダヤ運動においては、全てのものの目覚めを目的とし、仏教に根差した思想とビジョンが示されている。そして、**表1**が示すように、サルボダヤ運動においては、全てのものの目覚め

表１　サルボダヤ運動の主要プロジェクト

| |
|---|
| **［１］貧困撲滅とエンパワーメントプログラム（PEEP）**<br>サルボダヤ運動のもっとも基本となるプログラム。都市スラム、沿岸地域、プランテーション、農村等の貧困層を対象に、10の基本的人間ニーズ（BHN）を整える地域開発。 |
| **［２］幼児育成プログラム（ECDP）**<br>幼児のケアをしている母親グループの幼稚園を支援。スリランカの幼稚園の６分の５はサルボダヤが運営。 |
| **［３］農業技術サービス（SRT）**<br>灌漑、橋の建設、ソーラーパネルといった地域の社会基盤整備に関して農民組織を資金と技術面で支援。 |
| **［４］農村企業プログラム（REP）**<br>PEEPやECDPの活動の中で運営されている貯蓄やクレジット、村の経済活動の運営能力の向上。 |
| **［５］農村企業開発プログラム（REDP）**<br>農産物や農村製造品の多角化、利潤拡大のため、技術、経営面でのアドヴァイス。 |
| **［６］マネージメント研修プログラム（MTI）**<br>経営に関するさまざまな知識、自営、企業家精神、コンピューター、会計等をトレーニング。 |
| **［７］収入向上プログラム（IGP）**<br>外部資金からの依存を脱却するための、商業ベースで自己資金獲得をはかる。 |
| **［８］救援、復興、再建、和解、再覚醒プログラム（5R）**<br>シンハラとタミールの内戦の和解、難民の救援、復興等。 |
| **［９］年長者行動委員会（EAC）**<br>外部ドナー以外の現地の民衆や政府要人から資金を調達し、ワークキャンプ、学童の為の活動、スポーツ、文化精神活動といったプログラムを実施。 |
| その他、孤児院、聾学校、環境、女性運動、平和と社会統合、法律サービス、コミュニケーションプログラム、出版等のプロジェクトを行っている。 |

（出典）Sarvodaya Shramadana Movement, *Towards Self-Reliance and Sustainability : Sarvodaya Strategic Plan for 1995-1998*, Moratuwa, 1994, pp. 60-63.

を実現する為に、様々なプロジェクトが組まれている。

サルボダヤ運動は村落レベルでの覚醒だけを目的にしているわけではない。とはいえ、スリランカの人口の大半が農村に住み、貧困等の問題が農村に集中している実情から、そのプロジェクトの大半は農村で行われている。すなわち、農村の自立、農村における覚醒が、全てのものの目覚めの基盤となるのである。サルボダヤ運動においては、村落レベルでの社会開発プロジェクトの実践においても、村の目覚め、村の自立にむけた次の四つのステージを明確に示している[18]。

まずステージⅠでは活動の開始にあたり精神的基盤づくりを行う。村からのリクエストに応じてサルボダヤ運動のワーカーがサルボダヤ運動の哲学を説明、シュラマダーナ・キャンプを導入して道路建設、井戸掘り、水槽作りといった共同作業を試験的に行う。既に見たように、シュラマダーナ・キャンプを通じて、村人は共同で瞑想し、料理を作って食事をし、歌ったり踊ったりする。こうした過程を通じて村人の心が一つになり、意識が高まる。シュラマダーナ・キャンプへの参加はサルボダヤ運動の第一歩である。作業の合間にもたれる家族集会を通じて村人はサルボダヤ運動の思想を学び、村の開発を拒んでいる要因を分析する。これによって彼らは問題解決に向けての潜在的な能力（シュラマ）を自覚するようになるのである。

次に、ステージⅡでは社会組織づくりとトレーニングを行う。具体的には、第一に、村人が自発的にさまざまな活動を行うための組織づくりを始める。幼児グループ、学童グループ、母親グループ、青年グループ、農民グループ、高齢者グループなどである。第二に、これらのグループがプロジェクトを始めることができるようトレーニングを行う。第三に、子供サービスセンターを地域センターとして設置し、それに伴って託児所、共同キッチン、図書館、農機具や種子を共同で利用するための組合（種子銀行など）、保健所といった多様なサービス機関を設置する。村の開発は子供のための活動から始まることが多い。子供の教育や健康は村人全員の願いであり、コンセンサスを得やすく、また、子供が集まれば父母も集まるので、その他のグループも自ずと組織化が進むことになるからである。

サルボダヤ運動のシュラマダーナ・キャンプにおけるミーティング。僧を中心に村人たちが開発についてのアイデアを分かちあっている（筆者撮影）

ステージⅢでは、基本的ニーズの充足およびそのための制度づくりがなされる。基本的ニーズとはサルボダヤ運動では村人の貧困状態を解消し、生活を安定させるための一〇のニーズである。すなわち、清潔で美しい環境、清潔で適切な水の供給、最低限の衣料、バランスの取れた栄養、簡素な住居、基本的な保健ケア、簡単な通信設備、最低限のエネルギー、総合的な教育、文化的・精神的ニーズがある。また、住民自らがこうしたニーズを満たしていくような制度的な整備も図られる。村人自らサルボダヤ・シュラマダーナ組織を設置し、会計、マーケティング、プロジェクトの立案・モニタリング・評価といったマネージメントを行うようになる。こうした住民主体の活動に対して、サルボダヤ運動の地方センターは技術的なアドヴァイスを行ったり、資金を支援したりする。この段階では村は外部資金に依存しており経済的には自立しているとは言えない。しかし、開発のアイデア、意思決定、組織といった点では自立しているとみなされる。

ステージⅣにおいてはプロジェクトの資金的自立が目的とされる。村が外部からの援助に依存することなく、資金的にも自立し、フルタイムのワーカーを雇い、プロジェクトのコストが支払えるようになる。この段階まで達している村は未だわずかである。

そして、村の自立の最終段階であるステージⅤでは他の村との余剰と分かち合いが目標とされる。村が完全に自立したあとは、生産余剰を用いて他の村を支援するようになるのが理想とされる。ただし、この段階に達している村はほとんど無い。

これらの五つの段階は、村の自立、村の目覚めに向けてのモデルを示すものであるが、すべての村が順調に開発に成功するとは限らず、途中で挫折したり停滞したりする村もあれば、また逆に短期間で成果を上げる村もある。

サルボダヤ運動のプロジェクトにおける民衆の参加は非常にユニークである。今日、参加型開発が注目されてきているが、政府やNGOといった外部者の開発プロジェクトに民衆が参加するという文脈で理解されているケースも多い。しかしサルボダヤ運動では民衆自身のエンパワーメントによる民衆主体の開発が基礎となっており、それをサルボダヤが支援するという点に特徴がある。つまり主体は民衆でそれに「参加」するのはむしろ外部者の方である。アリヤラトネは民衆主体の開発を外部者主体の「参加型」開発を対比して次のように述べている。「全世界で今日、開発について議論するときには参加という概念は必ず話題になる。しかし、どうして、他人の用意したプログラムへの民衆参加ばかりが議論されるのか。民衆自身が考え、編み出してきたプログラムに、政府の役人や他の人々が参加することを議論しないのは如何なものか。民衆は開発プログラムの受益者や参加者であるのみならず、その実施者でなければならないのだ[19]」。

## 4　サルボダヤ運動と仏教僧——内発的発展のキーパーソン

### サルボダヤ運動における寺院・僧侶の役割

繰り返し述べたようにサルボダヤ運動は仏教精神に根差した運動であり、スリランカの民衆の多くは仏教徒である。サルボダヤにおいて、寺院および僧侶の役割は物質的にも精神的にも極めて大きくこれを無視して論じることはできない。社会的物質的には寺院は、地域の社会開発センターとしての機能を果たしてきた。また、文化的精神的には寺院は、人々の宗教的文化行事の中心となるばかりではなく、心の安らぎの場として、また人間修養の場として重要な機能を果たしてきたのである。

サルボダヤ運動においても、僧侶は村の内発的発展の「キーパーソン」としての役割を果たしてきた。ディープエコロジーの第一人者で、サルボダヤ運動の研究者でもあるジョアンナ・メーシーは僧侶の役割の重要性を以下のように評している。「千人を優に越える僧侶が、サルボダヤ運動のために、自分の属するおのおのの寺にあって活動している。彼らの大部分が自分たちは『専従』の仕事をしていると心得ている。……サルボダヤ運動のために僧侶は自分の時間をさき、人々に権威をもって教育活動を行い、子供たちをシュラマダーナに集めたり、役人との交流をはかったり等々幅広い活動を行っている。こうした点を考えあわせると、サンガ（sangha）はサルボダヤの開発活動に大いに寄与していると言える。まさに僧たちの献身なくして、スリランカにおいてサルボダヤがこのように広く深く浸透することはありえなかっただろう」。「サルボダヤとサンガとは共生関係にあると言える。……僧侶はサルボダヤの開発計画の普及員として活動する一方、で、僧侶自身もサルボダヤの理念とそのめざすものを学ぶことによって、サンガや僧侶のあるべき姿を再認識し、また、植民地時代以前から彼らが果たしてきた、社会に対する幅広い責務を思い出すことになる。サンガに対するこのような効果は偶然でもないし、単なる『副産物』でもなく、サルボダヤの目標とする『すべての人々』を目覚めさせることという開発の解釈によってもたらされるものである」[20]。

こうしたスリランカ仏教の社会参加は、先に紹介した革新的な「プロテスタント仏教」の伝統に基づくものである。

## 仏教僧による「心の発展」の実践――「サルボダヤ平和の覚醒のためのサービス協会」

サルボダヤ運動に参画する僧侶はそれぞれの地域で物心両面の開発においてユニークな活動を行っている。サルボダヤ運動の一つの特徴は、既に見たように、物質的開発だけではなく、全てのものの目覚めのために、精神的開発にも重点を置いている点である。ここではその一つの事例として、ある僧侶が設立した「サルボダヤ平和の覚醒のためのサービス協会」による「心のケア」、「心の開発」の実践を紹介したい。

スリランカ社会においては、一九七〇年ごろより開放経済政策によって近代化の波が急速に押し寄せた。その悪影響の一つとして、若者の精神が荒廃し、麻薬やアルコール中毒の問題が深刻化してきた。一九九〇年には犯罪者の四七・一％が麻薬に関係しているとされる。これは一九八一年の五・三％という数字に比べると約一〇倍近い増加である。[21] 近代化の歪みによる人々の心の荒廃は、麻薬の問題、ひいては社会的の安全を脅かす問題となっているのである。

スリランカ南部ペルマドゥーラの農村に住む僧侶、クピヤワッテ・ボーダナンダ師（Kuppiyawatte Bodhananda）は、サルボダヤ運動の副代表であるセナナーヤカ（D.S. Senanayake）とともに「サルボダヤ平和の覚醒のためのサービス協会」（Sarvodaya Samodaya Seva Samithiya）というＮＧＯを設立、自らの寺院で麻薬中毒患者のリハビリテーションプログラムを行っている。師のプログラムの特徴は、薬物を一切使わず、仏道修行による「心の発展」を通じて患者を更生させる点にある。このプログラムは治癒率七一・八％という成果をあげており、スリランカ政府はもちろん、各国政府や国際機関からも高い評価を受けている。

ボーダナンダ師の基本思想は「人間は過ちを犯すものであり、ドラッグ患者を悪人として除外するのではなく、慈悲の心をもって接し、自らの問題に気づいて社会の中で生きるよう自覚させる」というものである。[22] 現在行っているプログラムは、アルコール中毒、麻薬中毒患者のリハビリ、両親がアルコール・麻薬中毒患者であるために家庭崩壊の犠牲となったストリートチルドレンの保護、そして若者のリーダーシップトレーニングと禁酒の奨励などである。メインの活動であるアルコール中毒、麻薬中毒患者のリハビリは六か月間住み込みで行われ、一回に二〇人程度が研修を受ける。患者は国家麻薬規制委員会、裁判所、警察、その他の機関や個人の紹介によって入所する。

患者のリハビリは三つの段階を踏んで行われる。これは先に紹介したサルボダヤ運動の「全てのものの覚醒」のプロセスを受け継ぐものである。第一段階は自己の覚醒である。ベジタリアンの食餌療法および運動によって健康な体を取り戻すとともに、読経、瞑想、学習、グループディスカッション、カウンセリング等を通じて自分自身の問題を理解し、心を開発していく。第二段階は家族の覚醒である。入所者の家族を呼んで話し合いをもち、患者がドラックにおぼれてしまった原因を突き止め、解決する。患者も良き家族の一員になるためのトレーニングにつとめる。そして第三段階は社会の覚醒である。患者が無事社会に戻れるように、職業訓練を行い、また村、会社、学校等がスムーズに受け入れるよう働きかけをおこなっていく。さらには、ドラッグの蔓延する社会そのものを変えていくために、仏教日曜学校での説教、村の集会や学校などでの講義、ドラッグ撲滅を訴える行進、卒業生のフォローアップ、さまざまなキャンペーンや教育活動を行うための全国ネットワークの展開等を行っている。

このセンターでは麻薬中毒患者の心の開発を図るとともに、患者が地域にとけこみ、センターのプロジェクトが人々に開放されている点が特徴的である。右記のプログラムのほかにも幼稚園、職業訓練（コンピューター、家電修理、木工、溶接等）のプロジェクトがあり、これらのプロジェクトには村人に広く開放されている。また、このセンターでは、他のサルボダヤの村と同じく「シュラマダーナ・キャンプ」を行い、患者は村人とともに汗を流す。寺院のセンターの回りには柵や塀の類いは一切なく、僧を慕う村人が頻繁に出入りできるようになっている。

こうした地域ぐるみの開放治療はひとえに村人の寺院や僧侶に対する信頼感にもとづいたものであり、村における僧侶の重要性を改めて実感させられる。また、スリランカの現代社会の精神的荒廃を象徴する麻薬中毒の治療に仏教が有効であることは、やはり社会の開発の根底には「人間の開発」、「心の開発」が重要であることを物語っているといえよう。

### 僧侶（キーパーソン）の人材開発――「サルボダヤ比丘研修センター」

「サルボダヤ平和の覚醒のためのサービス協会」の事例でみたように、寺院や僧侶の役割、僧侶のリーダーとしての役割はサルボダヤ運動の開発プログラムにおいて重要な要因となる。よって、村の僧侶を物心両面の「キーパーソン」、リーダーとして如何に人材育成していくかが、サルボダヤ運動が成功するための一つの鍵になる。

「サルボダヤ比丘研修センター」(Sarvodaya Bhikkhu Training Center) は、僧侶を名実ともに村のリーダー、コミュニティーワーカーとしてトレーニングしようという目的で設立された[23]。この研修所はスリランカ南部の町ラトゥナプラ (Ratnapura) にて、一九七四年にスタートした。現在は資金難のために一時プロジェクトを中止しているが、これまでに約千人の僧侶をトレーニングした。スリランカの僧侶は全体で約二万人おり、その内二〇%をトレーニングしたことになる。

このセンターのカリキュラムは六か月コースで一回約三〇人を受け入れるが、もっと短期間のコースもある。科目は仏教、瞑想のほかに、サルボダヤ運動の哲学、英語、農村開発や教育、保健等コミュニティーワークに必要な知識と実践を学ぶ。科目の中にはタミール語もあり、シンハラ人とタミール人の和解にも大きな役割を果たしている（サルボダヤ運動では内戦の終結と和解を訴える平和行進を行っており、僧侶はその最先頭にたっている）。センターには教室のほかに集会所、瞑想道場、宿泊施設、図書館とすばらしい設備がそろっている。サルボダヤ運動における僧侶の重要性を鑑みたとき、一日も早くプログラムが再開されることが望まれる。外部からどんなに優れたワーカーや専門家が入るよりも、村人が敬愛する僧侶が開発の「キーパーソン」の役割を果たすほうが、民衆主体の開発にとってははるかに望ましいと考えられるからである。

## まとめ――サルボダヤ運動の意義と直面する諸問題

以上みてきたように、スリランカの場合、上座部仏教が民衆のアイデンティティーであり、それは「プロテスタント仏教」という革新的な伝統文化としてイギリス植民地支配に対抗するエートスとなった。また、こうした革新的な仏教の流れは、後に民衆主体の開発運動である「サルボダヤ・シュラマダーナ運動」に引き継がれた。サルボダヤ運動は仏教思想に基づく内発的発展の運動である。仏教思想それ自体が、近代的西洋的な開発理論とは異なる、独特の開発思想を内包している。それは一言でいえば「人間性の発展と人格の完成」であり、内発的発展論や近年注目されている「人間中心の発展」(Human Centered Development)の思想ときわめて近い。

サルボダヤ運動は民衆の持てる能力の「分かち合いのネットワーク」によって貧困を撲滅し基本的ニーズを満たすための民衆主体による社会開発運動である。また、加えて、個人、家族、村、国家そして世界の覚醒すなわち「全てのものの目覚め」をもめざす精神文化開発の運動でもある。サルボダヤの開発においては民衆自身の能力とイニシアティブが重要であると同時に、「キーパーソン」である僧侶の役割も大きい。僧侶は民衆とともに様々な社会開発運動を進めると同時に、仏教に根差した「心の開発」も同時に行っていく。こうした僧侶の人材育成はサルボダヤ運動の成功のための一つの鍵である。サルボダヤはあくまでも民衆の自立的発展をサポートするパートナーであり、主役は民衆自身である。サルボダヤ運動は第三世界最大級のNGOであり、世界のNGOや内発的発展の運動に大きな影響を与えている。近年、タイやカンボジアにおいてもサルボダヤと同様、仏教を基礎にした「覚醒」に基づく内発的発展の運動として、「行動する仏教」(Engaged Buddhism)や開発僧の活動が注目されつつある。[24]

ただし、最後に指摘しておかねばならないのは、サルボダヤ運動もこうした優れた内発的発展の哲学と実践によって大きな成果をあげてきた反面、現状においては多くの問題と危機に直面している点である。組織の巨大化により様々な問題が生じ、もはやサルボダヤ運動は「スモール・イズ・ビューティフル」のモデルではなくなったのではないかという指摘である。[25]

第一に、多額で長期間にわたる海外からの資金援助に依存することによって自立性が低下してきた。サルボダヤ運動の初期は規模も小さく、ワーカーの大半はボランティアで人件費等の経費もさしてかからなかった。しかし、その活動や組織が拡大したことにともない、特に人件費等管理部門の経費が増加、オランダのNGOであるNOVIBやカナダ国際開発庁(CIDA)等外国の援助機関からの資金援助が入ってくると、財政的にこれらの資金に依存するようになり、結果として自立性が弱まった。ドナーは「ドナー協議会」を組織し、サルボダヤ運動の組織や経営の改善についてさまざまな主張をするようになった。サルボダヤ運動は「みずからの説く自立は必ずしも財政的自立を意味しない」と主張してきた。確かに、南北格差の大きい世界経済の中で、南のNGOが財政的に自立するのは極めて困難である。だが、もはやドナーとサルボダヤ運動の関係は「分かち合いのパートナーシップ」ではなく、ドナーからは「資金の運び屋」、「地域とのパイプ」にしか過ぎないと位置づけられている。最大のドナーであったNOVIBが一九九〇年代に入って援助を削減し、ついに一九九四年には援助を打ち切るなど、サルボダヤ運動は深刻な財政危機に直面させられた。

第二に、人材面での問題が深刻化している。サルボダヤ運動が小規模でありボランティアベースで運営されていた時代には、仏教に根差したその覚醒の哲学・精神に全員が誇りを持って働いていた。しかし、組織が肥大化し、よりプロフェッショナルなスタッフの雇用が必要となり、ボランティアベースで働くスタッフとの意識や待遇の格差が開く一方、支払われる給与や福利厚生は十分でなく、様々な不平不満が噴出し、人材の流出を招いている。また、一九九〇年代に入り援助が削減されるに伴って、大量の解雇を余儀なくされつつある。

第三に、社会の価値観の変化によって、サルボダヤの哲学を保つことが困難になってきている。初期のころにはスタッフ自らが「シュラマダーナ・キャンプ」に参加し、「覚醒」のプロセスを体験していた。しかし、スリランカの社会・経済の変化に伴って、価値観も変化し都市部に住む職員はこうしたサルボダヤ哲学の生活スタイルを、自らのものとして実践することは少ない。また、スリランカで活動している約三〇〇〇のNGOの中にはサルボダヤのような「覚醒」のプロセスを必要としないとするNGOもあり、村人がそうした、精神的開発を必要としない、ある意味で「安易な」知的開発のみを行うNGOの活動を支持するケースも出てきている。

第四に、意思決定や開発のアプローチが必ずしも民主的で民衆参加型になっていない。サルボダヤは政府のトップダウン方式の開発に対して異を唱え、民衆の覚醒による主体的な開発こそが肝要であると説いてきた。実際、サルボダヤ運動に対しては多くの人々が好意的なイメージを抱いており、また社会において有益な役割を果たしていると考えている。しかし、他方で、批判的な人々も存在する。「サルボダヤは国中で看板を出しているが、それらが全て機能しているわけではない」、「外国からの援助の増大によってかつてのような崇高な理念を失ってしまった」等の批判である。サルボダヤ運動は四〇年近い実績を誇るあまり、これらの批判に対して、深刻に反省し、十分な解決策を示しているとはいえない状況にある。また、組織の運営や意思決定についても初期のころからの家族的な組織運営体制を改善できず、予算配分、活動評価、人事などの権限が組織上部に集中しており、必ずしも民主的運営とはいえない面もある。

以上みてきたように、サルボダヤ運動はその崇高な開発哲学と実績により、世界の内発的発展の運動に大きな影響を与えてきたし、これからも与えるであろう。だが現在サルボダヤ運動は様々な危機に直面していることも事実である。今後、サルボダヤ運動がこうした直面する危機をいかに乗り越え、内発的発展の運動として再生していくかに我々は注目する必要がある。また、サルボダヤ運動の意義とその直面する諸問題は、アジアの他の内発的発展、とくにタイやカンボジアの開発僧等の仏教に根差した内発的発展の運動に教訓を与えるものである。アジアの内発的発展の運動がＮＧＯや研究者のネットワーク等をつうじて相互に学びあうことが、内発的発展の運動をより広がりのある持続可能なものにしていく上で重要であると考える。

（献辞）本研究にあたり、故長峯晴夫教授（名古屋大学国際開発研究科）には、ご著書『第三世界の地域開発』（名古屋大学出版会、一九八五年）から大きな影響を受けるとともに、様々な機会をつうじてご指導を賜わった。拙稿を捧げ、心からの感謝の意を表したい。

# 第三章　内発的発展と教育

## ――ノンフォーマル教育の意義――

米岡雅子

## はじめに――問題の設定

一九六〇年代以降、発展途上国では一般に経済成長に貢献する人的資源開発を進めたり、日常生活で非識字者が被る不利益を克服するという視点から、識字や基礎教育が進められてきた。その結果、識字率や就学率は上昇してきたが、その一方で中退率も高いのが現状である。特に貧しい人々の間では、就学率は低く、中退率が高くなっている。それは制度やカリキュラムが硬直的で、人々の生活やニーズに合っていないからではないだろうか。学校教育で得られるものが自分の生活と直接結びつかなかったり、将来も生かす場がないようなものであれば学校教育に参加するインセンティヴは少なくなってしまうからではないだろうか。

学校の制度、教育の内容や方法について参加者のニーズを反映させることが必要であるが、内発的発展を進めようとする地域住民にとって、経済成長中心主義とともに歩んできた既存のトップダウン型の学校教育は、個人の主体性を形成し、自己と地域や世界との関わりを考えるという姿勢を身につけるためには不十分ではないだろうか。

そこで本章では、地域に密着することによって参加者のニーズを反映しようとするノンフォーマル教育に焦点をすえ、その内発的発展の持つ意義について考察したい。ノンフォーマル教育は学校に行っていない子ども・若者を対象とした、学校制度外の教育である。(1) その運営主体は、ＮＧＯ、地域住民、政府等様々であり、資金源として国際機関からの支援を受けているものもある。

本章では、まず、何のために教育を行うのかを明確にすることにより、どのような教育が望ましいのかを考察する。そこで第1節では、マハトマ・ガンジーとパウロ・フレイレの教育論を概観することによって、あるべき教育の目的と望ましい方法を導き出す。第2節では、第1節で考察した教育の目的と方法を実現するために、ノンフォーマル教育がどのような役割を果たしているか、また果たすことができるのかを事例を材料として考える。このように、望ましい教育の目的と方法、そのためのノンフォーマル教育の役割を考察することによって、ノンフォーマル教育が望ましい教育の目的、すなわち社会と人間の内発的な発展を実現していくためにはどのような要素を備えるべきなのか考えたい。

## 1　教育の意義

本節ではまず、教育の意義そのものを考えることから、ノンフォーマル教育に接近することにしたい。そのために、まず途上国の教育活動で大きな貢献をしてきた人々の考えを概観する。先ずインドのマハトマ・ガンジーを取り上げ、次に、南米で活躍しアジアでも多くの影響を与えたパウロ・フレイレにも若干触れる。そして、第三にこの二人の教育論をふまえ、あるべき教育の目的と望ましい方法を考えることにしよう。

### マハトマ・ガンジーの教育論

**〔時代背景と問題意識〕**　ガンジー（一八六九～一九四八）はすべてのインド人にとっての独立の達成に人生

の大半をかけた。ガンジーにとってインドの独立は、単に政治的主権をインド人の手に取り戻すことではない。それはスワラージ(自治、自律)でなくてはならず、インド内部が抱えている問題、すなわちマハラジャや他のエリート達と一般市民との格差、イギリス経済への依存、ヒンドゥー教徒とイスラム教徒の対立、不可触民制などに取り組まねばならないと考えていた。彼のこのような考えは、祖国インドへの愛と誇り、常に自分の倫理に照らして正しいと思うことをする(真理の実践)という彼の価値観に基づいている。

ガンジーはまた、手段と目的は相互作用的でほとんど一体のものであり、手段もまた倫理に照らして正しくなければならないと考えていた。彼はインドの独立運動を指揮するにあたって、インドの他の人々もまた倫理やインドへの愛と誇りに基づいた行動をとることを望んだ。手段としての非暴力は、倫理に照らして正しくないもの(非真理)には、勇気を持って非協力を貫くということであり、非真理(暴力)を行っている相手がそれに気づき、変わることを信頼する行為である。真のインドの独立のためには、エリート達がイギリス議会での地位や学位と結びついた特権を拒否するようにならねばならなかったし、一般市民は権威ある者への恐怖を取り除き、自由に自己の考えを表現できるようにならねばならなかった。

このような中で教育は、インドが真の独立を遂げ発展していくために、人々の中に倫理観と自国や自文化への誇りを育て、経済的自立に寄与するべきものという位置づけを与えられたのであった。スワラージを達成するための建設的プログラム一三項目の中に、ガンジーの提唱する新教育(あるいは基礎教育)が、ヒンドゥー教徒とイスラム教徒の統一、不可触民制の廃止、手紡ぎ布やその他の農村工業、経済的平等のための労働などと並んで含まれている。

**【教育の目的】**　ガンジーにおいて教育の目的は、個々の人間が地域社会の役に立つような人間になることであって、個々の人間の立身出世ではない。彼の提唱する新しい教育を受けた若者が「村にとどまり村人の役に立ち、村人達の作ったもので生活することに満足」し、「彼の渾身の力と彼の獲得した知識を通じて周りの人々を正しく導き、より多くの若者を育てる」(2)ようになることを期待している。また、自己実現に際し、最も考慮しなければならないのは職業の選択ではなく、職業を選ぶにあたっては、「自分自身の可能性を試し、地域社会にあるニーズをどうしたら自分は最もよく満たすことができるかを考え、そのニーズを満たすことができるよう自分を訓練するべきだ」(3)、と述べている。

教育は自分の生き方・価値観を作りあげる過程であり、人格形成の後、地域のために役立つ技術や知識を獲得する過程である。ガンジーは、人間は肉体・知性・精神の三要素からできており、精神が肉体と知性をどのように働かせるかを決める、と考える。たくさんの知識を詰め込むのが知性の発展ではなく、知性をどのように人々の役に立たせるかが問題であり、肉体も必要な仕事をできるように発達させることが重要である。

したがって、教育の第一の目標は人格形成となる。人格形成とは、「真理と非真理の違い、価値あるものと価値の無いものとの違いを理解し、よいことと真理を選ぶことが出来、悪いことと非真理を拒絶することができる」(4)ようになることである。具体的には、真理・非暴力・ブラフマチャリア(5)を実践しようとし、不必要にお金をためたり贅沢な暮らしをせず、盗みをしたり賄賂を受け取ったりせず、自分を屈服させようとする真理でないものを恐れないことである。そのため、自己の欲望や邪悪な心を押さえること、恐れを無くし自由に考えを表現できることが重要になる。とくに、非真理に協力しないようにするために、自分の信念を持ち、自分の内面に強さを持つことが重要である。

このように、人格形成のための教育は、真理と真理でないものを見分ける力と、真理を実践し真理でないものには抵抗できる意志の強さと行動力を身につける努力にほかならない。

**【教育の方法】**　教育の目的が第一に人格形成であるため、教育の方法はまず自己を見つめ、なるべき自己を認識することから始まる。つまり道徳・倫理を尊重する心、他人を尊重する心を養うことから始まるのである。ガンジーにおいて道徳・倫理教育は、宗教教育と結び付けて行われる。ガンジーは「神を信じることが人格の基礎となる」(6)と考え、また「真の教育を受けると、神の存在を自らの近くに感じるようになる」(7)と述べている。つまり自己の人格を良心を基礎に形成していくことができるし、するべきである、という考えを心の中に養うのである。また、他人も良心を持っていると信頼する心を養うのである。このような人格形成の教育は、教師という特定の人からのみ教わるものではなく、常に他人から何かを教わることが可能である。ガンジーは、「常に誰かと知識を交換していれば、私たちは教師がいないとは感じないだろうし、教育は苦痛のない自発的なプロセスとなる。最も重要な教育は人格の訓練だ」(8)と述べている。

人格形成の後に身体の訓練と職業訓練が行われる。職業訓練を通じた身体の訓練が行われる理由は、身体を使う労働をインドの大部分の人々が行っているため彼らの生活に直接結びついていること、肉体労働に集中することを通じて精神を発達させることができること、労働を科学的に学ぶことで知性を発展させることができること、である。

肉体労働を教育カリキュラムに含めることは、インドの大部分の人々の生活に合っていた。生活に密着したことを習うことで子どもは学校で学んだことを現実生活の中ですぐ生かすことができると同時に将来の職業を得る訓練になる。

肉体労働はまた、精神を発達させるのにも役立つ。肉体労働の尊厳を教えることに役立ち、インドの多くの人々の生活、自分の文化を軽蔑しない心を育む。さらに単なる工作の授業ではなく、職業訓練をして作品を残し販売することで、人間の労働や原材料が無駄に使われてはならないことを学ぶことができる。

肉体労働を科学的に学ぶと知性を発展させることができる。「子どもたちはその原料や道具の地理・歴史・科学、その技術や製品を成り立たせる経済学（算数・幾何）を学ぶことができる」[9]。このように肉体労働を学ぶことから子どもの知識を広げていくことが可能である。

職業訓練を通じた身体の訓練の次には知性の教育がくる。知性の教育でも自己の地域での生活に関わることから始めるべきである。自分自身の村の歴史や地理、健康のための知識などが教えられる。「何かから直接引き出される知識は、教科書や記号を通じての授業から得られる知識よりもずっとよい[10]」ため、子どもは先生を通じて農業、手紡ぎ、村の衛生などを習う。

このようにガンジーの新教育は人格形成を基礎とし、自分の地域生活の中で身体と知性の両方を発達させるように行われる。「将来への輝かしい展望を持ったその土地に常に子どもを根づかせる[11]」ことにより、子どもたちは学校で学業を始めるその時からその土地の輝かしい将来の実現に参加するのである。

**［ガンジー教育論の特徴］**　ガンジーの新教育はその目的や方法、教師のあり方について今日でも学ぶべき点を持っている。目的や方法について以下三つの点が重要である。

第一に、自分の考えを表現できるようにすることに重点を置いた点である。彼は、「人々は、自分の考えを完全に自由に表現する事ができるようになる教育を必要としている」[12]と述べている。また、真の教育は生徒から最良のものを引き出すものであり、「不適切で望まれもしない情報を生徒の頭に詰め込むことでは生徒から最良のものを引き出すことはできず、生徒の独創性を押し潰す」[13]と述べている。自分の考えを発言する機会のない学校は子どもにとって退屈であるばかりか、子どもを自分で考えたり自分の考えを表現できない無責任な人間にしてしまう。倫理や道徳を教えると同時に自分を見つけることのできる教育が重要である。

第二に、生活のすべての場面が学びの場であるという考えである。

第三に、自らの生活環境から学習をスタートさせることである。自己の環境についての知識や日々の暮らしに役立つことを学ぶのであれば、貧しい家庭や家事に忙しい子どもも参加するメリットを感じやすい。また、教育を母語で行うことによって子どもが違和感なく学校に通うことができるし、子どもが学校で勉強したことが家族の他のメンバーに伝わる。母語や自己の地域のことを学ぶことによって、自己の地域を軽蔑する心も避けられる。

教師のあり方については、以下三つの点に注目すべきである。第一に、教師と生徒の関係が生徒から教師への精神的・自発的な尊敬と教師から生徒への愛でなければ、人格形成はありえない、という点である。教育において教師の質は非常に重要である。教師が尊敬できる対象でなければ、子どもの人格はあまり発展しないし、教師からより多くの知識を引き出すこともできなくなる。さらに、他人から学ぶということを期待しなくなってしまうかもしれない。

第二に、自分の生徒達にあわせて学習内容を自分で組み立てるべきことである。ガンジーは、インドでは望まれるものが地域や子どもの階層によって異なるため、「教師は彼のクラスに特有の必要に応じて、自分が使えるものを使って毎日の授業を準備しなければならない」[14]と述べている。教師は決まった授業を繰り返すのではなく常に生徒に適した内容や教え方を工夫しなければならない。

第三に、教師も生活に関わる幅広い物事をカバーできるべきだということと、徐々に教えられることの範囲を広げていくべきだという点である。新教育では教師は農業・手紡ぎ・村の衛生・基礎教育・幼児心理・ヒンドゥー語の訓練を受け、さらに身の回りの環境について学び、そして徐々に外の物事について学んでいくべきだとされている。途上国では読み書きができるだけで教師となる人も多いが、教師は読み書きや算数だけでなく様々なことを教え、村の外のことも教えられるべきである。また教師も生徒とともに勉強することは、生徒に勉強することの重要性と楽しさ、仕事を持っていても勉強することができるのだということを教えることができる。

このようにガンジーの教育論は、教師と生徒との尊敬・信頼関係を基礎に、日常生活に即し、倫理や道徳を大切にし、自分の考えを表現することができるようにすること、地域社会の中で有効に働けることができるようになることに重点を置いた教育である。そのなかで教師は生徒の状況に応じて学習内容を決め、教師自身も日常生活に役立つことを学んでいくようにする。

## パウロ・フレイレの教育論の特徴

フレイレ（1921-1997）は祖国ブラジル、チリ、ギニア・ビサウなどで、抑圧されている大多数の民衆が自らの状況を認識し、主体として考察し、変革することができるようになるために識字教育を行った。批判的考察のためにフレイレが唱える課題提起教育は、その目的や方法において今日の教育に多くの示唆を与える。以下六つの特徴を取りだし考察する。

第一に、人間を現実世界を変革する主体として捉えていることである。自分が現実に関わっているのだという意識を持つことにより、希望とともに責任感が生まれる。

第二に、ある問題を全体のなかの他の問題に結び付けようとすることである。これは地域住民の生活を包括的に描き出すことで可能になる。自分達の一年の生活、自分達のこれまでの体験を話し合うことで、ある出来事と他の出来事が結びつく。こうすると現実の世界がより明確に見えてくるとともに自分は何に取り組んだらよいかたくさんの可能性が見えてくる。

第三に、識字を手段として捉えていることである。フレイレの実践した識字教育では、地域住民は自己の日常生活を客観的に見つめ直し自分の言葉で表現したり、あれこれ議論したりする。そのなかで文字は音節を組み替えていっそう様々なものや考え、自分の気持ちを表現するためのものとして用いられ、自分の考えを表現できるようになることが成果である。文字を何のために使うかはその人自身に委ねられており、そのため真に必要な表現を主体的に習得することができるのである。また、自分が使える表現が増えていく時に自分が前進している、と自信を与えてくれる効果もある。

第四に、キーワード（フレイレは「生成語」と呼ぶ[15]）を教師と地域住民との会話の中から探すことである。これは地域住民がどんな生活をしているのか、どんな価値観を持っているのか、何を障害として感じ何を感じていないのかを知ることのできる非常に重要なプロセスである。調査によって教師は生徒に適した生成語を探すとともに、自分自身も学んでいるのだという姿勢を生徒に示すことができ、教師と生徒の垣根を取り払うことに役立つ。

第五に、教師と生徒との対等で相互に学びあう関係である。対等な関係を築くことにより、教師も以前の自分の認識を改めたり、新たな発見をしたりできる。生徒も自己の考えを表現しやすくなる。対等な関係にあることで、生徒は自分も教師や他の生徒の役に立っていると実感できるとともに、楽しみながら教育を受けることができる。

第六に、その地域の住民中心の開発プロセスの一部となりうるという点である。地域住民が自分達の日常生活を客観的に描写することで、自分達は何を不満に思っているのか、何に不安を抱えているのか、問題の原因は何かを住民同士で議論することができる。さらに教師がまず生成語を探すため時間をかけて住民と会話をしていくことにより、住民の日常生活や価値観の一部が分かり、「ソフトな固有要因」[16]の把握につながる。また、地域住民と対等な立場を築くことにより、議論がしやすくなり、住民主導の開発をすることができる。

このように、フレイレの教育論は、人間を現実世界を変革する主体として捉え、現実世界の諸問題を相互に結び付けることによって、生徒がますます現実を認識し、現実の変革のために行動を始めることを可能にする。その過程で識字を用いるが、学ぶことも教師と生徒との会話の中で作っていき、日常生活や自分の考えを自分の言葉で表現することに主眼をおいた、主体的かつ対話的な教育である。

## 教育の意義

さて、以上に見たガンジーとフレイレの教育論をふまえ、望ましい教育の目的と方法を考察することにしよう。

教育の目的としては以下のものが考えられる。

第一に、自己の力を認識すること。自分には人間として主体的に生きる権利があるのだということ、自分の人生をどのようにするか決める力があるのだということを知らねばならない。

第二に、自分と自分の住んでいる地域との関わり、さらに世界全体との関わりを理解すること。自分と世界がこんなにもつながっているのだということ、自分はこんなに広い地域、多くの人々に支えられているのだということを知ることで、自分の行動を省みるとともに自分は何をなすべきかという問いが発せられる。

第三に、自分と同じように可能性と力を持った他の人々を認識すること。これにより他人を尊重する心が生まれ、他人の考えや価値観を理解しようとし、他人の発展のために自らも関わろうとするようになる。また、その他人とともに行動を起こす、協同するという考えが生まれる。

第四に、自分と関わりのあるものとして世界の課題を見つけること。「世界を理解することは、教育の主要な目的の一つである」[17]。また、「社会の出来事に時間的な因果関係があること、現在ある状況は過去に起こったことないし潮流の結果であり、今日の行動が将来にわたって影響を及ぼすことが分かるようになる」[18]と、自分の行動を世界の課題と結び付けて考えられるようになる。

第五に、価値観や倫理を自分の中に確立すること。他人に流されないで責任ある言動をとるために、常に言動を自分の価値観・倫理と照らし合わせるようになることが必要である。

第六に、自己の生活を改善し、世界の課題に取り組むための知識・技術を身につけること。より現実世界を理解していくために、また自分の選びつつある分野や方法で世界に役立つために、知識や技術は必要である。

上記のような教育の目的を達成するためには、主体的に考え、責任を持って行動できるようにならなければならない。そのためには生徒が自ら考えたり、様々なことを感じることが必要であり、教師からの一方的な伝達はあまり意味を持たない。主体的な学習方法は受動的な方法に比べてずっと効果的であることは、経験が示しているのである。教育の場は各人が自由に意見を表現でき、参加者が新たな発見をし続けられるようなもの、たくさんの選択肢が開かれているものであるべきだ。このような教育概念の転回によって初めて内発的発展の主体が形成される。

次節では、以上述べたような教育の目的と方法を実現するために積極的な役割を果たすことのできるノンフォーマル教育の役割を考える。

## 2　ノンフォーマル教育の役割

本節では、ノンフォーマル教育の役割を考えるために、ユニセフのバングラデシュ、フィリピン、タイに関する報告、バングラデシュのBRACのノンフォーマル教育プロジェクト、スリランカのサルボダヤ運動によるノンフォーマル教育、日本のNGO（社）シャンティ国際ボランティア会（以下、SVAと略す）

等の諸事例を題材とする。ノンフォーマル教育の役割としては、［1］学校教育の補完としての役割、［2］教育改革の担い手としての役割、［3］エンパワーメントとしての役割、の三つが考えられる。

## 学校教育の補完としての役割

学校教育の拡大については、「何百万もの人々の基本的学習ニーズはもし現在の条件や傾向が続いたとしても十分に、もしくは適切には満たされないだろう[19]」から、既存の学校教育以外にも教育機会が必要である。このような中でノンフォーマル教育は学校教育を補完し、より多くの人々に教育機会を与えることができる。

既存の学校教育がすべての人の基本的学習ニーズを満たせない理由の一つに一律の教育制度がある。それは、「人々の間で様々に異なる背景やニーズ、実際の教育・学習条件やプロセス、学習の結果を見過ごし、同質の学校教育を広げようとしてきた[20]」ということである。このような教育は特に家庭内の労働力であったり、家庭内で教育の価値が低く見積もられているような貧しい人々や女性にとって、参加しにくい。また、人種・宗教・言語的少数民族の人々にとっては学校で習うことと家庭での生活とのギャップが学校の魅力を損なっており、学校が家から遠く離れている遠隔地や農村では教育・学習条件が悪くなっている。したがって、重要なことは同質の教育をすべての人に広げることではなく、教育から得られる成果をすべての人の間で平等にすることである。

スリランカのサルボダヤ運動が支援している学校は、農村やスラムの中に位置しており、幼稚園児程度の年齢の子どもから家庭の事情で小学校に入学できなかった子どもたちまでが学んでいる。月謝は無料か、取るところでも払えない場合は払わなくてよいとしており、ノートが買えなくても構わないとしているので、制服を作ることのできる家庭の子どもは通うことができる。教える内容は小学校年齢の子どもの場合、公立の小学校と同じであるが、ウーマンズムーヴメントは村の調査を行った上で、社会、法律、経済、環境、健康などに関するハンドブックを教師用と生徒用に作成し、上記の分野に重点を置いている。通常、村の学校で四年学ぶと公立小学校の四年あるいは五年に編入することができるので、村の学校は既存の学校教育を補完している。

ＢＲＡＣのノンフォーマル教育プロジェクトは、農村の土地なし貧民の子どもで、特に八歳から十歳まで一度も学校に通ったことのない子どもと一年生の間に中退した子どもを対象にしている。カリキュラムは三年間で、ベンガル語・算数・社会科・課内活動・英語を習う。教える内容は子どもの生活に生かせることに重点を置いている。(21)教科書・ノート・小さな黒板・チョーク・鉛筆・消しゴムは無料配布される。一九九一年までに延べ一八万人以上の子どもに基礎教育の機会を提供しており、そのうち九六％の子どもがＢＲＡＣの学校を卒業し、卒業生の九五％が公立小学校の四年生に進級している。(22)公立小学校で毎年二五％の生徒が中退することとＢＲＡＣの学校に通う子どもは主に今まで学校に通えなかった女児であることを考えると、ＢＲＡＣの学校は学校教育がカバーできなかった子ども達に教育機会を与える役割を果たしてきたといえる。

ノンフォーマル教育は、地域に根差し、地域生活に沿った方法で行うことにより、学校教育とは違う方法であっても、同等の成果をもたらすことができるのである。そしてノンフォーマル教育は既存の学校教育の恩恵を受けていない人々に教育機会を与えることができ、学校教育を補完している。

## 教育改革の担い手としての役割

ノンフォーマル教育は規格化された学校教育とは違い、地域に根差し、地域の人々のニーズに合ったものにしようとする性質から、学校教育を改革する視点をも与えている。それは、[A] 参加者の生活リズムにあわせている、[B] 学校の計画立案・運営・監督に地域住民が参加している、[C] 学校の制度やカリキュラムが学習プロセスを通じて常に改良されうる、などの点である。

**[A 参加者の生活リズムにあわせている点]** ノンフォーマル教育の授業時間は家事労働をする時間、農繁期、宗教的休日を考慮して組まれていることが多い。

サルボダヤ運動のウーマンズムーヴメントが行っているストリート・チルドレンのためのデイケア・センター（日本のNGOの支援でスタートしたため、「寺子屋」と呼ばれる）では、子どもたちは自分の好きな時間に学校に来るうえ、自分でその時学ぶ教科（字の練習や算数、お絵描きなど）を決めて勉強しており、教師が時々助けるというようにしている。そして、公立小学校に編入できる学力を身につけた段階で、公立に移る。

BRACのノンフォーマル教育では、授業時間帯や休みの日程を親との話し合いで決めるため、子どもが家事労働をする時間を避けることができ、農繁期は学校を休みにすることができる。こうして一年生は一日二時間半、二・三年生は三時間という短い時間が採用されている。時間のかかる宿題やテストのための勉強がいらないことも生徒の家庭での時間を使わず、家事手伝いを邪魔しないことに役立っている。

このように参加者がなるべく参加しやすい時間帯や、振り替えがきくような時間割にすることで、参加者を増やし、またしばらく休んでしまった後でも学校に戻りやすくすることができる。それによって中退を防ぎ、子どもが学習を続けることが可能となる。

**[B　学校の計画立案・運営・監督に地域住民が参加している点]**　ノンフォーマル教育は、計画立案に際し、その子どもたちの生活の調査から始める。子どもたちの仕事は何なのか、それは家族の家計にとってどのぐらい重要なのか、子どもたちに教えられるのは誰なのか、活発な学習環境と適切なカリキュラムを作るのに考慮すべき地域の文化や生活習慣は何なのかということを地域住民からの聞き取りをもとに調べていく。ＢＲＡＣのノンフォーマル教育では、子どもたちのための教育機会を改善するために何ができるのかをＢＲＡＣの地域調整役と地域住民がともに考えていく。その結果、カリキュラムを地域のニーズに適したものにすることができる。

また、ノンフォーマル教育は地域のニーズに適したものにするために、カリキュラムや制度の作成、運営・監督に地域やコミュニティーが参加していることが多い。現場のレベルでの自立と権限を与えるような運営と監督のシステムを確立することが目標とされることもある。教育の内容を工夫して地域で必要とされる知識や技術を取り入れることができ、子どもが積極的に参加するような、地域の文化・生活習慣に沿った教育方法や授業時間を採用することができる。また、地域住民が必要と思うものに予算を配分することができる。ＢＲＡＣのノンフォーマル教育では、地域住民の要請があってからＢＲＡＣが村に関わり始め、どうしたら子どもが学校に通えるのかＢＲＡＣのスタッフと親がともに考える。学校の授業時間は親同士の話し合いで決定され、教師も村の人々とＢＲＡＣの地域調整役がともに面接をして村の人々の中から選ぶ。学校の運営に責任を負う委員会のメンバーは二人の親と教師、コミュニティー・リーダーの四人から成り、親全員の話し合いで決める。学校を運営していく上での問題や子どもの進み具合と問題はこの委員会と保護者会で主に話し合われる。委員会のメンバーは村の人であるため、子どもの親や地域住民は気がついたことや意見があればいつでも言うことができる。

一方、計画・運営・監督の権利が認められている代わりにコミュニティーにも学校の管理・運営の責任が任されている。学校の校舎は村の既存の建物を使ったり、地域住民の協力を得て建てたりすることが多い。例えば、SVAはカンボジアの地方に学校建設をする際、住民にも資材購入や労賃に充てる資金を一部集めてもらう。また、校舎の維持や机などの備品を村でまかなうことが期待される例も多い。サルボダヤ運動の学校は、主にコミュニティー・センターや寺など、机や椅子を入手できる所にある。BRACのノンフォーマル教育プロジェクトでは、学校は地域住民の手で建てられたり、調達されたりする。そして、BRACがその校舎を借りているという形を取り、地域住民や校舎の提供者に賃貸料を支払う。その資金は建設費の返還と校舎の維持・管理費用に使われる。学校のカリキュラムや制度の作成・運営・監督を地域住民のイニシアチヴで行うと同時に、学校の管理や運営に地域住民に積極的に参加してもらうことにより、権利と責任の両方を持った教育制度が行われるのである。

このようにノンフォーマル教育は、地域の主導で、地域の責任で行う教育の地方分権のあり方を提案しているのである。先に述べたBRACのノンフォーマル教育プロジェクトでは、学習の成果が十分高く、BRACが政府と協調的な関係を築いているために、政府はBRACのプロジェクトを学んだり、助成したり、他のNGOに同様のプロジェクトを始めるよう勧めている。また、BRACはいくつかの公立小学校でコミュニティーの学校改善への参加を助けている。

ノンフォーマル教育は子どもたちに積極的に参加してもらうために、地域住民が中心となって進めたり、親に計画立案・運営・評価に参加してもらうことにより、質が向上していく。「プログラムは地域やコミュニティー(のニーズ)に反応し、反映しようとするため、変化、見直し、再編成にさらされている」[23]のである。

**[C 学校の制度やカリキュラムが学習プロセスを通じて常に改良されうる点]**

学校教育では一度制度やカリキュラムができると、コミュニティーや親の評価によって教育の制度やカリキュラム、方法が変わることはほとんどない。多くの国ではトップダウン式に学校以外のところで決定された制度・カリキュラムを学校で行っている。すると、ニーズに対応したり、地域や生徒の生活に適した教育を行うことは困難である。また、教育は生徒にとっても与えられたものであり、その内容や方法について疑問や不満が生じても変えることはできない。すなわち、学校から伝達される部分が多くなり、生徒や親、地域住民の声に応じて教育の成果を高めていくことが困難なのである。

これに対し、ノンフォーマル教育は教育に参加する人々の意見が話し合われやすく、取り入れられやすい柔軟なシステムの上に成り立っているといえる。そのため、生徒がより必要としている知識・技術をすばやく取り入れたり、生徒が積極的・主体的に学べる方法を試してみることができる。ノンフォーマル教育は試行錯誤を通じて生徒にとっての教育の成果を高めることができるのである。

SVAは、絵本や紙芝居を使っての読み聞かせ(おはなし)を巡回・常設図書館で行っている。今まで暗記暗唱主義が通ってきたカンボジアでおはなしは子ども達を引き付け、字を読めるようになりたいという

ラオスでの移動図書館（写真提供（社）シャンティ国際ボランティア会）

動機づけになり、子どもが進んで学校に通うようになり、落第者・退学者が減り、就学者が増えるという効果をあげた。そのため、図書館の設置だけではなく、おはなしを重視し、おはなしを通して感動する機会を提供することが子どもにとってどれだけ大切かを学校の教師・郡や県の教育局職員・教員を対象としたワークショップで強調した。その結果、おはなしが学校教育でも取り入れられるようになり、教員養成学校のカリキュラムに組み込まれている。

ＢＲＡＣのノンフォーマル教育プロジェクトでは、月一回の保護者会で子どもの進み具合や問題点が話し合われ、常に問題に取り組んでいる。さらに、教師は子どもの親や他の地域住民によって監督・支持されるため、教師は地域に適した教え方や内容をチェックしてもらうことができる。教師はまた、ＢＲＡＣの地域調整役が月一回開催する研修で自己評価を行ったり、参加者同士で経験や問題点をともに話し合うことにより、教え方の改良をすることができる。数年経つとほとんどの教師は個々の子どものニーズや興味を満たす彼らなりのアプローチを発展させることができるようになる。

このようにノンフォーマル教育は、教育の恩恵を社会に広げていき、そしてそのために教育自体を変革していく教育であるといえる。そして、ノンフォーマル教育は地域のニーズに対応しつつ自らを変革していく過程で学校教育をも改良していく必要を指摘することができるのである。すなわち、「ノンフォーマル教育アプローチは、既存の学校教育が届きにくいグループに学校教育を補完するものとして役に立つような、これまでとは違ったプログラムを創出するだけでなく、既存の学校教育システムを改良し、『型を打ち破る』のに大きく貢献する[24]」のである。

## エンパワーメントとしての役割

ノンフォーマル教育は、その地域で必要とされる教育内容やその地域に適した教育方法を探す過程で、地域住民の話し合いを促進する。したがってノンフォーマル教育はエンパワーメントを引き起こすことができると考えられる。

ノンフォーマル教育による住民のエンパワーメントは、［Ａ］計画立案・運営への参加によるエンパワーメント、［Ｂ］子どものエンパワーメント、［Ｃ］波及的開発によるエンパワーメント、の三つが考えられる。この三つは時間をかけて相互作用的に起こると考えられるが、それぞれを個別に考察してみる。

## 【A　計画立案・運営への参加によるエンパワーメント】

ノンフォーマル教育の計画立案・運営に参加することによって地域住民は様々な力の基盤を得る。まず、人々は計画立案・運営に必要な知識と技術を得ることができる。学校の制度やカリキュラムを作るために何を決めればよいのか、何を調べたり話し合えばよいのかなどを知ることができる。学校を運営していくためにはどんな取り決めをする必要があるのか、どのくらいの人々がどんな責任を任されるのかを考えることができる。こうして人々は問題解決のための方法を獲得するのである。

子どもに教育機会を与えるために集まった地域住民達は、学校運営の知識と技術を獲得すると同時に、問題解決のために協力する力を持ったつながりを得る。人々はノンフォーマル教育の運営経験を通じて他の問題でも話し合い、ともに動くことができるようになる。人々の集まりは互いの力を認識しあった組織へと変わるのである。

また、コミュニティーでの話し合いから実際にノンフォーマル教育ができると、人々の努力が形になり、人々は自らの力を認識する。それは、心理的エンパワーメントが起こったといえる。心理的エンパワーメントは、その後住民が中心となって学校を管理・運営していく過程でいっそう強まっていく。

サルボダヤ運動の学校は、村でシュラマダーナ・キャンプ[25]や、子ども会・青年会・母親会などのグループ作りが終わってから、村からの提案によって始められる。村とサルボダヤとの関わりは村ごとに異なり、村は必要な助けをサルボダヤに要請する。学校のための建物の資材をサルボダヤに供与してもらったり、教師がサルボダヤの教師訓練センターでトレーニングを受けたりする。学校の運営に関しては、教師を中心にサルボダヤの職員と地域住民が関わって行っている。学校の場所・建物はどうするか、貧しい家庭の子どもがどうしたら学校に通うことができるか、という問題についての対処法は、村ごとに異なる。[26] 教師やコミュニティー・リーダーのやる気次第という側面もあるが、トップダウンではない、コミュニティーによる外部組織の協力を得た問題解決がなされるようになっている。その過程で、地域住民は問題解決のための技術を身につけ、協力する経験を積む。サルボダヤへの参加によって既に始まったエンパワーメントの過程がノンフォーマル教育によってさらに進展すると考えられる。

ＢＲＡＣのノンフォーマル教育プロジェクトでは、既に述べたように学校の授業時間・教師・委員会のメンバーを親同士の話し合いで決め、委員会を中心に学校や子どもの問題を話し合い、解決していく。その過程で地域住民は問題解決のための知識・技術を学び、協力する組織を得、ＢＲＡＣという外部の相談相手を得ることにより、エンパワーされている。実際に、洪水で学校や村の人々の家が浸水した際、水が引くとすぐ、ＢＲＡＣの地域調整担当者が村に着く前に多くの村で委員会や教師、親達がイニシアティヴをとって学校を復旧させたことが報告されている。また、今まで賃金労働機会の少なかった女性が教師になり、現金収入を得るとともに、村で尊敬を得られるようになったことも、女性への見方を改善するのにつながっている。

このようにノンフォーマル教育は計画立案・運営の知識と技術を与えるだけでなく、地域住民を話し合いによって問題解決のできる組織へと変えているのである。人々が協力するのを促進するエンパワーメントの役割を果たしているといえる。また、その過程で人々の中に心理的エンパワーメントも引き起こしている。

【B　子どものエンパワーメント】　ノンフォーマル教育を受けた生徒は、もし中退せず続けていけるならば、多くの力の基盤を得ることができる。それは、行われる教育の内容にも依存するが、多くは、読み書き、初歩的な算数、理科、社会、保健・衛生、栄養、芸術、体育などの知識・技術であり、自分の考えを表現する能力、問題解決能力、職業訓練なども含まれる。ノンフォーマル教育を終えると日常生活を改善する衣食住に関わる知識・技術が得られ、初等教育修了と同程度とみなされたり、初等教育の中学年に編入できたり、その地域や近郊で職を得ることができたりする。

サルボダヤウーマンズムーヴメントでは、女性への識字教育を栄養・保健・育児・家庭菜園・女性と子どもの権利などと結び付けて行っている。ＢＲＡＣのノンフォーマル教育では、ＢＲＡＣの学校の卒業生が村落開発のプログラムのグループメンバーになり、投資のために信用貸し付けをしたり、ＢＲＡＣの学校の教師になる例も出ている。

また、子どもが教育を受けることによりその知識は家庭へも伝播する。保健・衛生・栄養の知識は子どもが生活習慣を変えようとする時に親に伝わる。また、道徳・宗教等の様々な知識は子どもが感動したおはなしを親に話すことにより広がる。ノンフォーマル教育はその近づきやすさから、親や他の非識字の大人達が自分も教えて欲しいと頼みやすい。サルボダヤ運動のウーマンズムーヴメントが行っているデイケア・センターでは、ストリート・チルドレンの他に、母親への識字教育や職業訓練も行っている。こうしてノンフォーマル教育に通う子どもの親も、教育の恩恵を受け、日常生活を改善したり、自分も勉強を始めたりすることができるのである。

このようにノンフォーマル教育によって今まで教育の恩恵を受けられなかった人々が教育の恩恵を受けるようになるため、今まで教育において不利な立場にあった人々のエンパワーメントが起こると考えられる。

### 【C　波及的開発によるエンパワーメント】

ノンフォーマル教育は現状を表現したり、カリキュラムや制度を考える段階からその地域の抱える問題を話し合うことができる。なぜ教育を受けることが必要なのか、教育を受けた後子どもはどうなるのか、子どもに将来どのような生活を送ってほしいのか、なぜある子どもは学校に通うことができないのか、学校に通えるようにするためにはどのような取り組みが必要なのかなどを話し合うことにより、話し合われる内容は教育を超えてその地域の生活全体に関わってくる。そして、ノンフォーマル教育以外のニーズも波及的に明らかになってくる。たとえば親の教育、幼児教育、農業改革、上下水道、金融などである。そして、地域住民が協同で問題の解決にあたる可能性が生まれる。「ノンフォーマル教育の中には、地域開発プロジェクトや女性開発グループ、レクリエーションや図書館センターなどの他の開発活動との結びつきを体系的に確立しようとしているものもある」[27]のである。

先ほど述べたサルボダヤウーマンズムーヴメントのデイケア・センターでも、ストリート・チルドレンのための学校から派生して、母親への識字教育・職業訓練が行われるようになった。また、ＳＶＡがバンコクのスアンプルー・スラムで運営している図書館は、他に住民が集まれる場所がないことから公民館の役割を果たすようになっており、スラム内の地図や薬が置かれている。

ノンフォーマル教育は、現状と問題点を住民とともに話し合って、地域で必要とされる知識・技術や地域住民の生活を考えるため、教育以外の問題やニーズを見つけたり、その解決方法を話し合っていく機会をもたらし得ることが知られる。

以上見てきたように、ノンフォーマル教育は既存の学校教育を補完することのほかに、カリキュラムや制度の作成や、運営・監督・管理を地域住民主導で行い、カリキュラムや制度、校舎等を維持・改善していく責任を地域に任せることによって、地域のニーズに適した教育を地域の責任で行うことができる。そこから既存の学校教育を改善するヒントも与えられる。たんに読み書きばかりでなく、職業的知識や技術を身につける機会をも与えることによって、子どもや参加者達の人生における選択の幅を広げる役割を果たしている。一方地域住民は計画立案・運営・監督の過程を通じて力をつけ、さらに進んだ開発を住民が中心となって進めていく力を身につける。ノンフォーマル教育は、こうして内発的な地域開発の不可欠の過程となっている。

## おわりに

本論文では、内発的発展におけるノンフォーマル教育の役割を考察するために、まず何のための教育なのかを考えることから始めた。そのためにガンジーとパウロ・フレイレの教育に対する考え方と教育の方法を概観し、教育の目的とその目的を達成するための方法を考えた。彼らの人間発展、エンパワーメントを重視した教育観を念頭に置くならば、内発的発展のための教育の要件を次のように整理することができるだろう。［1］自己の力を認識すること、［2］自分と自分の住んでいる地域との関わりや世界全体との関わりを理解すること、［3］自分と同じように可能性を持った他の人々を認識すること、［4］自分と関わりのあるものとして世界の課題を見つけること、［5］社会的ニーズを受け止めた価値観や倫理を自分の中に確立すること、［6］自己の生活を改善し、世界の課題に取り組むための知識・技術を身につけること。そして、上記のような教育を実現していくためには教育の場は、各人が自由と責任を持って意見を表現し、新たな発見をし続けられるようなものでなければならないし、人間にとって多様な可能性が開かれているものでなければならない。

このような教育の目的や方法を達成するためには、ノンフォーマル教育は既存の学校教育をたんに補完するばかりでなく、むしろ独自の長所を持っている。第2節ではノンフォーマル教育の特徴を分析し、その役割を考えた。ノンフォーマル教育は地域のニーズを調査し、ニーズに適した内容と方法を模索するため、既存の学校教育には通えなかった子ども達に基礎教育の機会を提供できる。そしてニーズに合った教育内容と方法を実践していく過程で、学校教育自体に改革するべき点を提案することができる。また、生徒が必要とする知識・技術を教えたり、計画立案・運営・監督過程に地域住民に積極的に参加してもらうことにより、参加者や地域住民をエンパワーすることができる。このようにノンフォーマル教育には、既存の学校教育が届きにくい人々のニーズや文化・生活習慣に合わせた教育を提供することにより、学校教育を補完し、教育改革の提案を行い、生徒や地域住民をエンパワーする役割がある。

このようなノンフォーマル教育の役割を果たしていくためには、教育対象者の生活やニーズを詳しく調査すること、地域住民が主体的に参加していくこと、教育内容や方法を社会や地域のニーズに合わせて改良していくためのシステムを考案すること、が必要である。参加者達の人生における選択の幅を広げていくことが、地域の内発的な発展につながっていく。このように考えるならば、フォーマル・ノンフォーマルを問わず、経験を分かち合い、人々が協力していくネットワークが必要であることが知られる。

# 第Ⅱ部　ＮＧＯの役割——運動の視点から

# 第四章　都市スラムの自立運動と政策環境

穂坂光彦

# はじめに

農村に比べて、都市の内発的発展が語られることは比較的少ない。アジアの都市住民組織をながめても、インドネシアやフィリピンのように、ゆるやかな地縁的生活関係を基盤に行政権力が「上から」制度的組織化を図った例が多い。あるいはスラム地域を中心に居住改善のための住民組織が形成されていった場合でも、そのほとんどはNGOなど「外から」の支援を受けながら都市住民運動として展開された。一九八〇年代になってスラム住民が相互に経験を「横から」伝える運動が広がり、それをもとに初めて本格的に「内から」の組織形成の傾向が広がりつつあると言えるだろう。

しかし農村に比べ都市での自立的居住形成を相対的に難しくするのは、行政や市場など外的システムからの日常的な制約を離れて都市生活は成り立ちえないことである。貧しい家族が都市でまず足がかりとする「不法」ないし不安定な土地占有が何らかの形で許容されるにはある種の力関係とか手続きを前提とするし、水道や電気は制度的に供給されるのが原則である。この背景のゆえに、都市住民の自立は、支援的な政策環境との関連で論じなければならないのである。

この章では、アジアの都市貧困層の居住に関わる運動と政策の現状をふまえて、スラム住民による居住地域の自立的発展を支えうるような政策環境を展望する。ここで「スラム」というのは、都市の主として貧困層が行政による計画的介入なしに集住し、その立地や物的環境が「低水準」とされる地域の総称である(1)。アジア大都市の二〇～五〇%の住民はスラムに住むといわれる。また「自立」というのは、住民が行政の一方的な施策対象として客体化されるのでなく、住宅市場の中に単なる消費者としてアトム化されるのでもなく、行政や市場を組織的に利用しながら、自らを開発主体として形成するプロセスである、と考えたい。

## 1 自立運動の展開

### 抵抗としての居住権確保

アジアの居住運動を初期に領導したのは、一九六〇年代に始まるキリスト教系団体や国際NGOによるコミュニティ組織化支援海外活動である。かれらが都市スラムで働く活動家集団の基礎をつくり、草の根住民による地域組織（community-based organizations：以下CBO）を育成したのである。

七〇年代はアジアで都市開発が本格化した時代であった。政府による都市「近代化」とともに各地で既存のスラムが強制撤去された。世界銀行が都市事業貸し付けを開始したのは一九七二年である。その最初の大規模事業のひとつは、フィリピンの大スラムであったトンド地区の再開発であった。七五年、戒厳令下のフィリピンでは土地の無権利占有をおしなべて犯罪として罰する法令が成立する[(2)]。一方で新たに組織されたCBOは、自分たちの住む居住地を守るために追い立てに抵抗し、土地権利を確保し、水道を布設させ、あるいは再定住住宅を得る、というように居住運動の主体として活動した。

このようなスラム住民の居住運動の展開に、最も系統的な影響を与えたNGOは「住民組織のためのアジア委員会」（Asian Committee for People's Organization：以下ACPO）であった。ACPOは、キリスト教系の資

［写真1］インド・ムンバイ（ボンベイ）のスラムで改善事業を議論する住民集会

金と人材をもとに一九七一年にマニラで設立された。その後二〇年にわたって、フィリピン、香港、タイ、マレーシア、インド、韓国などアジア各地で、コミュニティ組織化活動家を養成し、彼らを通じて強力なCBOをつくることを支援した［写真1］。その方法論にはアメリカのソウル・アリンスキーの影響が明瞭である。訓練された活動家をスラム地区に送り、そこでの切実な生活課題について住民自身に考えさせ、解決のための組織化を促し、獲得目標を掲げて当局と対峙させ、より大きな社会変化の必要性を自覚させる、というものであった。ACPOの指導で成長した最初の大規模なCBOはマニラのZOTOと呼ばれる組織で、トンド地区に関係する近隣組織、青年婦人団体、行商人組合などの連合体であった。強圧的なマルコス政権に対して戦闘的な運動を続け、トンド再開発移転地の確保など成果も大きかった。

八〇年代半ばから、アジア諸都市の開発の主要な担い手は内外の民間資本となった。土地住宅市場は商業化され、都心のスラムは「地上げ」によって高級ホテルやショッピングセンターに生まれ変わった。公的には認知されないがそれゆえ低家賃で提供されて貧困層を吸収していた狭小高密住宅群は、相対的には減少した。再開発によって住む場を追い立てられ、一方で購入できる住まいを得られなくなり、都市貧困層の相当部分がホームレスとなった。

この傾向は世界的なものであった。これに対して、スラム追い立てへの抵抗運動は次第に国際的な連帯を見せ、国連人権関係機関も繰り返し「居住の権利」(the right to adequate housing) の尊重を国際社会に訴えるようになった。「居住の権利」とは、国際人権A規約第一一条が定める「衣食住への権利」に依拠し、すべての人にまず基本的人権として適切な「住む場 (a place to live)」を保障することを政府に求め、「強制立ち退きは居住の権利に対する重大な侵害である」(九三年三月の国連人権委員会決議) とする主張である。

居住の権利の国際的な定着に、各地のスラム組織やNGOが果たした役割は大きい。しかし「組織し、対決し、要求し、獲得する」という対政府の方法論は、八〇年代に曲がり角に立たされた。

## 社会統合としての居住改善

八〇年代後半から東南アジアの開発独裁政治に変化が生じた。経済成長の一定の成功を背景に、政府も住民との協調を次第に重視するようになった。都市と農村、また都市内での貧富の格差は大きく広がり、都市経済成長から疎外されたスラム住民を社会的に再統合することが重要な政治課題となった。これに対応して住民の側にも、施策の受け皿組織を用意し、積極的に新たな制度を利用して居住改善に立ち上がる動きが見られた。それを支援するＮＧＯの立場は、いままで虐げられてきた貧しい住民が（「一般市民」と同様に）既存の制度（銀行や行政など）を利用できるように、そして市民として認知されるように、支援する方向をとった。

その典型例は、既に六〇年代末から始まっていたインドネシアのカンポン改良事業（ＫＩＰ）を別にすれば、[3]フィリピンのコミュニティ抵当事業（ＣＭＰ）であろう。八六年にマルコスを追放して成立したアキノ政権が着手した最初の仕事のひとつは、都市貧困層に土地住宅へのアクセスを確保することであった。そこで、それまでのＮＧＯ事業の経験をもとに策定されたＣＭＰがめざしたのは、スラムに住む人びとをフォーマルな融資システムに結びつけることであった。

ＣＭＰの内容をひとくちに言うと、スラムコミュニティが組織としてまとまって地主と交渉し、居住している土地（あるいは移転先の土地）の売買契約の合意をみた場合、当該土地を担保として政府機関から長期低利の融資を得て土地取得が出来る、というものである。さらに宅地造成や住宅建設のための融資も、コミュニティとして入手可能である。ここで重要なのは、オリジネーターと呼ばれる中間的集団の存在である。かれらは一定の手数料を得て、住民の組織化を助け、必要な書類を整えるなどの支援をコミュニティに提供する。オリジネーターとなるのは政府機関でも自治体でも民間組織でもよいのだが、実際には多くのＮＧＯが主体となって貧困コミュニティを支えている。ＣＭＰは執行に時間がかかりすぎるというような批判も根強いが、既存の住宅金融制度に比べれば手続きもはるかに簡素化されている。政権交代に伴う政策の変動もなんとか乗り越えて、事業実施一二年後の二〇〇〇年六月現在の実績では、全国八二七地区の一〇万余家族に融資が行きわたったとされている。

ある種の国際金融を通じて住民の社会統合を助けることもできる。八〇年代からいくつかの国際ＮＧＯドナーは、第三世界住民にたいして単なる寄付行為でなく、パートナーシップとしての資金提供を模索するようになった。例えばジュネーヴに本部を置くＲＡＦＡＤというＮＧＯがある。南の国で、スラムから追い立てられてようやく移転地を見いだした住民グループが、土地買収費の工面のためその街の銀行へ行って融資を受けようとする。たいていは担保も信用もないため門前払いである。その際に、ＲＡＦＡＤはジュネーヴの取引銀行を通じて地元銀行に保証を与えるのである。またＳＥＬＡＶＩＰという財団は銀行に積んだ預金を住民に保証金として利用させることによって、銀行から住民への貸出金利を低くさせる工夫をしている。スラム住民が、ふつうは排除される既存社会の中で、市民として本来もつ正当な権利を行使して銀行とわたりあうのを、背後から間接的に支えることになる。その橋渡し役を、多くの地元ＮＧＯが果たしているのは言うまでもない。

**運動としての自立空間形成**

さて八〇年代に台頭したもう一つの居住運動の流れは、貧しい住民が組織化を通じて、かれらに最も適する独自の制度・システムを既存の社会のただ中に創出していく方向である。あるいは新しいセルフヘルプとでも言おうか、既存制度の側からの統合を待つことなく、自分たちで空間をゲリラ的につくっていこうとする運動である。

現在アジアで最も大規模な居住運動は、バングラデシュのグラミン銀行とパキスタンのオランギ事業であろう。これらは、この新しい動きの象徴的存在である。

グラミン銀行の会員は、現在（二〇〇〇年一一月）二三七万を越え四万以上の村にまたがる[4]。その九五％は女性である。グラミン融資で建てられた住宅は五三万戸にのぼる。住宅ローンは、基礎的な資材パッケージの購入にあてられる。家の四隅に立てる鉄筋コンクリートの柱四本、屋根にするトタン板、トイレのためのプレハブ部材である。住まいのための土地の購入ローンもある。コンクリートの柱やトイレ材は、グラミン銀行のプロジェクトの一部として、全国に分散する作業所で生産されている。

周知のように、グラミン銀行の活動はムハマド・ユヌス教授によって七六年に開始された。教授が勤務先の大学近くの村で、美しい竹椅子を編んでいた貧しい女性に声をかけたのが始まりである。わずかな元手さえあれば彼女は仲買人に搾取されず、自分の労働に見合う対価を得て生活を向上させることが出来るのだ、と教授は知った。学生と共に調査をすすめ、最初のグループに対し自分が保証人となって銀行からの小額融資を斡旋した。実験は成功であった。全額を利子とともに返済できた。しかし銀行はパイロット事業に援助するという以上の関心を示さなかった。問題は「土地なしの貧しい女性」ですら銀行の融資対象になりうるかどうか、ではない。逆に、貧しい女性に役立つように銀行制度をつくりかえうるかどうか、である。ユヌスはこうしてNGOプロジェクトとしての融資活動を、しかも市場金利で、すすめたのであった。八三年に政府認可の銀行業務となるが、一般の銀行が見向きもしない農村の土地なし層の女性に焦点を当て、驚異的な返済率を達成しつつ、深く浸透している。これは住民支援的な制度を創出すれば、ほとんど誰でもが「一般市民」として市場的取引が可能であることを示しているだろう。貧しいゆえに福祉的対象と見るのでない、市場の「形式的平等性」を逆手にとった内発的発展の可能性である。

明らかにグラミン銀行の影響もあって、八〇年代後半から多くの国々で貯蓄・融資活動が行われている。居住運動の組織論の点でも注目される。当面の獲得目標が達成されると組織そのものが沈滞することが実は多い、先述のアリンスキー型運動の限界を越えて、グループ融資プログラムを導入することで住民の組織は持続し、自立的なネットワークが形成されることが少なくないのである。

オランギ下水道事業も、カリスマ的なリーダーによって始められた。旧東パキスタン（現バングラデシュ）のコミラで農村開発の新しいモデルに成果を上げたA・H・ハーン博士は、一九八〇年にカラチ西北部のオランギ町にやってきた。約八〇万人の住民が不法宅地開発業者の分譲した土地にいわば非合法に居住する地区である。汚水が路地にたまって、歩くことも容易でなかった。たんねんに住民と話し合った後、博士は下水管敷設から始めることを決意した。下水道こそ、市役所と地元政治家が空手形を発しながら住民を支配してきた根幹にある問題だったからだ。ハーンはオランギ・パイロット・プロジェクト（OPP）と呼ばれるNGOを設立し、住民の組織化を手伝い、路地管敷設の技術指導を行った。住民は路地ごとにまとまって運営責任者を選び、金を集め業者を雇って家の前の路地を整備した。工学的にはまったく非常識に「末端」の側から始まったこの運動は、やがて路地管を接続する二次管に及び、人びとは街をおおう巨大なネットワークを建設したのであった[(5)]。現在OPPの仕事は、国内の他都市にまで広がっている。権力が助けにやってきてくれるのを待つ前に自分たちで解決へと歩みだし、住民の側が本来行政の仕事とされている領域まで踏みいってその自治能力を示すことができたら、そのときこそ初めて住民と行政との不平等な関係に変化がきざす、今ここで始めればよい、なぜ待つのか。それがOPPのメッセージであった。

## 住民の経験交流

一九八〇年代後半からスラムの民衆同士が、グループとして経験交流を目的に実践する相互訪問プログラム（エクスチェンジ）がアジアに広がった。七〇年代から毎年数百のスラムコミュニティを訪ね歩いているJ・アンソレーナ神父（東京在住）を中心にネットワークが形づくられていたが、これをもとに八八年、「居住の権利のためのアジア連合」（Asian Coalition for Housing Rights：以下ACHR）が結成され、国連アジア太平洋経済社会委員会やいくつかの民間団体も前後してスラム住民交流を支援し始めた。

あらかじめ定められた技術的諸条件に従って個別分野の専門家が助言する政府間協力と異なり、エクスチェンジは、地域の当事者（スラム住民）が組織的に他を訪れ、自他の抱える問題を比較し、解決へのアイデアを得、自分たちの経験を振り返り、共同行動を促される過程である。経験の分かち合い（たんなる「移転」ではない。失敗も含めて他地区のプロセスに接し、自らの可能性に気づく、ということが主要であるから）と連帯の構築とが同時に達成される。CBOを主体とするグループによって交流するのが特徴で、その組織を支援するNGOなどの活動家団体や、その地域に関わる行政機関職員らのみによるものは、エクスチェンジとは呼ばない。後者はエクスチェンジにおいては、あくまでサポート役に徹しなければならない。それは広い意味での通訳者である。

ACHRはアジア各地のスラムで働くNGOやCBOを結ぶネットワークであり、各地の経験を伝えあい、必要な際は連帯・呼応して活動し、関連する国際機関・各国政府に働きかけ、都市貧困層の居住地と文化を守り育てる、ことを目的としている。活動内容は、スラム追いたてに関する情報収集と国際緊急連絡網、特定の都市・国にコミュニティ重視型の都市政策を確立させるための一連の集中的行動（事実調査団派遣、広報、地元調査チームの組織、住民組織への助言、ワークショップ、政府機関に対するアドボカシーなど）、CBO向けのスタディツアーや各種トレーニング、実験的なプロジェクトの実施、若い専門家たちの実地教育、などであるが、いずれもエクスチェンジを基本的な手法としている。

なかでもこうした手法による経験伝搬に大きな成果をあげているのは、インドのSPARCというNGOに支援されているマヒラミラン（路上や線路敷に住む女性たちの組合）である。カンボジア、ネパール、南アフリカなど各地の住民組織との相互グループ訪問を継続し、スラム住民の自己調査、住民組織化、貯蓄組合づくり、ハウジングトレーニング（住民による地図つくり、住宅模型作成と相互講評や展示会、住宅金融の学習）など、多くの手法が国境を越えて広がっている。

## 2　居住政策の変遷

### 福祉国家像の挫折

一九六〇年代は第一次「国連開発の一〇年」であった。アジア大都市での政府の主要な関心は、道路・水道など基盤施設の整備にあり、国際援助機関の肝いりで分野ごとの公社公団が多く設立された。拡大しはじめたスラムは、開発の障害物としてのみ考えられた。バンコクでは一九六〇年にスラム除却と住民移転を担当する部局が出来、六六年にはソウル市による初の大規模なスラムクリアランスが行われた。

住宅専門機関はやや遅れて成立した。インドの住宅都市開発公庫（一九七〇）、タイの住宅公社（一九七二）、インドネシアの都市開発公団（一九七四）、フィリピンの住宅公社（一九七五）、スリランカの住宅開発公社（一九七九）などである。スラム対策を必ずしも明示的に掲げていないものも含まれるが、一般的には少なくとも中産階層以下の住宅貧窮世帯に対し、公共の責任で住宅を供給することをタテマエとしていた。その中心的な施策は、公共住宅建設であった。都市貧困層に国家が救済策を施しているというイメージを与えることは、政治的には意義あることと考えられた。

しかし、公共がアパート建設を完成させて住民にあてがう、という方式が、低所得者住宅政策としては的外れであることはすぐに明白になった。問題点を整理してみよう。

**［財政上の問題］**　完成住宅の建設供給そのものが多額の資金を必要とし、政府の財政能力にそぐわない。貧困層の支払い能力に応ずるためには独立採算は難しく、補助率の極めて高い事業となる。従って生産戸数は少数にとどまるが、少数者に資源を集中することは政治的に不合理である。

**［計画設計上の問題］**　公的住宅として質的に相当高い水準がめざされるため、輸入資材によることも多く、建設単価を上昇させる。また、スラム街の裏庭で鶏を飼ったり軒下に店を広げたりする伝統的な生活スタイルや生業上のニーズに、積層構造の設計が見合わない。中層化による土地節約という効果が、都心スラムの再開発・公共アパート建設の根拠とされることが多いのだが、低層高密のスラムに比べ、その効果も実はそれほど大きくない。

**［運営上の問題］**　第一に、定収のないスラム住民にとって定期的な家賃支払いは難しく、一方で政治的理由から政府は強制的徴収を避けたがる。第二に、コミュニティが解体されて個々に住戸を割り当てられることが多いので、公共空間の維持管理の問題が発生する。第三に、安定した賃借権は転売されやすく、貧困層は転出して、政策対象外の中所得者がインフォーマルに入居する。しかも実際には、建設された公

共住宅の相当数が公務員住宅として割り当てられ、スラム居住者対策に回る分は少なかった。
こうして「低所得者住宅」としてつくられた公共住宅アパート群の多くは、あまり維持管理のよくない中産階級住宅地となって現在に至っている。

**とりこまれた「セルフヘルプ」**

一九七〇年代は第三世界の居住政策にパラダイム転換があった時期であり、その波は次第に広がって七〇年代末までにアジア主要国のほとんどすべてをおおった。都市貧困層のための新しいアプローチは、伝統的な公共住宅供給と決別し、住民の自力住宅建設を助け、またそれに依存する政策となった。技術的な手法としては、オン・サイトのスラム改善（住民を移転させずに、地区内の歩行路・水道・排水溝・電気・共同便所など最低限の施設整備を施し、住民による住宅改良を促す）、サイト・アンド・サービス（郊外に小区画の低コスト宅地造成を行って分譲する）、コア・ハウジング（小宅地上に住宅の設備部分、外壁、あるいは屋根などまで整えて供給する）、自助建設補助（建築資材を低利で供給する）、土地正規化（不法占拠状態の土地権利関係を認知し、再区画の後、確定した所有権・借地権を与える）などに代表される。その前提にあったのは、もし安定した土地の権利と一定の環境整備とが与えられればスラムに住む貧しい住民も喜んで住宅改善に励む、という認識であった。

このアプローチを推進した二つの潮流があった。ひとつはアジア諸国政府の背後にいた国際金融機関である。六〇年代には共産主義浸透の危機感から一定の貧困層向け開発政策を推進していたかれらは、いまやむしろ「社会主義的」公共住宅政策にイデオロギー的懐疑を抱いていた。あるいは少なくとも、肥大化する国家機構を嫌った。より実際的には、このアプローチの先駆例（インドネシアのカンポン改良事業など）の中にかれらは伝統的公共住宅よりもはるかに安上がりで効果的な要素を見いだした。七二年に始まった世界銀行の都市開発事業貸し付けの三分の二は、サイト・アンド・サービスないし類似の事業に向けられていた。タイの第一期住宅五カ年計画（一九七六―八〇）は当初は公共賃貸住宅建設をめざしていたが、わずか一年の実施後に停止されて改訂計画がなされ、スラム改善事業とサイト・アンド・サービスが初めて登場し、七九年からはそれらに最重点が置かれた。世銀からの圧力があったといわれている。当時タイ住宅公社の建設する中層アパートのコストは一戸約一二万バーツ、スラム改善の標準コストは一世帯当たり五千バーツであった（当時一バーツは約一〇円）。

第二の潮流は、住民の自力建設を開発哲学から支える活動家たちであった。かれらは六〇年代以来、中南米のスクォッター住民の居住地建設プロセスを観察する中から、都市への移住者にとってスラム居住は最初の足がかりを与えること、住まいづくりはそのような家族の生活サイクルの中でのプロセスとして考えられるべきこと、を主張していた。ここには、「住宅《ハウジング》」は国家によって上から与えられるべきモノではなく、「建てることへの自由（Freedom to build）」に基づいて住民自身が自律的にコントロールすべきプロセスである、という思想が表明されている。この影響は無視できない。先にあげたような技術的諸手法は、かれらの主張に導かれるようなセルフヘルプ建設を政府が支えるための政策手段であったとすら言えるのである。一九七六年の第一回国連人間居住会議の基調をなしたのは、この自力建設論であった。

貧困者向けの新しいアプローチの政策的効果は確かに大きかった。とくにスラム改善やそれに伴う土地正規化は、世銀のみならず多くの国際機関の支援するところとなり、前述の「社会統合としての居住改善」という居住運動の流れにも合致した。しかし今ではその限界も明らかになっている。多くの問題点を指摘しうるが、整理すると、都市投資による地価上昇がもたらした制約、事業費用の上昇から帰結した問題、人々の多様なニーズに対応し得なかった限界、事業後の運営上の困難、に集約出来るように思われる。(6)

### 「イネーブリング」という妥協

一九八〇年代は世界不況と債務累積の時代であった。開発戦略の基調は構造調整路線におかれ、第三世界諸国の多くは低成長に苦しんだ。居住分野では前記の「セルフヘルプをとりこんだ新しいアプローチ」が展開する中で、次第にその限界についての認識が広がった。

国際金融機関は、途上国政府が事業資金回収もままならぬ未熟な開発運営能力のまま、貧困層向けの個別プロジェクトを繰り返していくことに苛立った。かれらの関心は都市全体の運営能力の強化と民間住宅市場の活性化に向けられた。八〇年代中期の世銀の都市関連貸し付け事業の内容は劇的に変化した。かつて事業融資の七割近くを占めていたサイト・アンド・サービスやスラム改善が五割を切り、代わって倍増して二割の資金量を占めるようになったのが住宅金融・自治体財政・都市サービス運営などの制度強化であった。既存の住宅機関は独立採算を強要され、スラム改善部門を縮小して、中産階級向け住宅供給へと向かった。政策的に強調されたのは、たとえば関連公営企業の民営化、民間建設投資の促進、開発諸規制の緩和、建設資材生産の標準化・市場化、住宅金融制度の改善、土地登記制度の整備などであった。

一方、セルフヘルプ住宅活動家や理論家たちは次のように総括した。七〇年代以降のスラム諸事業が住宅生産の上で限界をもったとしたら、それはお仕着せの物的環境改善に終始して、貧困住民が住宅建設に立ち上がるために必要な幅広い制度的支援に欠けていたからである。土地・資材・技術・住宅金融・基盤施設・情報など、住宅を自ら築くための諸資源（resources）に人々がアクセスできるよう支えること、そのためには地域末端で活動するだけでなく、公正な資源配分を保障する中央の計画と規制も（その限りでは）要請しなければならない、と。

一九八八年に国連総会は「グローバル住宅戦略」を採択した。その目的は、紀元二千年までに地球上のすべての人に適切な住宅を保障するためのさまざまな施策を促進することであった。その根幹となる思想は、イネーブリング原則（enabling principle）と呼ばれる。つまり公共セクター（政府）は住宅供給者として振る舞うことをやめ、その他のあらゆる関連セクターによる居住形成能力を最大限に開花させるべく支援者の役に徹するべきだ、ということである。それは、これまで述べてきた二つの潮流の歴史的妥協であったろう。いったい政府によってイネーブル（能力づけ）されるべき対象は誰か、という肝心な点で、国際金融機関に代表される住宅産業化路線と、地域住民の資源へのアクセス支援を強調する開発活動家たちの重点の置き方は明らかに異なっていた。両者は、公共主導の住宅供給に失望しているという点においてのみ一致していたのである。

九〇年代に両者のギャップは次第に拡大した。民間住宅市場の活性化に最も成功したのはタイであったといわれている。七六年にはバンコク市民の八〇％は、住宅産業の販売する住宅に手が届かなかった。金融政策が緩和され市場が低所得層向けに広がったことから、二〇年後には購買不能層は二〇％に縮まった。一方、八〇年代末期からは過熱した投資ブームで地価が急騰し、八〇年代に行われていた土地分有（地主とスクォッターが交渉によって土地を分け合い、強制追い立てを避ける）は困難になった。のみならず、民間主導の都市再開発によって多くのスラム住民が土地を追われ、かつてはほとんど存在しなかったホームレスが目につくようになった。

これはアジア諸都市を貫く傾向である。九〇年代以降、南アジア諸都市も社会主義国も、経済自由化の波にさらされているからである。牧歌的な自助建設の基盤は、とうに失われている。今やイネーブリング原則を再編成すべき時なのではないだろうか。「公」セクターが支援する対象が、実は「民」(市場化)と「共」(コミュニティに根ざした住宅活動)の二部門あって、利害が必ずしも同じではない。すると「民」を支援者の側に据えて改めて「共」主導のパートナーシップをつくり直すことが考えられる。「グローバル住宅戦略」の限界は、「イネーブリング」を依然として政府による政策プログラムの体系として捉えていたことである。そうではなく、それは自立的発展プロセスを様々なアクターが外から支える運動原理とみなすべきものではないだろうか。

## 3 住民を支える政策環境

### スリランカの事例——住民によるプロセスへ

スリランカの開発経験が刺激的なのは、あたかも胎児が系統発生をたどるように、第三世界の居住政策のハヤリスタリが凝縮して提示されてきたからだ。そしてその現段階は、この分野の未来の一面を暗示するものであるようにも思われる。

一九七七年、社会主義政権に代わって自由主義的な統一国民党政権が成立した。前政権は都市の土地改革、建築資材生産の統制、そしていくらかの公共住宅建設に重点を置いていた。新政権の首相兼自治建設大臣となったR・プレマダーサは住宅建設を政策の目玉にしていた。七九年に五カ年事業の「一〇万戸計画」がスタートする。それは、自助建設補助、公的住宅ローン、公的住宅供給を組み合わせた内容であった。

好景気にも支えられて一〇万戸計画は戸数目標を達成できた。しかし建設された都市中層住宅はコスト上昇のため貧困層の手に届かないものになっていた。折しも国内の治安悪化のあおりを受け、住宅予算を大幅に縮小せざるをえなくなった。一〇万戸計画は厳しく総括された。事業期間中に公的事業の枠外で、貧しい人びとは実際に自力で、はるかに安く、はるかに大量の住宅を建設していたことが確認された。しかもそのように居住者自身が建設をコントロールしていくシステムの方が、政府の与える住宅よりも人びとのニーズに適うものを生みだしていることが判明したのである。

これをふまえて、さらに野心的な「百万戸計画」(一九八四〜八九)が策定された。政府による直接住宅供給は完全に姿を消し、住宅公社は住民による住宅づくりを支援する役割に徹するようになった。この政策はイネーブリング原則適用の最良のモデルとして国際的に脚光を浴びた。都市における百万戸計画の主眼は、スクオッター地区の居住環境改善であった。公社職員は、週末ごとに未改善地区を訪れて住民ワークショップを組織し、住民の立てた計画に従って土地の区画割りを手伝い、住宅ローンの手続きをとり、設計のアドバイスをし、住民の組合づくりを支援した。既存の諸法規や技術要綱から見れば「超法規的」と思われることでも、貧しい人たちのためと認められれば敢えて実施したのである。そのようなことが何故可能だったのだろうか。トップからの強い政治的支持と支援的な政策環境が存在し、そのもとで住民とともに働くことに若い職員達が誇りを抱いていたからである。

実際プレマダーサ政権の住宅に対する政治的コミットメントは、すさまじいほどであった。

都市貧困層の大衆的動員を通じてかれらへの土地・住宅・公共サービスの供給を施し、またそれを基盤に政治的支配を確立しようとするプロセスを、都市ポピュリズムという[7]。プレマダーサの政治スタイルはまさにそれであった。このような政治的文脈の中で、百万戸計画実施のための支援的政策環境がつくりだされた。スクォッターの占拠している公有地を積極的にかれらに開放し土地権利を設定する。その場合の画地規模は、宅地開発法規に免除規定を設けて五〇平米の過小宅地も合法とする。スクォッター地区改善の場合は一般建築基準を適用せず、住民ワークショップで合意された住民相互の約束事を市議会で認定する。住民による住宅再建の図面は、その合意事項に適合してさえいれば、たとえどんなに稚拙なスケッチであるにせよ現場で公社職員が認可する。図面が認可されれば、敷地画定が未登記の段階でも、簡単な手続きで住宅ローンを与え、建設を促す。地区内の共同施設の工事は、入札手続きを経ずに、住民組織に対して発注する。これらは数例にすぎないが、このようなきめ細かい支援体制なくして、「参加型開発」を唱えても無駄だったはずである。

しかし、この参加型アプローチの宿命的な限界は、まさにこのような政策環境が「上から」与えられたという点にあった。公社職員が献身的に働けば働くほど、それはますます「良い政府のプログラム」に沿って住民を導くことを意味した。「住民自身のプロセス」とは違うものであった。政治的援助を享受することは、上層の政治変化に左右されることと裏腹であった。事実、九三年にプレマダーサ大統領が暗殺されると、政府職員は方向を見失い、上のような政策環境はいっきに退潮してしまった。

九四年に政権復帰した人民連合政権は、貧困層向けの社会主義的レトリックの下で実は民間資本導入による徹底的な「都市近代化」を図ろうとしている。官僚は、うっかり「超法規的」に活躍して摘発されるのを恐れて遵法主義に閉じこもり、「行政の政治化」を排してプロフェッショナリズムに戻ろうとしている。

一方、百万戸時代に住宅公社はスラムの中から優秀な住民リーダーを選び、住民組織化の仕事を任せていたのだが、こうした住民リーダーが自立的な組織をつくるようになった。彼ら・彼女らは未組織の地区を訪ね、自分たちの開発体験を話し、女性の組合づくりをすすめ、規則を定めながら貯蓄融資プログラムを導入していった。そのひとつが「女性銀行」と自称する運動で、発足後五年にして一万世帯を擁する組織となり、スラムの住宅再建ローンにも自己資本から出資するようになっている。(8)

百万戸時代には、政府当局は一定の計画に従って住民支援的な施策を与えていればよかった。与えることによって住民を動員するのが目的だったからだ。いま政策的になすべきなのは、住民のプロセスを見守り、その領域を措定し、そのうえで必要な支持を施すことである。そのためには政府と住民が絶えず対話しうるような場を設け、相互対応的な関係を形成することが、当面最も大切に思える。

## タイの事例――市場原理のただなかで

八〇年代末期、タイ経済は二桁成長を続けた。空前の投資ブームであった。伝統的にバンコクのスラムは八割以上が借地型であって、スクォッター地区は量的には少ない。しかし借地スラムの多くも、地主が開発時期が熟すまで極めて安い地代で居住を許している性格のもので、契約はほとんど無いに等しい。スラムの地主たち(官民および王室を含め)にとって好機は到来した。九〇年の調査では、バンコクで二万四〇〇〇余世帯が何らかの形で追い立てに直面していた(地主から通告を受けた、撤去計画を間接的に聞いた、放火された、等々)。全般的に貧富差は拡大し、都市貧困問題は大きな政治課題になりつつあった。

追い立てられる住民の大多数は、コミュニティとしてまとまって郊外に移転しそこで生活を再建することを求めた。都心部の土地への投資圧力はあまりに強く、スラムのオン・サイトの改善や地主との土地分有は現実性を失いつつあった。雇用機会や交通手段を含め、都市自体が急速に外延化しているバンコクでは、移転に伴う生活困難は、相対的には軽い。むしろ土地購入によって権利条件が安定するという利点すらある。その場合最大の問題は、移転地の購入と居住再建のための資金であった。

八〇年代末から多くの地元NGOが、スラム住民の強制追い立て抵抗を支援(法的なアドバイス、地主との交渉や解決策を相談、組織化やキャンペーンの指導、など)する一方で、住民による再定住をも積極的に援助するようになった。その方法は、グループ貯蓄活動を始めて移転に備えること、住民による住宅組合を設立して銀行との交渉主体とすること、組合として移転地を探し地主と交渉すること、当該土地を担保に銀行からの融資を得ること、さらに移転後も組織を継続させて敷地整備を図ること、などであった。NGOとしては、資金を与えるのでなく、既存の経済システムを最大限に利用すべく住民の力を高める、ということになろう。いくつかの新しい提案もかれらの間から生まれた。例えば、住宅組合連合をつくって一定の資金を集中して共同基金とし、それを取引銀行に預金する。すると個々の組合が住宅融資を受けるとき、それを保証金として低利の貸し付けを交渉できる。この提案そのものは実現しなかったが、タイ政府はこれらの動きを真摯に受けとめていた。

一九九二年に第七次全国開発五カ年計画のもとで、政府からの当初資金一二億五〇〇〇万バーツ(当時約六〇億円)によって「都市貧民開発基金」が設置された。スラム住民組織が追い立てへの抵抗や地区開発を構想する際、まず貯蓄組合を形成することが求められる。きちんとした貯蓄活動を最低三ヵ月続けると責任ある組合と認められ、基金からの低利融資を得られる。融資限度額は、貯蓄総額の一〇倍が原則である。住宅再建などでは明らかにこれでは不足する。つまり基金は、住民が市中銀行を含めその他の資金源と自ら交渉して資金運用することを前提に、それを補足的に支援することをめざしているのである。基金からの融資は組合に対して行われる。組合はそれに数％の利子を上乗せして住民に分配する。この上乗せ分は個々の組合によって定められるが、この分をあわせると末端で住民が返済する利息は、市場金利と同じか、やや低い程度になる。上乗せ分は組合、つまりコミュニティ内部の資源として蓄積される。それはコミュニティの自立にとって不可欠である。それを可能にするメカニズムを、基金は与えたのである。

基金を運営するのは都市コミュニティ開発事務局（UCDO）である。[9] これは形式的に住宅公社の特別事業となっているが、実際には独立の意志決定機構をもち、経営上も職員の給与を含め独立採算である（政府予算からの基金増資はある）。職員の多くは、かつてのNGO活動家である。政策は理事会で決定される。その構成は、アジア都市の開発アクターを考える上で象徴的である。住宅公社総裁が理事長、UCDO所長が事務局長であるが、彼等を除く九人の理事ポストを三分し、三名は政府代表（経済社会開発庁、大蔵省、中央銀行）、三名は民間代表（民間企業、NGO、研究者）、三名はスラムからの住民代表となっている。三名の住民代表は、改善事業の実施された地区、追い立てに直面している地区、再定住をしている地区、の三種から選ばれてくる。

基金からの融資先は、個々の組合による連合組織でもよい。例えばバンコクで二七地区のスラムが結集して組織された連合組合の場合は、まず住民の貯蓄をもとにした原資を増額するために基金から一二〇〇万バーツの「回転基金融資」を借りて、コミュニティによる自分たちの融資活動の基礎を固めた。次いで

［写真2］タイの国有鉄道敷に立地する各地のスラムを結ぶネットワークの拠点地区（バンコク）

追い立て通告を受けている傘下の五四〇家族の移転地を共同で探し、郊外に一〇ヘクタールの土地を買い、敷地整備するために五四〇〇万バーツの「住宅融資」を再び基金から得た。こうして連合組合は、住民による居住地開発組織として成長した。

二〇〇〇年六月、つまり基金設置後八年間の実績をみると、八五二地区にUCDOのパートナーとなる貯蓄信用組合が生まれ、これはタイ全国に約二一〇〇といわれるスラム地区の四割をカバーしたことになる。そこには一〇万世帯の住民が組織化されている。基金からの融資（生業支援や起業、土地と住宅の新規開発、既存の住宅の個別修復、地区内での回転基金）は四一八地区に及んでいる。その便益を得ているのは、このプログラムがなければ恐らく孤立して地主からの追い立て圧力に抗しなければならなかった人々である。

この経験を踏まえ、九六年からはデンマーク政府の援助による「都市コミュニティ環境活動基金」が設立された。これもUCDOによって運営されている。スラム地区住民は、この基金からの補助と自分たちの貢献によって可能な小規模環境施設（井戸、排水溝、地区集会所など）を構想し、自治体代表者たちと事業委員会の場で議論し、自ら実施運営し、さらにコミュニティネットワークを通じて他の地域の住民に経験を伝えている。各地方に組合のネットワークが形成されてきているので、個々の組合に対するUCDOの支援は間接的なものに移行しつつある。［写真2］

## おわりに

「居住の権利」理念は、都市成長路線のもとで追い立てられていくスラム住民による激しい抵抗運動のなかから世界に広がった。しかし追い立てに対して即自的に抵抗するだけの運動では新しい価値を築けない。この概念そのものを内実豊かに膨らませるような運動もまた、自立をめざす住民たちのなかから生まれた。そういう文脈での「居住の権利」とは、隣人との確かなつながりの中で自分たちの文化を守りながら住生活を発展させることであろう。とすれば、多くの都市再開発・近代化が一様に開発後の前提としているような生活スタイルとは何か別の、多様で持続的な居住環境を、住民が守り創造していけるようなプロセスをつくることも、居住運動の課題である。

政策的にも、計画理念を掲げて住民を動員し、あるいは住民に住宅を「あてがう」のが政府の役割であると考えられた時代は終わった。地域の動きを注意深くモニターし、住民の発想を守り支えながら、それを日々調整しうるような枠組みをつくり、さらに改変していく、という柔軟なマネジメントの姿勢が、いま求められるものである。

南の諸都市の住宅ストックの大多数は、「スラム」といわれながらも住民がコミュニティのなかで自力でつくりだしてきたものであり、今後もそうであるに違いない。住居のみでなく、環境を構成する施設ですら、多くは住民によって建設されてきた。人びとの建設と改善の意欲を支えるという視点を離れて居住政策はあり得ない。そうした意欲が居住運動として組織化され、政策的に支援される環境こそ創出されるべきである。そのためには居住運動に連なる多様なアクター（住民組織、NGO、研究者、職能組織、マスメディア、場合によっては宗教団体や政治組織など）の役割と、新しい動向（たとえば地域間の民衆交流など）を、政策担当者が認知し、よい動きを支え、拡大のための制度化に努めるべきであろう。それが「イネーブリング原則」の本来の意味である。

# 第五章　北西インドの自営女性労働者協会

——最貧困女性のエンパワーメント——

甲斐田万智子

# はじめに

ＳＥＷＡ（Self-Employed Women's Association 自営女性労働者協会）は、一九七二年にインド北西部グジャラート州のアーメダバードに設立された労働組合である。母体は、一九一七年にマハトマ・ガンジーによって創立された繊維労働者組合（ＴＬＡ Textile Labour Association）であり、真実と非暴力によって社会変革を推進するというガンジー主義を標榜している。創立者のイラ・バットは、ガンジーの独立運動に参加した祖父母から非暴力主義の影響を深く受けた。そして、法律を学んだあとに貧困と不正義の問題に取り組むガンジー主義的な仕事を探し、ＴＬＡに就職したのだった。その後彼女は、インフォーマルセクターで働く貧困女性を対象とする活動を始め、その名前をＳＥＷＡとした。インフォーマルセクターは、非組織部門（unorganised sector）とも呼ばれるが、この分野で働く女性たちの労働が経済的に大きな貢献をしているにもかかわらず、彼女たちの労働がそれまでほとんど無視されてきたため、Self-Employed という肯定的な名前をつけたのである。（インドの労働人口全体の九三％がインフォーマルセクターで働いており、そのうちの半分以上が女性労働者である[1]）。

ＳＥＷＡでは、このインフォーマルセクターで働く自営女性労働者を次の三つのカテゴリーに分けている。

［1］野菜や果物、衣服などをリヤカーやかごに乗せて売る、露天商や行商人。

［2］たばこ巻き、線香作り、手織物、縫製、刺繍などを自宅を職場にして行う家内労働者。

［3］日雇い農業労働、日雇い建設労働、リヤカー引き、皿洗いなどに従事し労働やサービスを提供する労働者。

彼女たちの多くが低カーストで社会から差別され、教育を受ける機会をもたず、非識字者であり、生存のための長時間労働を強いられ、法定最低賃金よりもかなり低い賃金を受けざるをえない弱い立場にある。例えば、一九九〇年にアーメダバード市に住む会員を任意抽出して行われた調査[(2)]によると(回答者八七三人)、彼女たちの八七・七％が月に六〇〇ルピー(一ルピーは約三円)以下の収入しか得ておらず、月の収入が三〇〇ルピー以下の会員は五二％も占めていた。労働時間となると、彼女たちの二四・一％が一日一〇時間以上働いており、一六時間働いている女性も見られた。

ＳＥＷＡは、このような搾取されている貧しい女性労働者の労働条件を改善するために設立されたが、一九七四年にはこうした貧しい女性のために銀行事業を開始したのを初めとし、保健、保育、住宅、社会保障など様々なサービスを会員に提供する事業を行っている。その後、労働組合運動と並んで協同組合運動を第二の柱として進める中で、活動の場を都市だけでなく農村にも広めていき、様々な農村開発事業にも着手している。

ＳＥＷＡの活動理念やアプローチは、マディヤプラデシュ州などインド国内の他の地域にも広がっており、二〇〇一年現在、グジャラート州内で二〇万六千人、インド全土で三一万八千人の会員が組織化されている(ホームページ http://www.sewa.org より)。また、一九九四年以降には南アフリカ共和国やイエメン・トルコにもＳＥＷＡの独立した支部ができた。

本稿では、ガンジーの理念に基づいて活動を行っているＳＥＷＡが、抑圧された貧しい女性にどのようにエンパワーメントをもたらしているか。また、それがどのように平和につながっているかをみてみたい。

## 1　労働組合運動を通して

「一体どうして警官は私達を殴ったり、逮捕したりするんだ。どうして賄賂を要求するんだ。私達は犯罪人じゃない。物を売っているだけじゃないか」。（チャンダベン[3]）

これは、チャンダベンというSEWA設立以来の中心メンバーが初期のミーティングで発言したものである。彼女を含む女性の露天商たちは、毎日のように警官から暴力を受け、品物を没収されたり、賄賂を要求されたりしていた（一日の稼ぎが一〇～一五ルピーにしかならないのに、その中から二～五ルピーも賄賂を払わなければならなかった）。というのも、露天商を非合法な〝侵入者〟と見なす植民地時代のイギリスの法律が現存しているため、警官たちはそれを盾にして「賄賂を払わないと逮捕する」と彼女たちを脅していたのである。彼女たちは、逮捕されたあと、それらの品物を盗んだと〝自白〟するまで殴られることもあった。

また、都市化に伴って歩行者、車、オート力車の数が増え、地価も上がるにつれ、市当局も彼女たちを邪魔者扱いした。こうした状況に対して彼女たちは団結して立ち上がり、一九七八年にデモを起こす。しかし一九八〇年、マネックチョークという市場で露天商を営むことが市当局によって禁止されたため、彼女たちはガンジーの不服従運動にならって警察に逮捕されるのを覚悟で市場に座り込みを行った。そのときハラスメントを行う警察に対して、いっさい暴力をふるわず、ひたすら静かに座り続けた。こうした非暴力の姿勢と、彼女たちの要求が、売る権利とスペースを求めるという「最低限でかつ正しいもの（"minimum and just"）」であったことが、一般の人々から支持を得る結果となった。このため、結局警察は彼女たちを逮

設立当初からSEWAにかかわっているリーダーのチャンダベン（右端）と筆者ら

捕することができず、彼女たちは商売を再開した。しかしその後も、警察や市役人によるいやがらせはなくならなかったため、SEWAは、一九八二年、最高裁判所に警察や市当局は労働者の基本的権利を侵害していると訴えた。この訴えは認められ、市当局はSEWAの露天商の会員全員に免許証を発行するように命じられた。その後も警察や市当局の賄賂の要求やいやがらせは散発的に続いているが、訴訟やデモなど会員自らがSEWAとともに行動を起こすことによって、要求されても賄賂を断る女性も出てきた。これはSEWAが、会員に賄賂を拒絶するように説得してきたためということもあるが、一人一人が闘い（運動）を通してエンパワーされ、自信を得るようになったからだろう。SEWAには、警官に勇敢に立ち向かうオーガナイザーがおり、彼女たちは警官が受け取ったすべての賄賂を女性たちに返却させることもある。また、この露天商の権利をめぐる運動に対しては、カーストや宗教を越えて同じ女性労働者として多くのSEWAの会員女性たちが支援活動に加わった。露天商の多くは、ワーグリという低カーストに属し、日々の生活の中であらゆる差別を受けており、貧しい女性の中でも特に蔑まれている人々である。品物を没収されたり逮捕されたりする危険があるときに、孤立して商売を営んでいる彼女たちが賄賂を拒絶することは、非常に困難である。だが、SEWAやほかの仲間が自分たちの後ろ盾となっていることで自尊心が生まれ、また、こうした不正を受けているのは自分一人ではないことを理解することによって、不正に立ち向かっていく力が生まれたのである。

「朝五時に起きて、朝食のあと工場に行きます。帰ってきてからビディ（手巻きたばこ）を巻きます。夜七時に巻いたビディを届け、労賃を受け取り、帰宅途中で野菜を買います。そして夕飯を作って食事をしたあと、夜中の一時までビディを巻きます」。（バヌベン）[4]

SEWAの会員の中でも家内労働者は、外の世界から隔絶されているために搾取が目につきにくく、最も搾取された状態におかれている。SEWAの労働組合部門が長年にわたって特に力を注いできたグループは、ビディというタバコ巻きに携わる労働者である。SEWAがタバコ巻き労働者を組織化した一九七八年当時、法定最低賃金が一一ルピーであったにもかかわらず、彼女たちは一日の収入としてわずか四～五ルピー（出来高制でタバコ一〇〇〇本分）しか受け取っていなかった。しかも、一日の終わりに巻いたタバコをもっていくと、請負業者は不良品だとクレームをつけたり、事前に渡した材料分のタバコがないといいがかりをつけたりして、支払いを差し引く不正行為を行っていた。また、請負業者が身分証明書を発行していなかったために、タバコ巻き労働者に認められている無料診療、出産手当、奨学金など一切の恩恵を受けられないでいた。低賃金のために十分な栄養が摂れず、一日中タバコの粉を吸うために彼女たちの間では結核が蔓延していた。しかし、SEWAが身分証明書を発行するよう請負業者に要求すると、運動に参加した女性たちには見せしめとして仕事が与えられなくなった。

SEWAに入る前から、こうした不正行為に気がついていた女性たちもいたが、請負業者を恐れていた彼女たちは一人では何もすることはできなかった。しかし、SEWAが彼女たちの状況を問い調べるうちに、多くの女性がこうした不正行為が制度化されていることを認識するようになり、さらにこの仕組みを深く知りたいと望むようになった。そこで、SEWAは、彼女たちのために労働法や法的手続きを学ぶ五日間のコースを開いた。このコースを通して、彼女たちは自分たちの権利に目覚めるだけでなく、会員間の団結心を強めていった。このコースは、家から一歩も出たことがない多くの女性にとって（女性が家の外に出ることは不道徳とみなされている）、自分の家族や身の回り以外の人間と接する初めての機会であり、自分たちの不安や恐れを静めることができた。また、初めて仕事について他の女性たちと話し合う機会を得て、彼女たちは自分たちがいかに共通の問題を抱えているかを認識した。五日間の最終日には、自分たちでアクションのための次のステップを提案するまでになっていた。コースの終わりに自分たちが抱いた気持ちについてリーダーの一人は次のように語っている。

「みんな熱くなった。誰もが最低賃金を要求するべきだと思った。私たちは自分たちの権利のために闘うのを恐れないということを、政府や請負業者に見せてやりたいと思った。私の娘はデモを行おうと提案した。長年、単調な重労働に明け暮れるだけの生活だったが、初めて、何かが起ころうとしているのを感じ

た」。（ゴダワリベン[5]）

こうして一九八二年、彼女たちは「最低賃金を払え」というスローガンを唱える一五〇〇人の大規模なデモを行い、ついに労賃を上げることに成功した。仲間と団結すれば、請負業者に立ち向かうことも恐くはなくなっていた。その後、要求をとおした自分たちの力を認識し、自信をつけた彼女たちは、根気強く要求を続け、労賃を徐々に上げ、一九八七年には一三ルピー、一九九四年には二一ルピーにまでなった。

こうして自分が弱い存在だと信じ込み、請負業者に従属していた手巻きタバコの女性たちは、SEWAによって組織化され、家や地域という狭い世界から外にとびだし、自分たちの権利について知識を得、団結することによってエンパワーされていったのである。

## 2　協同組合活動を通して

「私たち女性はみんな織物業に携わっていましたが、ほとんどが糸を紡いでいただけでした。私は、いつも織機に自分で座りたいと思っていたのですが、それは男の仕事だといわれていたので、一度もそんな機会はありませんでした。（協同組合をつくって）私たちの生活ががらりと変わりました。でも、自分たちの生活を変えるのは、ほかでもない自分たちであり、自分たちの努力次第なのだということを理解するのには長い年月がかかりました」。（バルーベン[6]）

SEWAの労働組合運動と並ぶもう一つの大きな柱は、協同組合運動である。一九七四年に最初の協同組合としてSEWA銀行が設立されたのを始めとし、一九七〇年代後半から次々と協同組合を組織化してきた。一九九九年には、都市と農村合わせて八四の協同組合が存在するまでになった。SEWAの活動が成功してきた大きな要因として、労働組合運動と協同組合運動の共同行動(joint action)を挙げる。

たとえば、ある職能グループが雇用主に賃上げを要求する際に、そのグループ内の一部のメンバーが自ら組織した協同組合で高い収入を得ている事実を示すことで、交渉力が強まるのである。一九七一年にテルアビブで開かれたワークショップに参加したSEWAの創立者イラ・バットは、労働組合と協同組合が共同行動をとったイスラエルの事例を学び、これこそが貧困女性をエンパワーする方法だと考えた。「ガンジーは建設的プログラムを行いながら闘争を続ける例を示しましたが、このワークショップで私は、それを実現する方法を見いだしたのです」と彼女は語っている[7]。

アーメダバードは、繊維の町であり、繊維工場で出される端ぎれを使って多くの貧困女性たちが、パッチワークによるキルトを作っていた。しかし、その労賃は非常に低く、一九七七年当時、一つのキルトに対してわずか五〇パイサしか支払われていなかった。その後SEWAの労働組合運動によって、この労賃は七五パイサまで上がったが、同時に商人たちは運動を弱めるために、見せしめとして最も弱い立場にある貧しい女性たち(未亡人や離婚した女性)に仕事を与えなくなった。そこでSEWAは、犠牲となった五人の女性に仕事を与える生産部門を設置した。これが協同組合の始まりだが、その道は決して平坦ではなかった。自分の家の周りから一歩も出たことのなかった女性たちが、端ぎれを得るために繊維工場の男性と交渉したり、読み書きのできない女性が会計をしたり、縫うことしか知らなかった女性が商売の戦略を立てなければならなかった。また、商人たちはあらゆる方法を使って協同組合の仕事を妨害した。彼女たちの作ったものに対して低い値段をつけたり、メンバーを買収して協同組合から引き抜こうとしたり、社会的慣習を破る不道徳な女たちだと悪い噂を広めたりした。それでも女性たちはＳＥＷＡの支援を受けて団結を守った。

このパッチワークの組合を通して、ＳＥＷＡは、協同組合が組織化の道具としていかに重要かを確認した。女性たちは、生まれて初めて何かを自分たちで所有することができ、また、それに対して自分たちで決定することができたのである。また、彼女たちは、自分たちの労働組合がロビー活動をしたり、雇用主と交渉するにあたって、協同組合が政治的力となることも実感した。ＳＥＷＡがパッチワークの協同組合を組織化したことによって、アーメダバード市の商人たちは、すべてのパッチワーク職人に対する労賃を上げざるをえなくなったのである。

ＳＥＷＡが協同組合を組織化する際に非常に重視したことは、女性たちが十分なトレーニングを受けて技術を身につけることだった。ＳＥＷＡが初期に組織化した協同組合の一つに、木版染めのグループがある。近代化にともなって木版染めの商品の市場価値が下がり、仕事が少なくなってきたため、彼女たちは木版染めをやめて転職するためにＳＥＷＡにローンを申請しにくるようになっていた。しかし、ＳＥＷＡは転職のためにローンを供与する代わりに木版染めの協同組合をつくって、彼女たちの染色するものの商品価値を上げ、それらが市場で通用するようにしたのである。そのために、木版ブロックを布に押しつけることしか知らなかった彼女たちに、染料を混ぜ合わせる技術や、草木染めの技術、布地をサイズどおり裁断する技術、デザインなど生産的技術をトレーニングによって身につけさせた。また、こうした生産的技術のみならず、協同組合を運営するための技術、すなわち、原材料の購入、納期を守ること、会計、マーケティング、値付けなどについても訓練した。

SEWAは、女性のトレーニングを重視した協同組合運動を通して、これまで男性にしかできなかったようなことを女性たちが自らできるようになり、男性しか所有しなかったような道具を女性が使用できるようになることを目ざしている。この結果、以前は織るための材料を男性のために準備するだけだった女性が織機に座り、機織りをするようになったり、陶器用の土を準備し、陶器を釜に入れるだけだった女性がろくろを使いこなせるようになった。また、毎日かいばを集め、牛の世話をしていても、交配をさせることができなかった女性たちは、交配の道具を使いこなせるようになった。と同時に彼女たちは、それまで自分たちの意見を聞き入れてもらうことのなかった資源（水、木、土地、家畜など）に対しても、ある程度、自由にアクセスできるようになった(8)。

協同組合を組織化することによって生まれたもう一つの重要な変化は、自分たちのつくった商品を自分たちで直接売ることによって、これまで依存していた人々に依存しなくてもすむようになったことである。特に農村女性の場合、協同組合によってもう一つの収入源を得ることにより、地主や商人、金貸しに対する依存度をかなり減らすことができるようになった。主人に仕えるだけの存在だった女性たちが、協同組合を組織化することによって、商人や政府の役人、銀行員たちと同じテーブルについて対等に話し合うようになったのである。しかし、これまで他人に依存していた貧困女性たちの依存心をなくすのはそう容易ではない。今でもSEWAがもっと仕事を与えてくれるのを待っている女性は多い。そこでSEWAは、一九八九年から協同組合のトレーニングとして責任性を自覚するプログラムを取り入れている。

SEWAの創立者イラ・バットは、「組織の集団性が個人の生活に大きな力を生み出す。（女性を）エンパワーできる組織は、一人の人間が牛耳っている組織や、慈善的な組織ではなく労働者すべてによって民主的に運営されている組織だ」として協同組合が女性をエンパワーするのに有効であることを主張している。[9]

## 3 農村開発や環境保全プログラムを通して

一九八一年の国勢調査によると、インドの女性労働者の七九・四%が農業に従事しており[10]、その多くが、他人の畑で農作業をして一日の終わりに日当を得る土地なし農業労働者である。機械化によってこうした仕事を得る機会は少なくなっており、厳しい乾季の間に農業ができないグジャラート州では、一年のうちに仕事が得られない日数が二〇〇日に達することもある。彼女たちの仕事のほとんどが、骨の折れる手作業であり、彼女たちが技術を必要とする仕事に従事することはめったにない。こうして一部の農作業にしか従事してこなかった女性農業労働者は、農業の知識も技術も身につける機会がなく、男性の目からみて軽作業とされる仕事にしか従事できないため、その賃金は男性よりもかなり低い(最近まで日当は男性一五ルピーに対して女性一〇ルピー。九六年現在は男性四〇ルピーに対して二五ルピー)。しかし、仕事そのものが少ないために、そうした不公平を受け入れざるをえない状況にあり、それが農村女性の地位が低い原因となっている。また、水汲み、たきぎ拾い、かいば集めなどの重労働を行う女性は、環境悪化の影響を直接受けているが、これまで政府の農村開発や農業プログラムの中で農村女性を中心にすえたものはほとんどなかった。

SEWAは、農村事業において貧しい女性が主体となり、彼女たちの経済的ニーズと環境問題が統合されるようなプログラムを行えば、彼女たちがエンパワーされ、彼女たち自身で地域の環境悪化をくい止めることができるようになることを主張する。その成功例がグジャラート州メサナ県のヴァンラクシュミ樹木栽培女性協同組合である。

メサナ県は、乾燥地帯で水不足により農業を行うコストが年々高くなり、小農はわずかな土地も手放し、農業労働者はますます仕事が得にくくなっている。また、飲料水、たきぎ、かいばも手に入りにくくなり、この地域から都市のスラムへ移住していく人々がたえない。こうした状況をくい止めるために、一九八六年、ＳＥＷＡはガネシュプーラ村の貧困女性と共同活動を始め、それが協同組合へと発展したのである。この組合を構成する組合員四一人のほとんどが、かつては土地も知識も技術ももたない農業労働者であった。彼女たちが土地をベースにして収入を得る活動を行うためには、まず土地を得ることが必要だったが、低カーストで貧しく、しかも女性である彼女たちが土地を得ることは困難だった。しかし、ＳＥＷＡによる支援と女性たちの根気強い説得の結果、彼女たちは村議会の所有地である荒れ地を譲り受けることに成功した。その後彼女たちは、グジャラート農業大学で種蒔き、植林、灌漑方法、少ない水の利用法、果樹の接木などに関する農業研修を受けて技術を身につけた。さらに一九八九年には、プラスチック会社から技術研修を受けて、池底にビニールシートを敷いて雨水をためる新しいタイプの農業用貯水池を彼女たち自身で建設した。というのもこの地域の土壌は砂が多く含まれており、貯めた水は急速に地下にしみこんでしまうからだ。こうした雨水の有効利用は、一年に一〇フィートも地下水レベルが減少しているメサナ県では環境保護のためにも非常に重要である。こうして、一九九〇年に彼女たちはカラシ種の栽培を始めた。これまで、日雇いの農作業しかしてこなかった女性たちは、初めて農業全体のプロセスを学ぶことができ、大いに満足感を得た。また、コスト観念や自分たちの畑から収入が生まれてくる過程も実感した。

しかし、女性たちは換金作物のみを栽培することに満足しなかった。ベーシック・ニーズである穀物や野菜、果物、かいばなどを栽培することを望んだ。こうしてその後は、ざくろやマンゴ、ライムなど毎年のように新しい果物の栽培に挑戦し、野菜や豆も栽培していった。また、堆肥コンポストの利用法、害虫予防法、作物の病気、土壌の生産性などについても、ＳＥＷＡをとおしてさらに研修を重ね、科学的知識を習得し、ほかの農民にそれらを伝授することができるまでになった。こうして彼女たちは、一年を通して安定した収入を得るだけでなく、栄養のある食物を家族に提供することができ、植林事業によって環境保護に寄与し、また、新しい技術や農法を身につけることによって、その社会的地位を非常に高めた。また、自分たちでどのような作物を植えるかを決定し、その作業計画を立て、その運営に責任をもつことによって、彼女たちは自信と自尊心を得ていった。その自信によって、銀行や政府の役人と交渉することもできるようになった。そして、自分たちに対する見方も、かつての蔑まれる対象であった女性農業労働者から、尊敬される対象である農民というアイデンティティをもつようになったのである。(11)

この組合の成功は、ほかの農村女性たちに勇気を与えているが、一生、農業労働者で終わっていたであろう女性がエンパワーされる例を組合長のサムベンが示している。彼女は、この女性グループが荒れ地を譲り受けて以来、組合づくり、果樹栽培、貯水池の建設などすべてに積極的に関わってきた。現在では、六〇歳という年齢にもかかわらず、果樹栽培や組合の運営方法、女性の権利などについて、ほかの県に出向いてトレーニングを行うまでになっている。(12)

## 4　銀行の融資活動を通して

「露天商のラジベンは、毎朝野菜を仕入れるために五〇ルピーを借り、一日中野菜を売りその日の終わりに五五ルピーを払う。二年前に息子が病気になって入院したときに、高利貸から五〇〇〇ルピーを借りた。現在その高利貸に毎月二五〇ルピーの利子を支払っている（一〇〇ルピーあたり一か月五ルピーの利子）[13]」。

その日その日の稼ぎを生存するために使わざるをえないインフォーマルセクターで働く貧困女性たちは、金銭的蓄えも自分名義の財産もない。このことによって、彼女たちは絶えず二つの問題に直面している。一つは、病気や葬式など急に物入りになったときに、高利貸から多額の借金をし借金地獄に陥ることであり、もう一つは、商売をするための運営資金がないということである。このため、その日の商売をするために材料を買うお金を高利貸から借りたり、道具を買えないために高い賃借料の道具を人から借りたりしなければならない。こうして、彼女たちの少ない収入は、利子や賃借料を払うことでさらに少なくなるのである。また、貧しい女性はいざというときに備えて、貯金をする必要を常に感じているが、夫や息子たちの目にふれることがない安全な貯金場所を確保することが難しい。しかし、読み書きができず、サインもできない彼女たちが正規の銀行で口座を開いたり、ローンを得ることはほとんど不可能だった。

一九七四年、こうした問題をつぶさに見てきたＳＥＷＡは、会員女性たちの要求に応えて貧困女性のための銀行、ＳＥＷＡ銀行を設立した。資本は、貧困女性四〇〇〇人が一〇ルピーずつ出資することによって捻出した。周囲の者は、貧困女性に対して銀行を開くなど自殺行為だと批判したが、その後ＳＥＷＡ銀行は多額の利益（一九九四年は一五〇万ルピー、一九九九年は三億ルピー）を生みだし、貧困女性に対する銀行活動が実行可能であることを世界に示している。今では、多くの開発NGOや専門家たちがSEWA銀行の例から学ぼうとしている。一九九九年現在、九万三〇〇〇人の女性が預金口座をもち、預金総額は、一億一九〇〇万ルピーに上る。この年、約三万四〇〇〇人の女性が融資を受けているが、SEWAメンバーの返済率は九四％と非常に高い。

SEWA銀行を通して貧しい会員女性たちがエンパワーされる過程は、多くの場合、次の三つの段階に分けられる。まず第一段階で彼女たちは、SEWAの融資によってそれまでの借金の支払いをすませ、高利貸や商人への従属状態から解放される。第二の段階は、自分の口座に貯金をすることである。彼女たちは、初めて自分の自由になる財産と呼べるものを所有することになり、自尊心がもてるようになる。また、いざというときにお金を出せることから、家庭内での地位が高まる。第三の段階が道具を買ったり、家を拡大して仕事場のスペースを広くしたりすることによって、生産性が高まり、収入も増える。このことは女性たちの自信につながる。[14]

ガンジーは、法律を改正して女性の財産所有権を認めることを主張したが、[15] SEWAは、こうした銀行活動を通して、一貫して女性の財産を増やすことに非常に力を入れている。SEWAのローンによって、借金の担保として取り押さえられている財産を取り戻す際や、SEWAのローンによって、家や土地、家畜、道具を購入するときに、それらを女性の名義にすることを条件にしているのである。

こうして貧しい女性たちは、自分の労働によって貯金を増やし、ローンを獲得し、財産を増やし、家庭内外の尊敬を受け、自信を深めながらエンパワーされていくのである。

## 5　トレーニングを通して

ＳＥＷＡは会員一人一人をエンパワーする方法として、トレーニングを非常に重視している。特に、一九九〇年にＳＥＷＡアカデミーという研修・研究のための専門機関が設立されてからは、定期的にリーダーシップ養成コースが開かれるようになった。現在このコースは毎週二日間にわたって行われ、その上級コースが年に三回行われている。このリーダーシップ養成コースは、都市と農村の各地域でＳＥＷＡの会員を組織しているリーダー的な女性をアーメダバードにあるＳＥＷＡアカデミーに集めて行われる。また、『農村地域の女性と子供の開発』（ＤＷＣＲＡ：Development of Women and Children in Rural Areas）プログラムといって、農村地域の貧困女性を組織化し支援事業を行うインド政府のプログラムがあるが、そのグループのリーダーたちをＳＥＷＡの地方事務所に集めて行うこともある。

ここで、ＤＷＣＲＡのリーダーを対象としたトレーニング内容を紹介しよう。[16]

トレーニングは、まず、自己紹介から始まる。彼女たちが、初めて会う仲間に対して自己紹介をすることは難しく、多くの女性が恥ずかしがる。というのも、彼女たちは、それまで常に「誰々の娘」「誰々の妻」「誰々の母」という紹介のされ方をしてきて、自分の名前を言うことがほとんどなかったからだ。これに対してＳＥＷＡのインストラクターは、自分の名前と職業をはっきり言うことができないかぎり、自分たちの労働が人から認められないままで終わってしまうことを説明する。また、仲間と団結し、困難を克服するためには、仲間の名前をしっかり覚えることが重要であることを強調する。

次のセッションで、参加者はガンジーの理念について学ぶ。まず、インストラクターはガンジーの生い立ち（グジャラート州はガンジーの生誕地）やガンジーがどのように村むらで貧しい人々を組織化していったか、そして非暴力運動がいかにインドを独立に導いたかを説明する。その中で必ず話されるエピソードが、ビハール州のある村でガンジーが集会を開いたときの話である。その集会に集まってきたのはすべて男性で、女性が一人もいなかったため、ガンジーは、妻カストルバに女性たちを呼びに行かせた。カストルバが家いえに行くと、驚いたことに女性たちは衣服をほとんど身にまとっていなかった。理由は、彼女たちには一着の服しかなく、それを毎日夕方洗っては翌日着るため、着ていく服がなくて集会に出られないというものだった。それを聞いたガンジーはひどく驚き、その日から最小限の衣服であるドーティ（腰巻き）のみを身につけることに決めたのだった。そして農村の貧しい人々の生活水準を上げることを優先課題とし、そのためには農村における雇用を促進しなければならないと考えるようになった、というものである。

この話から、ＳＥＷＡのインストラクターは、地域で得られる資源を使った地域の雇用を促進するというガンジーの理念をＳＥＷＡも追及していること、また、ガンジーは女性が変革の担い手になることを信じていたためにすべての活動に女性を参加させることを重視していたことを説明する。そして、ＳＥＷＡは、ガンジーの唱えた四つの原則、すなわち、非暴力、すべての宗教を尊重すること、常に真実を語ること、すべての人を愛し尊敬すること、に基づいて活動していることが強調される。

三つ目のセッションでは、組織化することによって状況を変えていくことの重要性を認識するために、円グラフを使って女性のおかれている状況が説明される。第一の円グラフでは、男性の労働時間三三％（一日八時間）に対して、女性の労働時間が六七％（一日一六〜一七時間）であることが示される。それに対して

SEWAのトレーニングを終了した助産婦の女性たち

第二の円グラフでは、男性の収入九〇％に対して、女性の収入が一〇％であることが示され、第三のグラフで、男性の財産所有率九九％に対して女性の財産所有率がわずか一％であることが示される。ＳＥＷＡのインストラクターは、私達女性はこんなに働いているのに、どうしてこんな状態なのだろうか、と問いかける。こうして参加者たちはこの不公正な状態に義憤を感じ、この状態を変えるために組織化して、自分たちの労働を目に見えるようなかたちにし、自分たちの労働に対して正当な収入を得るようにしようという気持ちになるのである。

四つ目のセッションでは、虎とやぎのロールプレイのゲームを通して、組織化し団結して要求することがいかに大事かを体験する。このあと、ＤＷＣＲＡグループを組織することの重要性を話し合う。

翌日は各自が学んだことを報告し合い、もう一つのゲームを行う。それは、一言も口をきかないでグループごとにパズルを完成させるというもので、読み書きができない自分たちは、その障害を克服するためにさらに外に出て様々な役所を訪ね、ミーティングを開き、市場を見て回ることが重要であることを理解する。その後、リーダーに必要な素質を話し合う。最後に、ゲームをしながら質問に答えるかたちで自分たちが学んだことを復習する。

こうしたトレーニングに共通したねらいは、女性たちが自分の仕事に誇りをもち、自分自身に自信をもつこと、女性は男性と平等であること、ガンジーの生き方や理念を学ぶこと、組織化することの重要性を知ること、リーダーとして必要な素質を考えることである。そして、これらを参加者一人一人がきちんと理解できるように、ＳＥＷＡは、ディスカッションや質疑応答、ゲーム、歌などを取り入れた参加型学習法をとっているのである。このように女性たちは体験をともなった意識化のトレーニングを通して、わずかな期間であるにもかかわらず、自分たちの力を再認識し、変革への意欲と使命感を感じて自分の家へ帰っていくのである。

## 6　ＳＥＷＡのめざすエンパワーメントとガンジーの理念

ＳＥＷＡは、自分たちの活動が正しい方向に向かっているかどうかを検証するために、以下の一〇の質問を絶えず自らに問いかける努力をしている。

（ＳＥＷＡの活動によって）

一、会員がより多い雇用の機会を得ることができたか。

二、会員の収入が増加したか。
三、会員が十分な食事と栄養をとることができたか。
四、会員の健康を守ることができたか。
五、会員が保育のサービスを受けることができたか。
六、会員が安心して住めるところを獲得したか。
七、会員が貯金や土地、家、仕事の道具など自分の名義によって所有する資産が増加したか。
八、会員の労働組織体が組織としてより強くなったか。
九、会員のリーダーシップ性がより高まったか。
十、会員がグループとして、また、個人としてより自立へ向かったか。

これを見ると、ＳＥＷＡの主要目的が女性に雇用をもたらし、経済的地位を上げることであるとはいっても、様々な分野にわたって女性の生活を向上させるために力を注いでいることがわかる。ＳＥＷＡは、ＳＥＷＡの会員となったことによって女性に起きた変化を調べた調査報告書において、経済的エンパワーメント以外のものを、社会的エンパワーメント、または、個人的エンパワーメントと呼んでいる[17]。

つまり、家族および地域の中で社会的地位がいかに上がったか、そして自尊心をどれだけもてるようになったかということである。具体的には、保健サービスや保育サービスなどにいかにアクセスができ、また、それらのサービスを自分たちの意のままにすることができるかどうか、家族の中で、仕事や出費、社会的慣習、子供の結婚、教育などの問題に対する意志決定権をどれだけもちうるようになったか、家族の外の世界とどれだけ関わるようになったか、政治的関心や関わりがどれだけ増したか、地域でどれだけ発言できるようになり、また自分の意見が尊重されるようになったか、などである。

この調査報告書によると、回答者（SEWAの会員）の八割以上が、「女性が経済的に自立すること」、「女性が自分の財産を所有すること」、「女性が男性と平等の権利をもつこと」に賛成している。[17]

SEWAは、夫の暴力など会員が家族の中で抱える問題に直接は関与していない。それは、女性が経済的・社会的にエンパワーされることが、このように個人的なエンパワーメントにつながり、自分の地位を守るために立ち上がることができるようになると信じているからだ。しかし一方で、イラ・バットは、「経済的自立だけで女性がエンパワーするとは限らない。そこにはイデオロギーが伴わなければならない」[19]と認める（実際、家計を支えているのが主に女性であっても、夫の暴力に泣寝入りする女性は数多くいる）。

そして、当然ながらSEWAのめざすエンパワーメントを支えるそのようなイデオロギーとガンジーの理念はかなり重なっている。

ガンジーは、「何人もその人の意志や参加なしに、搾取されてはならない」と主張したが、イラ・バットは、「SEWAで労働組合運動を長年活動を行ってきて、今では、その主張が彼の最も説得力のある主張だと認識するようになった」と述べている。[20]

また、SEWAの協同組合運動において、地元にある材料を使い、地元の技術を生かして、自分たちで運営していくという自立精神を非常に重視しているのも、SEWAがガンジーのスワデシ（国産品の使用を奨励して経済的自立を達成すること）の理念に深く共鳴しているからである。イラ・バットは、ガンジーがインドに自由をもたらすためにとった戦略として、「政治的自由」は最初のステップにすぎず、もっと大きな目標は「経済的自立」だった、と主張する。[21]

さらにＳＥＷＡは、その農村開発事業や銀行事業を通して、女性の土地、家、道具の所有につながる活動を積極的に行っているが、ガンジーは、多くの男性が反対する中で当時から女性にも財産の所有権が認められるべきだと強く主張していた。

ガンジーは女性の力を高く評価し、独立運動やスワデシに女性の参加を広くよびかけた。彼は、女性こそが自己犠牲をする力に長けており、非暴力運動において男性よりも大きな役割をはたすことができることを独立運動の中で見いだし、それを繰り返し述べている。そして、女性たちが独立運動やスワデシに参加するにあたっては、それらの意義を心から理解できるように懇切丁寧に説明している。同様に、ＳＥＷＡも、貧しい女性たちが、闘争（労働組合）の考え方をきちんと理解し、なぜ自分たちの権利を守るために闘うことが必要なのかを女性自らが受け入れることを重視する。このためＳＥＷＡは、意識化のためのトレーニングや話し合いに非常に力を入れているのである。その中で、女性が男性よりも劣っているという見方を否定し、にもかかわらず女性がいかに不平等な立場におかれているかということ、そしてガンジーがいかに女性を尊重し男女平等を唱えたかが説明される。この意識化に基づいた行動が女性たちをさらにエンパワーに導いている。

このように、経済的、社会的、個人的な面において女性の様々なエンパワーメントを促すＳＥＷＡは、その信念やアプローチ方法において、ガンジーの理念と実践をよりどころとしていることがわかるであろう。

## おわりに

ガルトゥングは、暴力の不在を平和とし、「人間の現実における身体的・精神的自己実現の状態が、その潜在的実現性以下に抑えられるような影響を受けているならば、そこには暴力が存在する」[22]と定義した。また、ガルトゥングは行為者の存在する暴力を人的暴力、行為者の存在しない暴力を構造的暴力と定義したが、この構造的暴力を社会的不公正ともよんだ。そしてこの定義によると、性別・出自などにかかわるあらゆる差別もまた被差別者の自己実現を妨げていることから、構造的暴力となる。[23]

インドではあらゆる形態の女性差別・抑圧が広く一般に行われているが、貧しければ貧しいほど、また、カーストが低ければ低いほど、女性差別・抑圧の度合がひどくなる。つまり、低カーストの貧困女性はカーストと階級と性によって三重の差別を強いられているのである。SEWAが組織化する女性の多くが、こうした低カーストの貧困女性である。これまでみてきたように、その彼女たちがエンパワーされ社会的公正をめざす活動は、まさに構造的暴力の克服、すなわち、積極的平和をもたらす営みといえる。

具体的に言えば、彼女たちは、警察や役人、地主による人的暴力を克服しようとするだけでなく、自らをエンパワーすることによって商人や雇用主などによる階級的搾取・抑圧を克服しようとしている。また、技術や道具、土地を手に入れて生産性を高め、構造的に抑えられてきた潜在性を実現しようとしている。そして、相手つまり男性を直接攻撃することなく、こうした活動を通して自分の力を強め社会的地位を上げることによって、男性による女性への差別・抑圧をなくそうとしている。これらはすべて構造的暴力の

ビデオ撮影するSEWAビデオ部門の女性たち

克服といえよう。そして、その営みを支えているものが社会正義（真理）というガンジーの理念と非暴力という方法である。この社会正義と非暴力を重んじることによって、SEWAは一般の人々のみならず、敵対する相手からも理解や支持を得ることに成功している。[24]

社会正義と非暴力を理念として貧しい女性をエンパワーするSEWAのアプローチや実践は、多くの人々に感銘と共感を与え、インド国内のみならず国境を越えて広がっているが、その営みはガンジーが固く信じていたように、女性には非暴力によって平和をもたらしうる力があることを証明しているといえよう。

（原文は一九九六年 記）

# 第六章　適正技術の創出に向けて

――NGO活動の経験から――

田中　直

貧困、環境、資源など、二十一世紀にはきわめて困難な問題が山積しているが、それらの問題に対して何らかの具体的な代案をつくりだしていこうとする時、そこには技術が要求される。しかし、いわゆる先進国で開発されてきた近代的な科学技術を、いわゆる「途上国」にそのまま適用することはできないし、また、特に地球規模の環境問題を契機として、「先進工業国」の技術体系自体が根本的な転換をせまられている。私の属するＮＧＯ、アジア民間交流ぐるーぷでは、いわゆる「適正技術」を重視した活動を行ってきたが、ここではその活動の経験も手がかりにしながら、これからのアジアと日本に必要とされる技術についで考えてみたい。

## 1 適正技術ということばをめぐって(1)

適正技術に関する議論は、おおよそ「適正技術」を定義することから始まる。しかし、適正技術に関する確立された定義というものはいまだ存在しない。現状では、それぞれの人がこの言葉に関して異なったイメージをもったまま議論している可能性があり、それは思わぬディスコミュニケーションを招きかねないので、はじめにこのことばの意味とその変遷を整理しておきたい。

### シュマッハーの「中間技術」概念

適正技術的な概念は、シュマッハーによって先駆的に打ちだされたといわれている。しかし、適正技術を論ずる際にしばしば引用される、周知の『スモール・イズ・ビューティフル』を解読していくと、すでにシュマッハーの用語法——シュマッハーの言葉では「中間技術」であるが——自体にゆらぎがあることに気づく。この本は異なるいくつかの年代に書かれた論文を集めたものだが、一九六五年のユネスコ主催の「ラテンアメリカの開発への科学技術の適用に関する会議」で、彼が報告した内容をまとめた部分では「もし、技術のレベルというものを『その設備が生み出す雇用機会あたりの設備費』ということを基準にして考えるならば、典型的な途上国の土着の技術はいわば一ポンド技術であり、一方先進国の技術は一〇〇〇ポンド技術といえる……援助をもっとも必要とする人々に効果的な手助けをするためには、一ポンドと一〇〇〇ポンドの中間に位置する技術が必要である。われわれは、それを象徴的に一〇〇ポンド技術と呼ぼう」(2)と述べられている。ここにおける定義は、それまでの開発政策や技術援助が、多額の資金を要する近代技術を不用意に途上国に移転しようとして失敗してきた、という認識を背景に、途上国の発展をもたらすためには、とりわけ、より多くの民衆の雇用を生み出すためには、どのような技術が必要か、という問題意識のもとで打ち出されているものである。先進国の一〇〇〇ポンドの技術は巨額の資金を要するのに雇用を生み出さないばかりか逆に伝統社会を破壊して仕事を奪う、途上国の土着の技術では金はかからないが豊さはもたらさない。だから必要とされるのはその中間の一〇〇ポンド技術である、というわけだ。

ところが、同じ本の中の、もっと後の年代に書かれたと見られる章に、もう一か所中間技術を定義したところがある。「大量生産の技術は、もともと暴力的なものであり、生態系を傷つけ、再生不可能な資源を浪費し、人間を無能にする。一方、民衆による生産は、近代の知識と経験のうち最善のものを生かし、脱中心化に寄与し、生態系の法則にのっとり、希少な資源を消費すること少なく、人を機械の奴隷にするかわりに、人に奉仕するように設計されたものである。そのような技術は、伝統的で素朴な技術よりはるかにすぐれており、一方多額の資金を要する高度技術よりは単純で安価で自由であるがゆえに、私はそれを中間技術と名付けた」[3]。ここにおける定義は、途上国の開発の問題にかかわる先の定義とはずいぶん異なるコンテクストのもとで行われている。すなわち、六〇年代後半から七〇年代はじめにかけて顕在化した、公害や再生不可能な資源の浪費、人間疎外など、近代科学技術がもたらしたさまざまな問題が念頭にあり、それらの問題を解決する技術的代替案として、中間技術が論じられているのである。

## OECD等の適正技術論

シュマッハー以降、さまざまな国際機関や公的機関がそれぞれの立場から適正技術を論じている。吉田昌夫ら[4]の整理によると、OECDの研究員であるニコラス・ジェキエらが一九七六年に出版した *Appropriate Technology: Problems and Promises* では、その技術が利用される地域の社会的文化的環境への適合性と、技術を受け入れる側が単に一方的な受容者にとどまるのでなく何らかの革新をもたらすようなシステムの創出とを重視する論を展開している。UNIDO（国連工業開発機関）は、一九七五年の第二回総会の決定により適正技術の選択と適用を推進する方策を立案したが、UNIDOの適正技術論は、発展途上国の工業化をいかに達成するかという問題意識に沿って論じられ、近代的な先進技術を扱う工業と、それとは異なる技術を必要とする地方分散的工業との有機的統合を重視するところに特徴がある。一方ILOは、適合性の基準を「基本的欲求の充足」におき、一九七六年の世界雇用会議において打ち出された「ベーシックニーズ・アプローチ」の中で、人々の必要最低限の欲求を充たし、雇用を増大するための技術として適正技術の使用をうたっている。これらの定義はいずれも、途上国開発を主要な問題意識とする点では、先のシュマッハーの第一の定義に類するものである。

## 近代科学技術批判と「代替技術」

六〇年代後半から七〇年代にかけて、公害や資源の枯渇、あるいは巨大技術と労働疎外など、近代科学技術がもたらすさまざまな問題が指摘されるようになると、それに対する代替的な技術を提案するというコンテクストで「代替技術」や「ソフトエネルギー」などが論じられるようになる。技術の存在形態そのものが社会の権力構造や経済の構造と不可分であることを強調するディクソンの『オルターナティブ・テクノロジー』[5]や、エネルギーの使用形態や需要構造の解析のもとに、それらを再生可能エネルギーで供給する道を示すロビンスの『ソフト・エネルギー・パス』[6]が著名である。このような、いわば近代科学技術批判に立脚する代替技術と、先の開発の文脈における適正技術とは、相当に由来の異なる概念であるにもかかわらず、八〇年代の先進国では、はっきりした境界をもたずに論じられるようになっていく。

八〇年代も終わり近くになると、先の公害問題とは次元の異なる地球環境問題が世界の注目を集めるようになり、今度は環境への負荷が少ないということを中核的関心としつつ「環境調和型技術」「地球にやさしい技術」等のことばが生み出されていく。それと入れ替わるように、「適正技術」ということばを前面に出して論ずる機会はしだいに少なくなっていったといえる。しかし、実質的にはそれらの新語も、それ以前に論じられてきた適正技術や代替技術の概念と重なり合う部分が少なくないのである。

## 「適正技術」ということばのゆらぎ

このように、この「適正技術」ということばは、いわゆる「途上国」の開発というコンテクストと近代科学技術批判のコンテクストとが錯綜する中で使われ、かつそれぞれのコンテクストにおいても論者の重視するものによって、相当に大きな振れ幅の中で使われてきている。思えば、このことばの成り立ちが、幅のある主観的判断を許しやすい「適正な」という形容動詞と、普通名詞の「技術」を組合わせたものであることが、このようなゆらぎを招く要因のひとつであったといえる。論者により、上記のようなさまざまな含意をもって「適正技術」と語られるが、その含意はこのことば自体には明示されておらず、その一方で、単に「適正な技術」という普通の意味合いにもたえずひっぱられているから、含意はどんどん拡散していく。

ただひとついえることは「適正技術」に属する技術群とそれに属さない技術群があらかじめ決まっているわけではないということだ。何がその場にふさわしい技術であるかは、その場の条件とニーズで当然異なるわけだから、例えば風車や水車といえばそれはいつでも適正技術ということにはならない。逆に火力発電がかならず悪いかというとそれもいえない。ある場面の社会的経済的あるいは文化的条件やその場の必要性とセットになって、あるいは地球環境の全体性とのバランスのもとに、はじめてある技術が適正かどうかが評価されるだけだ。また近代技術に対する距離のとり方が、技術を選択するにあたって大きな相違を生み出す要因となることにも注意すべきである。近代技術をきびしく批判する立場に立つと、選択する技術も伝統的で土着的なものに限定されざるを得ないし、逆に近代技術にも一定の評価を与える立場にたつと、技術選択の幅は広がる一方で近代技術の負の側面をいかにクリアするかという課題もかかえることなる。

このように「適正技術」は使い方に注意を要することばになってしまったが、その場の条件と要請に適した技術が選ばれるべきだという、当たり前でありながら忘れられがちなことに注意を喚起していく点、また、近代技術の単純で無批判な導入とは異なる技術選択もあるのだ、ということをシンボリックに主張しやすい点に、このことばを使う意義はあると考えられる。この小論では、「それぞれの地域の社会的・経済的・文化的条件に適合的で、人々が広く参加でき、人々のニーズを的確に充たすとともに環境にも負担をかけない技術」というほどの意味で「適正技術」ということばを使う。具体的な技術の様相や選択は、その時代のそれぞれの地域の条件で異なるのだが、いわゆる「先進国」にも「途上国」にも各々の適正技術が要請されるという立場である。もちろん、重要なことは適正技術を定義することではなくて、これからの社会に本当に必要とされる技術、望ましい技術はどのようなものであるかを考え、それらを創出し広めていくことである。

## 2　NGOの経験から

### ローコストハウジングのNGOとの協力

次に、筆者がかかわっているアジア民間交流ぐるーぷ（Asian People's Exchange：以下APEXと略称）というNGOの活動を手がかりに適正技術の問題を考えてみたい。この団体は、一九八三年に東京で開催された「第三世界の問題を考える連続ゼミナール[7]」をそのオリジンとしている。このゼミナールで、いわゆる第三世界の問題の巨大さ、深刻さに目を開かされ、かつ、それらの問題をもたらしている原因に関して、自分たちにも一定の責任があるらしい、と気づかされたのが活動を始めたきっかけである。それ以来毎年アジアを歩き続け、一九八七年にインドネシアのNGOと協力を開始するにあたって、APEXとして発足した。

APEXの活動は、私たちが尊敬できるような活動をしている現地のNGOを支援する形で進められるのであるが、はじめはインドネシアの中部ジャワ州スマラン市のYABAKA（Yayasan Bakti Karya、奉仕事業財団）という団体に少額の運営資金を提供し、交流することから活動が始まった。この団体は、ローコストハウジング、すなわち低所得者向けの安価な住宅供給を主な活動としている団体である。YABAKAが住民からお金を集め、あるいは外部からの助成金を活用して土地を購入し、それを住民に安価に分譲する、または住民たちが住宅建設にかかわる協同組合を組織して自主的に土地を調達し、家を建てるのをYABAKAがコンサルタントとして支援する、という方法である。YABAKAの創設された一九八五年から二〇〇〇年までに、分譲方式で約七〇〇家族、協同組合方式で約一〇〇〇家族が土地を得ている。YABAKAのプロジェクトの対象となる住民が建てる家というのは、コンクリートの基礎、角材の骨組みに、竹で編んだ壁をあてはめ、丸竹で天井の枠組みを組んで、そこに赤い瓦をのせる、といった簡便なつくりで、家の中から天井を見ると、瓦がそのまま丸見えである。初めてそのような家の中に入った時、協力うんぬんを考える気持ちよりも、家を建てるというのはこんなに簡単なことだったのか、というおどろきのほうが大きかった。もちろん気候条件などの違いはあるが、もともと家というものは、安定した基礎と、外界と家の中をへだてる壁と、雨露をしのげる屋根、それに水と火の便があれば、基本的な用件は充たされているものなのではないか。それなのに、日本では家を建てることが一生の蓄積を投入しなければならないような大事業になってしまったのはなぜか、と考えさせられた。もちろん家にもグレードがあり、このグデックという竹を編んだ壁材の家はもっとも簡素な部類のもので、もう少し経済的に余裕のある家庭では、レンガの壁にするそうだ。しかし私たちから見ると、レンガの家はいかにも暑苦しく、グデックの家のほうが風通しがよくて快適に感じる。

家の涼しさということでいうと、ＹＡＢＡＫＡの住宅建設フィールドの写真で、住宅群が建設される前と建設された後の写真を見せてもらったことがあるが、建設後のほうがずっと緑豊かな地域になっていることがわかる。家の周りに木を植えることが、いかに日射を防ぎ清涼感を与えて住まいを快適にするかを人々が知っており、木を植える習慣が根付いているのだ。またインドネシアにはマンディと呼ばれる水浴びの習慣がある。通常トイレと一緒になった浴室があって、そこの水槽に水がたまっている。朝起きた時、外から帰った時など、その水槽の水を手桶で汲んで浴び、体温を下げ、体を清潔に保つのである。これは格別なエネルギーを消費せずに暑さに対処する、とても合理的な習慣であると思う。これからインドネシアのような熱帯の国で先進国型の冷房が本格的に普及していったらその電力消費量は膨大なものがある。それに対する代案を考える場合、この植樹や水浴びのような、その地域固有の合理的な慣習をそこにどう生かし、維持していくか、という観点が大事だと思った。

また、時と場合によって程度は異なるが、家を建てる作業に住民自身が参加することにも感心した。大工を頼むことが多いのであるが、整地をしたり、レンガを積んだりと、住民が自分でできる部分は手を出していくのである。ジャワの農村部へ入ると、よく家の庭先にレンガや瓦が積んであるのを見かける。これはいわば現物の貯金であって、お金がある時に少しずつ建材を買いためていって、改築や増築にそなえているそうだ。

日本では、住宅を含めて消費するもののほとんどは企業の手によってつくられるが、インドネシアでは自分でやる部分がはるかに多く残っていることに、この後もいろいろな場面で印象づけられる。例えば中古車を買うという場合、日本では新車を買うのとたいして変わったところはなく、ただ販売店へ出かけて買い求めるだけだ。ところがインドネシア人の中には、車体、エンジン、運転席のパネル、ハンドルなどをバラバラに買い集めてきて、それを組み立てて乗っている人がいる。日本人は生産する場面と消費する場面がはっきりわかれていて、自分の職場の狭いテリトリー以外はほとんど生産にタッチしようとしないし、かつ生産といってもデスクワークが多い。しかし、インドネシアの人たちは、実際に自分の手足を動かしてモノに触れ、必要なものを自分でつくり出していくことにずっと長じている。人間とモノとの距離が近いのである。

現場へ足を運ぶ回数を重ねるうち、現地では仕事がないことが大きな問題だということがわかってきたので、仕事づくりの手がかりを得るために、ＹＡＢＡＫＡの人たちの案内で、中部ジャワの小産業の調査などもやった。瓦づくり、包丁や鎌などをつくる鍛冶屋、建築用レンガづくり、調理用コンロづくり、廃プラスチック再生などを見てまわったのである。その時感心したのは、とにかく廃棄物をよく利用することである。コンロづくりには使い古しのドラム缶、レンガにはもみがらを利用していたし、鍛冶屋が材料として使っていたのは、なんと古い鉄道のレールであった。古タイヤを利用したゴミ入れをよく見かけるし、茶碗が割れると、かけらはポットの装飾用に使われたりする。廃棄物は、単に原料や素材であるばかりではなく、重要な生産用具でもあって、鉄道のレールが金敷であったり、鉄パイプが円筒状の部品の成形型であったり、ギターの弦が切断用の糸であったりする。ゴミ捨て場には、金目のものを集める人が待ちかまえていて、ゴミの収集車が集めてきたゴミを下ろすと、そこから金属やプラスチックなどを拾っていく。市内には鉄クズ、廃プラスチック、故紙などの回収業者が群れをなしている一画がある。

このような廃棄物の多様な利用は、資本も技術もない状況で生産をし生計を立てていこうとする時に、やむを得ずそうしている面が強いとは思う。しかし、現在の日本がやっきになって進めようとしている循環型の社会が、むしろインドネシアでは気負いもなく実現しているという面もある。そして、そのようなモノの循環は、人間がその場その場で得られるありあわせの材料を用いて、創意と工夫をこらして必要なものに転換していくという過程であり、そこには、インドネシア人の、モノと距離をおかず、それに働きかけていく能力が生かされているのではないかと思うのである。

## 旋盤技術交流プロジェクト

ＡＰＥＸの活動としては、だんだん仕事を生み出すことに力がそそがれるようになっていったが、一九九一年から、中部ジャワ州ソロ市のＹＰＫＭ（Yayasan Pendidikan Kesejahteraan Masyarakat、社会教育福祉財団）というＮＧＯと協力して、旋盤技術交流プロジェクトという事業が始まった。このＹＰＫＭという団体は、低所得の家庭に育ち学校を中退したりして職のない青年たちに、金属加工等の職業訓練を行って社会へ送り出す活動などを行っている団体である。技術訓練を通じて仕事の機会をふやしていくという活動のねらいはいいのであるが、私たちが初めてそこを訪ねた一九九〇年の時点では、訓練所の設備はかなり貧弱なものであった。砥石が擦り切れたグラインダー、火つきの悪い溶接器、刃のなまった押し切りなどが主な設備で、鉄製の飾り窓枠や、住宅の玄関の可動式扉などを製作していた。

ここに、旋盤など工作機械を入れて、金属の機械工作の訓練もできるようにしたらずいぶんいいだろう、というのはこちらから出したアイデアであるが、それに先方が乗ってくる形でプロジェクトが始まった。旋盤というのは、工作対象物を回転させてそこに刃を当て、切削していく機械だが、丸く削る以外に、ネジを切ったり、工作物の内面を削ったりもでき、工作機械の中でもマザーマシンと呼ばれるほど基本的で使い道の広いものである。一方フライス盤という機械は、刃を回転させてテーブル上に固定した工作対象物に当て、面削りをしたり、溝を掘ったりする。その旋盤とフライス盤を一台ずつ、ＡＰＥＸ側から資金提供して導入することから協力事業が始まった。もちろん機械を入れただけではだめで、それを動かす技術がともなわなければ何にもならない。それで日本から機械工作の技術専門家の方に定期的に現地訪問して、技術交流をしてもらうことにした。日本ではＮＣ工作機械などコンピュータ制御の機械が主流となっていて、私たちのプロジェクトでやろうとしている、人間が手で直接操作して削っていく機械に関しては、日本では技術をもつ人が少なくなりつつある。さいわい東北大学の機械工場の専門家の方々の協力を得ることができて、定期的に技術交流する体制がととのった。

機械工作技術というのは、材料と製品の種類に応じて、さまざまな機械とその付属品、工具を有機的に連関させながら用いていく奥の深い体系をなしている。ＹＰＫＭの組織としての弱さもあって、技術的向上も設備の充実も、なかなかこちらの思うような早さでは進まなかった。ここではその過程をくわしく述べることはしないが、約七年間かけて訓練所の設備をととのえ、その後も技術協力・交流を続けて、訓練所は以前とは見違えるほどになった。はじめは百坪ほどの訓練所であったが、そこは工作機械で埋まり、新しく同じくらいの広さの土地を買い求めて作業場の拡張と寄宿舎の新設を行った。現在では機械工作、板金加工、自動車修理の各部門のそろった訓練所となり、毎年正規研修生四〇名、短期研修生五〇名ほどを受入れている。正規研修修了生の大半は就職や起業に成功している。女性用の縫製講習も合わせて実施されるようになり、また訓練修了生の起業支援を行う貸付制度も開始された。単に訓練ばかりでなく、せっかくある設備を生かし、訓練所の経済的自立をはかるため、鉄製の飾り窓枠、車イス、脱穀機、ソバの製造機、ノコ盤、瓦の成型機などさまざまな製品を製造・販売している。

このプロジェクトは森清氏がその初期の状況をふまえて書籍を出版しているように(8)そこから多くの思考をひき出せるものであるが、この小論の趣旨に沿うこととしては、やはり手に職をつけていくことのおもしろさ、人間の熟練というもののすばらしさと、それらの日本における空洞化の問題がある。研修生の中にはもちろん不真面目な人も途中でやめてしまう人もいるのだが、多くの場合、手に技術を身につけていくこと、その技術をこの訓練所を出たあとも努力すれば伸ばしていけることの喜びを彼らの体が知っていて、協力している私たちもその喜びに共感するものがあった。プロジェクトを支えたのは日本からの技術者の技術レベルの高さである。それは単に、中心の狂った機械の芯だしをする、丸棒を定められた直径まで正確に削る、故障した機械の不具合の原因を確かめて直すといった個別の操作の精確さ的確さばかりではない。ある課題が出てきた時に、その課題をクリアするためにどういう手順で仕事を行い、そのためにはどういう材料や道具や機械が必要であるか、という仕事の手順と段取りの構想力と実行力のようなものにも技術者としての実力が存分に見られた。しかし、それらは現場でひとつひとつの技術をたたきあげていくことではじめて形成される力である。日本では工作機械の自動化、NC化が進む中で、そのような技術形成のプロセスを踏む人はもうまれになってしまった。こうして日本の技術者たちが技術を伝える場が日本ではなくインドネシアになっていることが、何か技術と人の手の技をめぐる現代的状況を象徴しているように思えた。もし自分で旋盤を動かして削れる人がコンピュータを駆使して加工するのであればまだ救いがあるが、コンピュータを動かすことしかできない人ばかりになった時、日本の技術レベルは相当に低下するであろう。

このように、インドネシアの現場で技術にからむプロジェクトを実施する中でまず気づかされたことは、直接働きかける対象としてのモノから奇妙に隔離されてしまい、またせっかくの貴重な手の技術がその継承先を失ってしまった日本と日本人のあり方であった。工場では自動機械や巨大な装置に、家庭ではさまざまな電化製品に取り囲まれていくうちに、私たちは人間としてのモノに働きかける力、モノを自ら生産したり加工する能力をしだいに弱めてしまい、何をするにも貨幣を媒介として商品にたよることしかできない存在になってしまったのではないか。最近のいわゆるＩＴ技術の進展は、上のモノづくりの空洞化とあいまって、人間が他者と直接コミュニケートする能力、人と関係する能力までも弱めていくかもしれない。私はそれまで近代技術を主にその資源浪費的、環境破壊的側面をもって批判的に見てきたが、望ましい技術を構想する際には、このような人間の働きや能力の発揮・衰退、人間関係の変化ということと技術との関係も見ていかなければならないと思うようになった。

しかし、その一方で、近代技術が人間にとっていかに魅力あるものかということも、アジアを歩く中で痛切に感じた。インドネシアではかなり低所得の家庭でも、家の中に入るとしっかりとテレビが光り輝いていたということがよくあるし、またどこの都市でも見られる車の氾濫、若者のオートバイに対する渇望などを見て、このように人々を惹き付ける近代技術の魅力にも一定のリアリティがあり、それを簡単には否定できないという印象を強くもった。私たちはもともと近代技術への強い批判を持ちながらアジアを歩き始めたのであるが、アジアで活動していくうちにますます批判的傾向を強めるだろうと予想していた。ところが実際はその逆で、アジアの人々とつきあう中で、近代技術の魅力をあらためて認識するようになった面がある。先にあげた近代技術の問題性を回避しようとすれば、このような近代技術の魅力の面も放棄し、例えば車やテレビへの欲求は抑制していかなければいけないのだろうか。それとも近代技術の魅力も相応に認めていたずらに禁欲的にならず、かつ近代技術の負の側面を極力少なくできるような技術のあり方というものはありうるのだろうか。

## アジア向け回転円板式排水処理装置の開発

ジョグジャカルタ市のＮＧＯ、ディアン・デサ財団（以下ディアン・デサという）はインドネシアでも著名な、適正技術をメインの活動としてかかげるＮＧＯである。一九七二年の設立で、これまでに電力のいらないポンプを用いた水の供給、効率的な調理用コンロの開発と普及、小産業育成、バイオマスエネルギー開発、都市開発のコンサルティングなどの活動を行っている。リーダーのアントン・スジャルウォは、一九八三年にアジアのノーベル賞といわれるマグサイサイ賞をこれまでの受賞者の中では最年少で受賞したという実力者である。

このディアン・デサと感覚が合うと感じたのは、彼らの近代技術に対するスタンスであった。資源や環境の問題に批判的な人々は、とかく伝統回帰的な未来像を描きやすい。水車、風車、有機農業などがその構成要素である。私はそれらはいずれもきわめて重要な技術であると認識しているが、しかしそれだけに限定せず、もっと豊かな選択をもちたいのである。近代技術も単純に批判するばかりではなく、使える要素は使いたい。そういうところがディアン・デサの人たちと共通していたと思う。

彼らの活動で感心したもののひとつに、エイの皮を利用した工芸品製作の事業がある。エイは、以前は網にかかっても漁民にとって価値のない魚であり、その皮は捨てられていたという。ディアン・デサでは、その皮が硬く、独特の光沢と肌ざわりを持つことに着目して、その加工法を開発し、サイフやハンドバッグなどを製造しているのである。それらはいまや高級品のイメージを獲得し、欧米や日本にも輸出されている。それまでは利用されていなかった廃棄物を、その素材としての特徴に着目して有用な製品の原料として生かし、ひとつの産業を立ち上げたところがすばらしいと思うのだ。かつその加工工場で働く人々の多くは障害者であり、彼らの雇用機会を創出することも兼ねての活動である。

このディアン・デサとは、排水処理技術の開発と普及に関する協力を始めた。ジャワを旅行していると、川がひどく汚れているのが目につく。先のＹＡＢＡＫＡが活動しているスマラン市の川も暗褐色を呈するまでに汚染されていて、ところどころ泡立っていたり、ゴミも投げ捨てられ、澱んだところには野菜クズだのプラスチックの袋だのがたまっているような状況である。生活排水も工場排水もほとんど処理されないまま川へ流されたり、地下浸透されたりしているのだ。排水に関する基準も定められてはいるのであるが、守られていない。一般にインドネシアでは排水処理設備を設けるということが、何か手のとどかない、普通はやらなくてもいいことのように考えられている。環境意識の欠如や行政の管理能力の不足を指摘することは容易である。しかし先進工業国が設置するような排水処理設備が、途上国の企業や自治体が負担するにはあまりにも高価で、また設置しても運転する技術がともなわずにうまく動かない場合が多いことが、普及の大きな妨げになっていることも間違いない。だから日本で使われているような設備よりずっと安価で、かつ運転管理が易しくトラブルの少ない技術の開発が望まれる。

回転円板式の排水処理装置というのは、実用的なものとしては一九五〇年代にドイツで開発された装置で、大きなドラム缶を半切りにして横に置いたような槽に排水をゆっくり流し、単一の軸に装着された多数の円板状の回転接触体を、その面積の四〇％ほどが排水に漬かった状態で、ゆっくり回転させるものである。そうすると、円板の各点は水と空気の中を交互に出入りすることになるから、そこに好気性の微生物や原生動物が繁殖して層をなし、それらの生物群が、汚染物質を吸収・分解して、排水を浄化する。日本でも七〇年代後半から八〇年代前半にさかんに導入されたのであるが、当時の設計は粗雑で軸の欠損事故が多発し、下火になってしまった経緯がある。今日では、技術的に改良されて見直される機運にあるといえる。私は九四年に日本でその回転円板装置を使って排水を処理する機会があったのであるが、一目見てこれはアジアに向いていると思った。通常の生物的排水処理方法である活性汚泥法では、曝気槽の微生物濃度の管理やバルキングというトラブルの対策などで、運転には一定の専門性が要求されるが、回転円板法は、装置が原理的に単純で、ただ回していれば自然に微生物があらわれてきて排水の処理が進む。微生物層を見ていれば状況は把握できるし、もし装置が故障したとしても、どこがこわれたか明確である。電力の消費も少ないし、排水処理にかかわる生物種が多様なので、処理水の変動にも強いといわれる。しかし日本で売られているような価格では到底インドネシアでの普及は無理である。

回転円板を使い始めてまもなくディアン・デサを訪ねた時に、先のアントン・スジャルウォにこの回転

ヤシの繊維を用いた回転円板式排水処理装置

円板のことを紹介したのであるが、それからしばらくして回転円板に関心があるという手紙がアントンから送られてきた。それで両者で協力して現地向けの回転円板装置を開発してみることになった。回転円板装置の中核部分は回転接触体なのであるが、日本ではそれをポリエチレン、ポリスチレン、塩化ビニリデンなどのプラスチックを用いてつくっている。それだと成型に金型や成型設備が必要となり、費用が嵩む。この回転接触体をいったいどうやってつくろうかと考えたが、現地側と意見交換すると、すぐにイジュックと呼ばれる、サトウヤシの幹を覆うようにして生えてくる繊維でつくろうという案にまとまった。強くて耐久性、耐水性にすぐれている繊維で、ほうき、足ふきマット、セプティック・タンク（排水を処理する腐敗槽）のろ材などに使われているものである。設計に関する議論を重ね、結局マット状に編んだヤシの繊維を金属のフレームに装着する形で円板を組み立

てた〔写真〕。

そのヤシの繊維の回転円板で、先に述べたエイの皮の加工工場の排水を処理してみると、見事な結果が出た。この排水は、染料や界面活性剤を含む処理のむずかしい水で、活性汚泥法では二〇％しかＢＯＤ（生物化学的酸素要求量、水の汚れの指標）が落ちなかったのに、回転円板では八〇％近くも落ちたのである。処理水も透明度が上がり、下流で飼っている魚も死ななくなった。ヤシの繊維の大きな表面積と、その微生物との親和性を生かせたたことが、高い処理効率を上げた要因であろう。ただ、微生物層が厚くなりすぎて、それが繊維を覆うと目が詰まって表面積が減ってしまったり、数年に一度は張り替えが必要になったりという弱みもある。しかし、日本の回転円板と比べると同じ能力の機種で約四分の一程度の価格で回転円板が供給できるようになり、排水処理設備設置の条件をととのえるのに一定の寄与をしたことにはなる。

このヤシの繊維の回転円板の開発が首尾よく進んだことから、ディアン・デサとの協力にはずみがついた。九七年に東京でインドネシア・日本適正技術会議というものを開催したが、ここでも排水処理がインドネシア側の参加者の関心をもっとも集めたため、翌九八年には、ジョグジャカルタで排水処理適正技術会議を開催した。インドネシアの政府関係者、大学の研究者、企業関係者、NGOなど多彩な参加者一六〇名が集まったが、参加者の中から実際に排水処理設備を設置してみたいという希望が多数寄せられ、その次の年には三か所でパイロットプラントを設置した。それらの活動をもとに、ジョグジャカルタに排水処理適正技術センターを設立し、排水処理の技術開発やパイロットプラント設置、研修、国際会議などを行おうという計画が持ち上がり、現在準備が進んでいる。

この回転円板の例をもって、先の近代技術の魅力と問題性の矛盾の解消を論じるのは無理があるからそういう議論は控えたい。ただ、回転円板という近代技術側から出てきた原理を現地に持ち込みそれを改変することによって、現地の経済的社会的条件に適したひとつの技術を創出することができたということはいえる。この新しい回転円板は、それぞれの地域に適した素材と製造方法を採用することで、インドネシアばかりでなく、途上国で広範に使ってもらえるものであると考えている。

## 3 二十一世紀の適正技術を考える

よく企業の人などとインドネシアの話をすると「インドネシアは日本に何年くらい遅れていますか」「あと何年で追いつきますか」と聞かれることがある。そう聞かれると返答に窮するのは、そういう質問の前提となっている、近代化の進行に関するリニアな歴史観に違和感があるからだ。例えばインドネシアや他のアジアの国々があと二十年で日本に追いつき、その間に日本はさらに先へ進んでいる、といった未来を私はほとんどイメージすることができない。それは、それらの国の技術的能力や政府の力不足といったレベルの問題や、そういう未来がはたして望ましいかどうかといった問題より先に、もしそうなったら、端的に地球環境がもたないと思うからだ。また九七年まで一見きわめて順調に成長を続けてきたアジア経済が実はその内部に巨大な貧富の格差をかかえ、それを解消できないばかりか、かえって格差を増大させる方向で進むのを身近に見てきたからでもある。

それでは、その近代化のリニアな進行とは異なる二十一世紀の望ましい社会とそこにおける技術というものはどのように構想されるべきであろうか。それはまず再生不可能な資源を浪費せず、環境に負担をかけないものでありたい。しかし、その面では先進工業国の側にほとんどの責任があり、先進国側がその産業と消費の体系を率先してあらためない限りは、いわゆる途上国に資源節約・環境保全型の技術を勧められる立場にはない。筆者は、化石燃料の消費が近代化の進行過程にもたらしたきわめて大きな影響に着目しつつ、今後の世界の人々の化石燃料消費の許容レベルとしての世界標準量を算出した(9)。そこでは石油や石炭などの化石燃料資源を消費している間に、それに依存しなくても快適な生活がいとなめるような再生可能なシステムをつくりあげることを条件に、二十一世紀末までに生きる世界中の人々が化石燃料資源消費量に関して平等な権利をもつとすると一人当たりどれだけの消費が可能かを割り出したのである。消費に対する制約にはいうまでもなく資源的な制約と環境面からくる制約がある。まず、二十一世紀末まで化石燃料を温存する、ことばを変えれば二十一世紀中に化石燃料のすべてを使い切ってしまうと仮定した時の、一人当たりの可能な消費量は、主として石炭の埋蔵量の膨大さによって、四四〇〇万キロカロリー／人・年と、現在の日本の化石資源消費量である三二九〇万キロカロリー／人・年（一九九七年）をも上回る大きな値となった。この計算では二十一世紀の世界の平均人口を九一・八億人としているが、それだけの人々が現在の日本を上回る消費をしても一〇〇年もつほど、石炭などの化石資源は大量にある。ところが、二酸化炭素の排出量をＩＰＣＣが一九九二年に発表したシナリオのうちもっとも排出量の少ないケース並みにとどめるとした、環境を基準とした標準量では、七六六万キロカロリー／人・年と、きわめて厳しい値となった。平均的気候感度においては、それでも二一〇〇年には気温が一・三度、海面が三八センチメートル上昇してしまうのだ。すなわち、資源的制約よりも環境的制約のほうがはるかに厳しいのである。逆にいえば、環境的制約を守っていれば、資源的制約は余裕をもってクリアできるともいえる。しかし、これでは途上国はまだ納得しないであろう。欧米や日本などの工業国は、これまでに大量の資源を使って二酸化炭素を放出し、すでに大気中の二酸化炭素濃度を高めてしまっているからである。既に放出した分は、その国がこれから放出できる分からいったん差し引き、差し引き分を平等に再配分するという補正を行なうと、日本人ひとりに許容される消費量は、実に年間約二二〇万キロカロリー、すなわち現在の消費量の十五分の一ということになってしまった。化石資源以外のエネルギーとしては、原子力は事故や放射性廃棄物等の問題で化石資源以上に環境を傷つける恐れがあるから除外すべきであって、考えられるのは、やはり再生可能な自然エネルギーである。その正味の供給可能量を推定すると、日本の自然条件では一一五〇万キロカロリー／人・年となり、化石燃料分とあわせて一三七〇万キロカロリー／人・年、すなわち現在の日本の全一次エネルギー消費四〇〇八万キロカロリー／人・年（一九九七年）のおよそ三分の一程度が、許容されるエネルギー消費ということになった。インドネシアの化石資源消費は現在四〇八万キロカロリー／人・年（一九九七年）であり、環境基準の世界標準量に対してまだ半分余りで、これからふやせる余地がある。実際は国によって、あるいは同じ国の中でも階層によって大きな量的格差をもって消費が進むであろうが、その時々の消費を評価するための理念的基準値として、前記の世界標準量は意味のある数字であると考えている。

先に述べたように、アジアとつき合う中で近代技術が人々を強く惹きつけるものであることを再発見したのだが、このような少ないエネルギー消費のもとでは、人々の欲求を抑え込む形でしか社会とそこにおける技術を構想できないのだろうか。私はそうではないと思う。

近代技術の魅力はさまざまな側面からなると思うが、人間が自分でエネルギーを支出して行ってきたことが機械で代替されることによる快適さ、安楽さ、あるいは利便性や効率の向上ということが中核にあると思う。それは例えば電気洗濯機や電気冷蔵庫や電気掃除機による家事労働の軽減であったり、自動車による移動や運搬の便であったり、ＮＣ工作機械やロボットによる手の労働の代替であったりする。それは消費の場面においては安楽さを、生産の場面においては効率の向上を明確にもたらすものであるから、格好の商品開発の根拠となる魅力であり、そのような商品は資本主義の発展とともに急速に普及してきた。しかし、先にインドネシアでの人々とのつきあいの中ではからずも気づかされたように、私たちはそれとひきかえに自分でモノや他者に働きかける機会や能力を失っていったのではないだろうか。

また近代技術の魅力の別の側面として、人間がもともと生物としてもっている限界を超えて、遠くへ速く移動したり、空を飛んだり、銀河のかなたの星雲までも観察したり、あるいは素粒子のスピンまで認識したりできるということがある。遠隔地の人間と話をしたり、地球の裏側で起きているできごとを目の前の画面で見たりというのも、この範疇に属するかもしれない。しかし、この側面も、例えば休暇に気軽に海外に出かける現代人の旅行の感動が、かつて船でアジアやヨーロッパへ出かけた人々の感動と比べると相当薄められているように、あまりに日常化するとかえって色あせてしまう。

つまり近代技術を利用する量や頻度をふやしていくと、それによって得られる人間の幸福なり充足なりというものは、あるレベルで極大に達し、それ以上に利用をふやすと、人間が本来もっていた能力、もっと伸ばせたはずの能力を失う度合いが高まったり、刺激が弱まったりして、逆に低下していくのではあるまいか。上で述べたエネルギー消費の制約は、近代技術とのつき合い方を調整し、適当な距離を保つにはいい機会なのではないか。近代技術のある側面を利用はするが、その程度をコントロールし、商品化されずに自分でやる部分が保たれ、人間の能力が多様に発揮されていくようなあり方である。

かって先進国の人間が公害問題などで近代技術を批判すると、近代化を求める途上国の人々が「われわれは公害がほしいのだ」と応じたという。そのやりとりはそのまま終わらせては不毛である。おそらく具体的に有効な代替案を創出することではじめて、両者の距離は埋まる。今日の状況においては、いわゆる「途上国」は、開発と貧困の撲滅に焦点を持ちつつも、これまでの近代科学技術の後追いをしてはならず、一方いわゆる「先進国」は、環境に負担をかけない技術への急速な転換をはからねばならない。先に回転円板で小さな例を示したように、「途上国」の適正技術をつくり出していくにあたっては、「先進国」のもつ近代的技術体系から要素を抽出し、それを改変していくことが有効であろう。その一方で住宅のまわりの植樹や水浴びの習慣に見られるような、地域の伝統も生かしたい。私がインドネシア社会とつき合う中で日本人が失ってきたさまざまな能力に気づき、また近代技術の正の側面も相応に評価できるようになったように、「先進国」は「途上国」から多くを学べるし、また「途上国」からの正当な批判なしには「先進国」の技術の見直しも進まないだろう。私たちは想像力を駆使し、それぞれの地域の条件に適した、環境に負担をかけない技術を多様に生み出していかなければならない。

この論文の冒頭で、シュマッハーの適正技術の定義が開発の文脈と近代技術批判の文脈の間でゆらいでいることを指摘したが、私はそれを批判したいわけではない。その二つの文脈の技術が相互に刺激し合い、動的に連携し合う中で、新しい世紀に必要とされる技術体系がそれぞれにつくりあげられていくと考えたいのである。そのような流れを媒介する存在としてＮＧＯの果たす役割は小さくないであろう。

# 第Ⅲ部　地場産業・農村・島嶼——地域の視点から

# 第七章　フィリピン地場産業発展の条件

佐竹眞明

# はじめに

二〇〇一年一月、東南アジアのフィリピンでは、汚職スキャンダルに業を煮やした民衆が立ち上がり、ジョセフ・エストラーダ大統領を辞任に追い込んだ。代わって、女性の副大統領グロリア・マカパガル・アロヨ氏が政権に就任した。思い返すと、前任のエストラーダ氏は九八年、「大衆のためのエラップ（ニックネーム）」というスローガンを掲げて、大統領選挙で圧勝した。エストラーダ氏のさらに前任者はフィデル・ラモス大統領（在職九二〜九八年）だった。ラモス氏は西暦二〇〇〇年までにフィリピンを新興工業国にしようという「フィリピン二〇〇〇年計画」のもと、一定の経済成長を実現させた。しかし、もっぱら、中高所得者、大企業が成長の恩恵にあずかり、農地改革の実施は遅れがちで、国民の半数以上を占める低所得者層は後手に回った。さらに、九七年七月以降のアジア通貨危機の中で、通貨ペソが下落し、原油輸入国フィリピンでは、諸物価が上がり、民衆の生活を圧迫した。そこで、大衆路線を掲げたエストラーダ氏が選挙で圧勝したのである。

しかし、三年間のエストラーダ政権では、大衆・貧しい人々向けの包括的な政策は展開されず、彼の大衆路線は票稼ぎのポーズだったのかもしれない。実際、国内経済に見切りをつけ、海外に出稼ぎに出る人々は跡を絶たない。しかし、フィリピン民衆による、民衆のための政策、発展を考えた場合、「小さな民」が営む土着の地場産業の役割は無視できない。そうした産業は少ない資本で始められ、地域や国内の資源を用い、関連する産業に雇用を生み出し、人々の誇りを培うからである。地場産業は安定したフィリピン経済の基礎となり、民衆の生計向上に大きく貢献できるのである。

本論では内発的発展、もう一つの発展の視点から、地場産業を取り上げる。すなわち、地場産業について、概要、実態を紹介し、さらにその発展の条件を検討する。その際、内発的発展論とも重なるフィリピンにおけるもう一つの発展論の潮流を紹介し、産業の経済的貢献、理論的位置づけも考察する。これらの検証を通じ、ひいてはフィリピンのもう一つの発展、内発的発展とは何かをも考えたい。

## 1　フィリピンにおけるもう一つの発展論

フィリピンにおいても、その歴史・経済・社会・文化的背景を踏まえ、政府による開発政策を批判し、それに対抗する形で、もう一つの発展を求める議論が展開されてきた。

### 民族的工業化論

フィリピンはスペイン（一五六五〜一八九八）、アメリカ（一九〇一〜四一）、日本（四一〜四五）による統治の後、四六年独立したが、戦後も米国による経済的支配を受けた。例えば、戦後復興資金の提供と引き替えに、米国はフィリピン政府に同国内での、米国企業による天然資源採掘を認めさせた。

そうした中で、一九五七年、民族派の上院議員クラロ・レクト（Claro Recto 1890-1960）は「我々は政治的に解放されたが、経済的には全く解放されていない」と指摘した。そうした認識に基づき、レクトは重工業を含め、フィリピン人が所有・経営する企業による工業化、すなわち、民族的工業化（Nationalist Industrialization）

を提唱した。経済的民族主義に基づき、フィリピンの資源はフィリピン人が支配し、その利益のために使われなければならないと主張したのである。さらに、民族的工業化を通じてのみ、天然資源、労働人口に恵まれながらの大衆の貧困、失業、低生産性、貿易不均衡が解決できるとした。(1) こうして、レクトは同様に民族派と呼ばれた上院議員ロレンソ・タニャダ（Lorenzo Tanada）とともに、フィリピン人による工業化、民族的工業化論の基礎を築いた。

この論は現代フィリピンを代表する歴史学者・評論家のレナート・コンスタンティーノ（Renato Constantino 1919-）に継承される。コンスタンティーノは著書『民族主義者のオルタナティブ』（1979）において、米日欧企業によるフィリピン経済支配を指摘し、同国の経済・社会の基本的矛盾はこうした帝国主義と比国民との間にあり、フィリピン人が支配する経済の樹立が求められると述べた。経済の国営部門を強化し、民族資本家を育成し、浸透（トリクル・ダウン）効果ではなく、底辺からの底上げを基本とする。生産物の公正な分配をはかり、国民のニーズを満たすため、生産性を増大し、輸出より、国民の必要を満たすことが先決であるとした。また、外国の援助は最小限にとどめ、土着技術の開発、第三世界の援助が求められるともいう。(2)

こうした自立的経済論は国立フィリピン大学経済学部の研究者にも影響を及ぼし、九一年にはエマニュエル・デ・ジョース（Emmanuel de Dios）らが『民族的工業化についての三論文』と題する著作を著した。(3) こうして、企業進出、貿易、援助を通じ、外国経済の影響を強く受けるフィリピン経済を検討する際、民族的工業化論は依然避けて通れない。なお、この論はフィリピン共産党を含む民族民主戦線（ＮＤＦ）の主張とも共通しており、ＮＤＦは外国企業の接収をも提唱している。

## 発展の基準論

フィリピン大学教授で、同大学第三世界研究所の前所長をつとめたランドルフ・ダビッド（Randolf David）はフィリピンにおける望ましい発展の基準を示した。すなわち、世界経済を支配しようとするＧＡＴＴ（関税と貿易に関する一般協定）―ＩＭＦ（国際通貨基金）が提唱する自由化路線は多国籍企業が途上国市場に一層浸透し、途上国の輸出が増えても、国家の発展に必ずしもつながらないことを隠蔽している。よって、現在の世界経済を公正にし、発展に関する見方を変えなければならないという。具体的には、南の圧倒的多数の大衆が利益を受け、成長が自立的になり、重要な価値観が失われず、環境が破壊されず、文化的多様性が犠牲とならないようにすべきだというのである。(4)

つまり、発展のメルクマールとして、以下の五点を提示している。

［1］圧倒的多数の民衆のためになっているか
［2］経済が自立的か（外資への過度の依存は好ましくない）
［3］伝統、あるいは民族的誇りの重要性
［4］環境保全
［5］文化的多様性の尊重（多民族国家フィリピンを反映している）

## 公正・持続可能な発展論

他方、フィリピンのＮＧＯフィリピン・オルタナティブ・フォーラムは九三年、米国カリフォルニアで開かれたフィリピン・オルタナティブ・フォーラム会議で、「一九九〇年代における公正・持続可能な経済成長――変革運動に対する提案」を提唱した。

すなわち、対外債務支払いによる資本流出、世界銀行・ＩＭＦによる締め付けを取り除き、オルタナティブな発展を図るには、四分野でのプログラムが必要であるという。

それらは［１］農村発展の優先、［２］農工業の相乗的発展、［３］持続可能な工業化、［４］アジア太平洋指向の貿易・工業化である。

［１］では農地改革の徹底、農民の協同組合の支援、［２］では都市中心の工業化を改め、農業に奉仕する産業を起こし、労働力を吸収する。例えば、中小企業による動力耕耘機など農機具生産があるという。これは農民大衆向けの製品を製造する地場産業の発展とも関連してくる。［３］では地方の工業化を進める際も、十分環境に配慮し、台湾、韓国における環境破壊の二の舞を踏んではならないとする。［４］では保護主義の強い欧米日本を排し、アジア太平洋の近隣諸国との地域経済協力を提唱。日米企業による低賃金雇用、環境破壊に対し、アジア太平洋諸国が統一基準を設けるべきとも述べている。[5]

また、フィリピンの環境保護団体「グリーン・フォーラム」のマキシモ・カラウ（Maximo Kalaw）も「新しい経済パラダイムを求めて」と題し、この会議で、報告した。カラウによれば、持続可能な発展のために、次の四点が重要であるという。

［１］アイデンティティー――フィリピン人としての自覚

［２］誰のための開発か――社会的公正

［３］新しい持続可能な経済パラダイム――天然資源の採掘・技術体系・廃棄物処理に関連

［４］生態的保証――民衆に清潔な水・空気、肥沃な土地を保証すべきである。さらに、選挙のみなら

ず、発展過程への参加が必要だという(6)。

以上、フィリピンにおける「もう一つの発展」に関連する議論を概観すると、民族的工業化、公正、民主、環境(持続可能性)、参加という発展過程における基準が示されている。フィリピンの現状を踏まえ、いかに、公正かつ民主的に、環境と調和し、民族の誇りをもたらす自立的な発展を実現するか、発展の目標、方法が論じられている。これらは国連、国際的学会、NGOの活動を通じ、内発的発展論を含む発展論の世界的潮流に影響を受け、また、逆に、発展論の世界的な流れに影響を与えているといえよう。いずれにせよ、民族的工業化、自立経済、公正、民主、参加、環境といった基準はフィリピンの地場産業の分析にも有用な枠組を提供している。

## 2 フィリピンの地場産業

フィリピンでは家電、エレクトロニクス、自動車、オートバイ、洗面用品などは外資系企業を含む大規模製造業が生産しているが、工芸品、食品、靴・衣類などの製造は地場産業が担い続けている。消費財における大規模工業製品、地場産業製品、自家生産物を分類して、**表1**に示しておく。

それではフィリピンの地場産業とは何か。

フィリピンの地場産業とは主に小規模で、国内及び輸入原料に依存し、比較的簡単で、労働集約的な機械・道具を用い、労働を主に地域に依存し、国内外の市場向けに生産を行う産業を指す。一六世紀からの

### 表１　フィリピンの消費財

| |
|---|
| **a.　大規模工業製品**<br>自動車、オートバイ、自転車、コンピューター、タイプライター、カメラ、フィルム、テレビ、ラジオ、カセットテープ・レコーダー、カラオケ、冷蔵庫、洗濯機、電球、時計、歯磨、歯ブラシ、シャンプー、石鹸、洗濯用洗剤・石鹸、香水、デオドラント、金属製の鍋、フライパン、スプーン、フォーク、ステンレス包丁（主に輸入）、保温ポット、プラスチック製バケツ・櫛、鏡、ナイロン制の蚊帳、木綿の毛布、タオル、ボールペン、鉛筆、ノート、インスタント・コーヒー、粉末ミルク（輸入）、砂糖、醤油、化学調味料、食油、酢、ビール、ラム酒、ジン、ウイスキー、清涼飲料、煙草、米・砂糖を入れる硬質ビニール袋、ナイロンロープ、農薬噴霧用のスプレー機、既製服など |
| **b.　地場産業製品**<br>家具（木製、藤、竹）、木彫り製品、真ちゅう細工、貝細工（照明インテリア、装飾品、ペーパーホルダー）、カゴ、ゴザ、ブリヤシ帽子、箒、床磨き、タワシ、グゴ（洗髪用）、みょうばん石・粉末（tawas）、ニッパ椰子の屋根、古タイヤを使ったゴミ箱、鉢、はさみ、農具（鎌、山刀、犂、鍬）、包丁、ココヤシの果肉をこそぐ道具、靴、サンダル、土鍋、かまど、炭（木炭、ヤシ炭）、しゃもじ（ココヤシ殻利用）、煤剪コーヒー、生姜茶、塩、塩辛、魚醤油、ヤシ酢、砂糖きび酢、ヤシ酒、ココヤシ蒸留酒、ニッパ蒸留酒、砂糖きび酒（バシー）、地方銘菓（ココヤシの果肉の入ったブコ・パイ、スマン［ちまき］、おこし）、あひるの卵を孵化寸前にゆでたバルッ、衣類・布製品（刺繍、手織り、一部既製服）など |
| **c.　自家生産物**<br>ヤシ酒、ヤシ酢、ニッパ椰子の屋根素材、農家の鍬・犂の木製の部分、魚のうけなど |

出所：筆者作成

### 表２　フィリピンでの産業規模分類

| 分　類 | 総資本（ペソ） | 従 業 員 |
|---|---|---|
| 零細工業 | 15 万未満 | 1 ～　4 |
| 家内工業 | 15 万～ 150 万未満 | 1 ～　9 |
| 小 規 模 | 150 万～ 1500 万未満 | 10 ～ 99 |
| 中 規 模 | 1500 万～ 6000 万未満 | 100 ～ 199 |
| 大 規 模 | 6000 万以上 | 200 以上 |

出所:総資産について SMED Council, Resolution No. 3, April 20, 1995. 従業員について、BSMBD (Bureau of Small and Medium Business Development), Programs and Services for Cottage, Small and Medium Enterprises, 1988, p. 10.
＊零細工業 Micro industry については NEDA, Resolution No. 1, Feb. 12, 1986.

植民地統治期以前に遡る古い歴史を持つ産業もあるが、比較的近年に創業された業種も含む。所有経営者はフィリピン人、あるいは華人系フィリピン人とする。大規模な資本を投下する欧米日、韓国、台湾等の進出企業は含まない。

補足説明しよう。事業規模では**表2**に示す家内小規模工業がほとんどである。ただし、魚の醤油や塩辛を生産する魚醤《ぎょしょう》産業では三〇〇人以上の従業員を雇う大規模事業体もある。また、同産業では、魚や塩など地域や国内の原料が用いられるが、靴・衣料産業では輸入原料への依存も見られる。また、農具や鋏をつくる鍛冶産業での手打ち鍛造、魚醤産業やココヤシ蒸留酒産業における手作業での製品瓶詰など、労働集約的な工程が特徴的である。一方、労働力は地元依存が大きい。さらに、ココヤシ蒸留酒や織物など製品が専ら地元や周辺州を市場とする地域産業的性格を持つ場合、農具など全国に市場をもっている場合がある。他方、織布、製塩、魚醤、壺生産など長い歴史を有する産業もあるが、刺繍製品は米国統治期、籐製品・家具は一九七〇年代に輸出が盛んになった。

次に、地場産業によるフィリピン経済への貢献度を検討する。フィリピンの一五歳以上の就業者数で、農業・漁業・林業には総雇用の四割以上、製造業には約三割が雇われている。国民総生産にしめる製造業の割合も約三〇%程度である。

そうした製造業のうち、地場産業の実数に近い家内中小企業の事業所数は九三年、全製造業体の九九・〇%、雇用では五四・九%を占めた。付加価値、総販売額では各二八・一%、二八・二%である（**表3**）。だが、九三年センサスにおけるサンプル率は事業員一～四人規模で、二%、五～九人で一〇%といわれる。低いサンプル率はこれら零細家内工業が製造業中、圧倒的多数を占めている実状を物語っており、実際の

## 表３　フィリピンの家内中小工業

①事業所数　②雇用　③付加価値　④総販売額（1983, 1988, 1993 年）

### ①事業所数

| | 1983 | % | 1988 | % | 1993 | % | 83-93 年増加率（%） |
|---|---|---|---|---|---|---|---|
| 家内 | 50, 313 | 89.77 | 69, 446 | 88.31 | 79, 032 | 87.8 | |
| 小 | 4, 512 | 8.05 | 7, 678 | 9.76 | 9, 350 | 10.4 | |
| 中 | 505 | 0.90 | 683 | 0.87 | 753 | 0.8 | |
| 大 | 707 | 1.26 | 828 | 1.05 | 895 | 1.0 | |
| 総計 | 56, 047 | 100.00 | 78, 635 | 100.00 | 90, 030 | 100.0 | |
| 家内中小計 | 55, 330 | 98.72 | 77, 807 | 98.94 | 89, 135 | 99.0 | 14 |

### ②雇用

| | 1983 | % | 1988 | % | 1993 | % | 83-93 年増加率（%） |
|---|---|---|---|---|---|---|---|
| 家内 | 186, 735 | 21.02 | 247, 173 | 22.67 | 317, 896 | 26 | |
| 小 | 127, 450 | 14.34 | 201, 553 | 18.49 | 258, 338 | 21.1 | |
| 中 | 70, 884 | 7.98 | 95, 994 | 8.81 | 96, 570 | 7.9 | |
| 大 | 503, 498 | 56.66 | 545, 389 | 50.03 | 553, 778 | 45.1 | |
| 総計 | 888, 567 | 100.00 | 1, 090, 109 | 100.00 | 1, 226, 582 | 100.0 | |
| 家内中小計 | 385, 069 | 43.34 | 544, 720 | 49.97 | 672, 804 | 54.9 | 23 |

### ③付加価値（1,000 ペソ）

| | 1983 | % | 1988 | % | 1993 | % | 83-93 年増加率（%） |
|---|---|---|---|---|---|---|---|
| 家内 | 1, 380, 737 | 2.43 | 5, 139, 330 | 3.72 | 11, 031, 169 | 3.6 | |
| 小 | 5, 891, 394 | 10.83 | 14, 952, 560 | 10.83 | 44, 753, 813 | 14.4 | |
| 中 | 4, 686, 981 | 8.26 | 13, 808, 882 | 10.00 | 31, 283, 060 | 10.1 | |
| 大 | 44, 800, 528 | 78.93 | 104, 132, 017 | 75.44 | 223, 110, 776 | 71.9 | |
| 総計 | 56, 759, 640 | 100.00 | 138, 032, 789 | 100.00 | 310, 160, 818 | 100.0 | |
| 家内中小計 | 11, 959, 112 | 21.07 | 33, 900, 772 | 24.55 | 87, 068, 042 | 28.1 | 156.78 |

### ④総販売額（1,000 ペソ）

| | 1983 | % | 1988 | % | 1993 | % | 83-93 年増加率（%） |
|---|---|---|---|---|---|---|---|
| 家内 | 1, 859, 281 | 1.14 | 3, 310, 624 | 3.39 | 24, 706, 966 | 3.0 | |
| 小 | 20, 369, 727 | 12.50 | 46, 030, 633 | 11.72 | 127, 824, 199 | 15.0 | |
| 中 | 13, 629, 635 | 8.36 | 44, 006, 651 | 11.20 | 79, 005, 681 | 9.6 | |
| 大 | 127, 092, 322 | 77.99 | 289, 533, 856 | 73.69 | 590, 005, 681 | 71.8 | |
| 総計 | 162, 950, 965 | 100.00 | 392, 881, 764 | 100.00 | 822, 202, 340 | 100.0 | |
| 家内中小計 | 35, 858, 643 | 22.00 | 93, 347, 908 | 26.31 | 231, 536, 846 | 28.2 | 124.04 |

出所：National Statistics Office, *Census of Establishments 1983,1988,1993.*

雇用、付加価値、総販売額における貢献は統計数値より、一〇〜二〇%は高いのではないかと思われる。このように、地場産業は文字通り、経済を底辺から支えており、八〇年から九三年までの一三年間に、いわゆるフォーマル経済が四倍伸びたのに対し、地場産業や露店などを主とするインフォーマル経済は七倍も成長したと推計されている。(7)

こうして、小資本で創業でき、雇用を生み出し、労働集約的技術により雇用吸収力を発揮する地場産業は産業の地方分散、雇用創出、国内資源利用による関連産業への波及効果をもたらしている。

## 3 鍛冶産業と魚醤産業

次に、筆者による調査(八七〜九八年)に基づき、二産業を例に、地場産業の実体をより詳細に検討しよう。

### 鍛冶産業

農具や鋏などを生産する鍛造業の産地は**図1**、**表4**に示す通りである。(8) マレーシア、インドネシアなどと同様に、フィリピンでもニッパヤシ屋根の工房の中、職人たちが手動のふいごで風を送り、木炭やヤシ炭の燃料を燃し、スクラップ鉄を熱し、手打ちで、鎌、鉈、包丁、鋏などをつくる。名人の親方が鼻歌混じりに、相方と組んで、槌をふるい、鋼を挟み込んだ頑丈な山刀をつくる。近くでは、若者が鋼のノミを使い、コン、コン、コン、コンと手際よく、稲刈り鎌の刃(鋸歯《きょし》)をつける。フィリピンの米作や砂糖生産を支える農具はこうした各地の鍛冶工房で造られている。また、理髪、植木剪定、文具用の鋏も力のこもっ

## 図１　フィリピン鍛冶産業　主要産地

## 表４　フィリピン鍛冶産業　主要産地

| 地名（　）内は州名 | 工房数 | 生産品目 |
|---|---|---|
| ①アパリット（パンパンガ） | 約60 | 鎌、山刀、斧、ノミ、つるはし、鍬（くわ）、カンナ、こて、ケーン・ナイフ、キッチン・ナイフ、石工ごて、屠殺包丁、鉈、植木鋏、スコップ、農機具の刃 |
| ②カルモナ（カビテ） | 4 | 鉈、山刀、斧、ケーン・ナイフ、こてなど |
| ③サンタ・ロサ（ラグーナ） | 約15 | 鋏、ニッパー |
| ④バウアン（バタンガス） | 24 | 鎌、山刀、包丁、鉈、カンナの刃、椰子の果肉削り、ナイフ、鍬、穴掘棒 |
| ⑤タアル（バタンガス） | 15 | バリソン（折り畳みナイフ）、狩猟ナイフ、飛び出しナイフ、山刀、ケーン・ナイフ、斧、椰子の実摘み、鍬、屠殺包丁 |
| ⑥タバコ（アルバイ） | 60 | 鋏（床屋鋏、洋裁鋏、皮革用鋏、植木鋏など）、ニッパー、ひげ剃り刃、山刀、ナイフ、ノミ |
| ⑦コタバト（マギンダナオ） | 約20 | 山刀、鍬、鋤、鉈、鎌など |

その他、次の産地もある。南イコロス州カンドン、カガヤン州トゥゲガラオ、パンガシナン州カラシャオ、ウルダネータ、ポソルビオ、ヌエバ・エシハ州ギンバ、パナイ島イロイロ市、セブ州セブ市、ミンダナオ北岸カミギン島など（図１参照）
出所：図表とも
①～⑥筆者による調査。
その他 Metal Industries Research and Development Center (MIRDC), *Metal Working Industry of the Philippines*, 1974；Small Business Assistance Center (SBAC), *Study on the Farm Implements Industry in Region X*, SBAC, 1982；Emmanuel V. Nolasco, Florentino M. Cuasay, *Report on the Visits to the Farm Tools and Cutlery Industries of Pampanga, Batangas and Albay*, 1982, MIRDC；SBAC, *Farm Implements in North Cotabato, Region XII*, 1983；NACIDA Region 3, Registered Metalcraft Producers Situationer in Apalit. Pampanga, Aug., 1986 及び、MIRDC 技官 Nolasco Lorenzo 氏へのインタビュー（94年8月31日）

中部ルソン、パンパンガ州アパリット町の鍛冶屋。山刀を製造中

た作業を通じ、丹念につくられる。こうして、各産地には三〇～六、七〇の生産者が集まり、鍛冶産地が形成されている。

大都市のデパートでは高品質の輸入鎌、鍬も売られるが、国産農具は公設市場《いちば》や露店ルートで販売され、国内市場をほぼ押さえている。ただし、鋸、斧、かんな、台所包丁、果物ナイフなどは輸入品の市場占有率が高い。大工用具は米国、ステンレス包丁は日本、医療器具はドイツ製といった具合である。

鋏でも、国内消費の約六割が輸入であり、中国や日本製のステンレス製品は主にデパートや大型文具店で、国産の鉄鋏は公設市場《いちば》や露店で販売される。製品の輸入代替が課題となっている。

次に、鍛冶産業では板バネや車輪枠といったスクラップ鉄、または建築用の補強棒が原料となる。産業科学省の金属産業研究開発センター（ＭＩＲＤＣ）が質のよい高炭素鋼の使用を促しているが、価格差から、零細な生産者はより安価な前記の素材を使う。鋼材を生産する産業が確立していない点が問題である。一方、燃料としては、地元で生産される木炭、またはヤシ炭が用いられ、関連産業への波及効果がみられる。他方、金床、ふいご、グラインダーといった工具は輸入されており、資本財産業の脆弱さもうかがえる。

生産工程の機械化については、唯一カビテ州カルモナ町の三、四軒ほどの工房が動力ハンマーを用い、鉈、広刃鎌を生産しているが、他の産地では機械生産は実現していない。

例えば、バタンガス州バウアン町の工房は大型プレス機を導入したが、原料の鋼鈑を日本から輸入していたため、八三年、フィリピンの外貨危機の際、輸入が停止し、機械生産は挫折した。また、鋏の産地、ビコール地方アルバイ州タバコ町では機械導入を目指し、生産者組織が結成されたが、外部融資への返済が滞り、また、生産者同士の個人的対立もあり、集団的努力は実を結ばなかった。

なお、産業に対する政府の支援としては、六二～八七年に存在した家内工業開発庁（NACIDA）による五年間の免税措置、前記MIRDCによる研修、通商工業省による生産者組織結成の呼びかけ等がなされてきた。ただし、MIRDCの支援のように、技術・金融支援が同時に提供されず、包括性に欠け、また、生産者組織の活動と政府支援とがかみ合わず、関係者の努力にもかかわらず、産業の活性化につながっていない。

**魚醤《ぎょしょう》産業**(9)

魚醤とは長期間生魚を塩漬けし、胃の消化酵素の働きによって、魚肉の蛋白質を分解させ、うまみ成分であるアミノ酸を生み出し、得られる発酵食品である。製品としては、塩辛と、その上澄み液である魚醤油を指して、魚醤と呼ぶ。日本にもイカ、鰹の塩辛や秋田のショッツル、能登のイシルといった魚醤油があるが、調味料として一般に醤油、味噌が中心である。一方、東南アジア、東アジアの一部では塩辛や魚醤油は調味料、たれ、総菜として、食文化の中で不可欠な存在となっている。例えば、魚醤油として、タイのナンプラー、ベトナムのニョクマム、塩辛として、インドネシアのテラシ、朝鮮半島のジョッカルなどが知られる。東アジアでは、大豆や麦を用いた「穀醤」文化が主であるのに対し、東南アジアでは魚を使った「魚醤」文化圏が成立している。[10]

フィリピンでもルソンで、魚・小エビの塩辛、魚醤油、ビサヤ地方で小エビの塩辛が賞味される。ある消費調査によると、マニラ首都圏では対象家庭二〇〇軒の九六%が魚醤油を使っているという。同国では塩辛はバゴオン(bagoong)、魚醤油はパティス(patis)と呼ばれ、食卓、台所で愛用される。

さて、フィリピンの魚醤産地は北部ルソン地方パンガシナン州リンガエン町、マニラ首都圏ナボタス、マラボン町、南部タガログ地方バタンガス州バラヤン町、及び、ビコール地方、ビサヤ地方などである。ルソン内の各産地には二、三〇〜六〇の生産者が集中している(図2、表5参照)。

歴史を遡ると、一七世紀スペイン人がフィリピンでの魚醤消費を記録しており、[11]地元の漁業資源と塩が結びつき、各産地が形成されていったようである。例えば、パンガシナン州のリンガエン湾は豊富な漁場であり、また、三〜五月の乾季、気温が上がり、降雨量が激減する西岸性の気候により、有数の塩田地帯であった。パンガシナンという地名自体「塩をつくる場所」Pang-asin-an《パン・アシン・アン》(アシンは塩という意味)に由来する。そうした漁業と製塩業が結合し、パンガシナン塩辛、及び、魚醤油の製造が拡大していった。また、市場拡大には塩辛好きといわれる北部ルソンのイロカーノ民族による貢献も見逃せない。一八〇〇年代にはパ

### 図2　フィリピン魚醤産業　主要産地

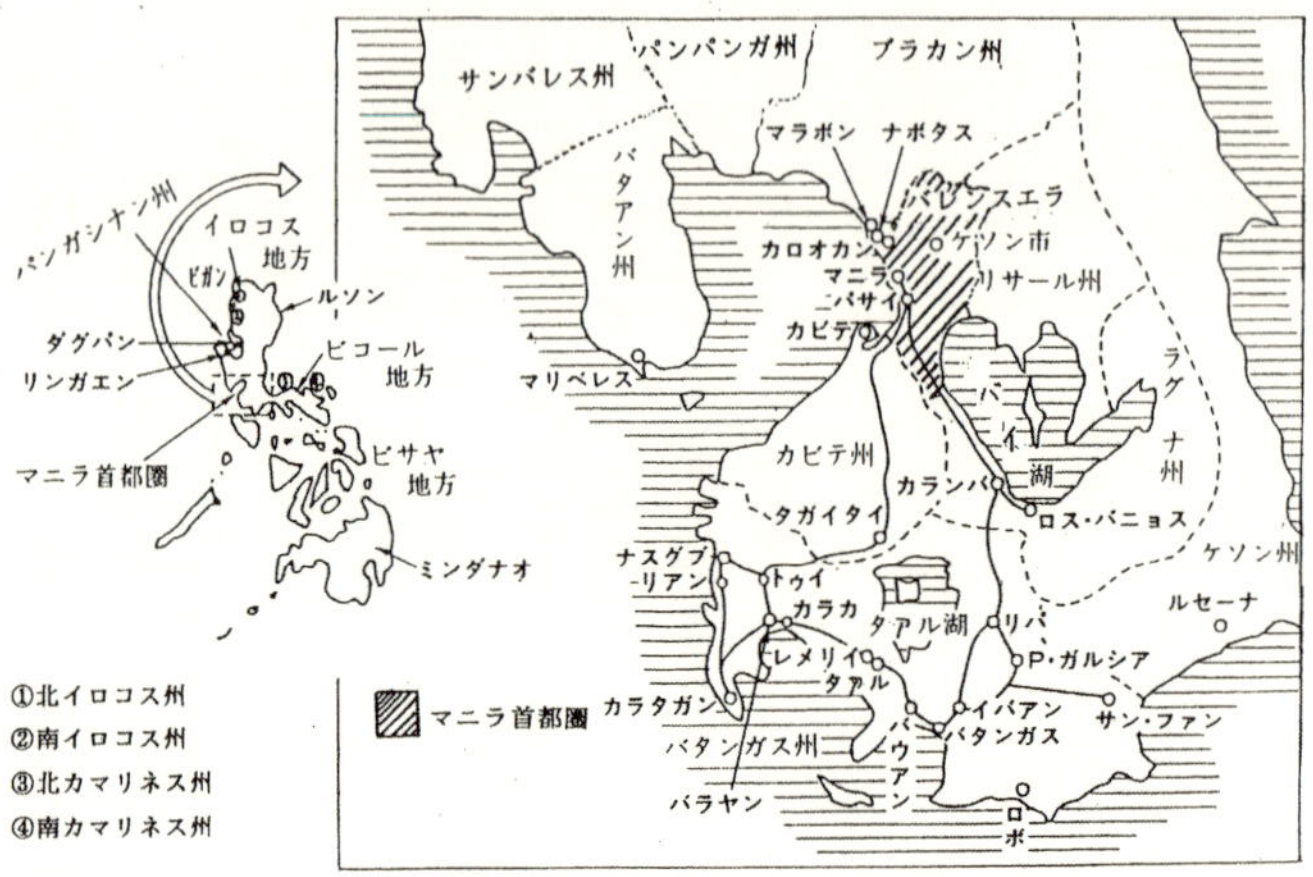


出所：Petrophil Corporation, *Pilippine Motorist's Road Guide*, 第７版よりトレース加筆

### 表５　フィリピン魚醤産業　主要産地

| 地名　（　）内は州名 | 生産者数 | 生産品目 | 備考 |
|---|---|---|---|
| ①リンガエン（パンガシナン） | 約60 | 魚・小エビの塩辛、魚醤油 | 小魚が原形をとどめる塩辛に特徴あり |
| ②マラボン（マニラ首都圏） | 3 | 魚醤油 | 国内最大の魚醤油メーカールフィナ社あり |
| ③ナボタス（マニラ首都圏） | 約24 | 子エビ塩辛、魚醤油、魚の塩辛 | 魚醤業界2、3位のロレンサーナ、テンタイ社あり |
| ④バラヤン（バタンガス） | 約25 | 魚の塩辛、魚醤油 | グラインドされた液状の塩が特徴的 |

その他、ビコール地方やビサヤ地方では子エビの塩辛が生産されている。
出所：筆者による調査

ンガシナン沿岸部の塩辛と北部・中部ルソン内陸部の米とが交換交易されていたという。

次に、事業規模に触れると、バタンガス州バラヤンでは従業員数から、家内工業事業体がほとんどだが、パンガシナン州リンガエンでは生産者が複数輸出に従事し、小規模工業となっている。さらに、マニラには従業員三〇〇人以上を雇用し、大規模工場で、大量生産につとめる三大メーカー、ルフィナ、ロレンサーナ、テンタイ社がある。これらは今世紀初頭、あるいは戦後独立後、家内工業として、事業を開始、規模を拡大し、現在は製品輸出にまで至っている。鍛冶産業と異なり、著しい事業の拡大が見られるのである。

　市場としては、パンガシナン製品は北部・中部ルソン、マニラ首都圏が中心である。瓶詰めされず、市場《いちば》の店やよろず雑貨店サリサリ・ストアで、量り売りされる。フィリピン人移民の多い米国にも輸出される。マラボン、ナボタスの小エビ塩辛も量り売りされるが、魚醤油は瓶詰めされる。特に前記大手企業の製品はマニラ首都圏、中部ルソンのみならず、ビサヤ、ミンダナオを含む国内全国、さらに、米国、中東など、やはりフィリピン系移民の多い国にも出荷される。一方、バタンガスの塩辛、魚醤油は州内や、カビテ、

バタンガス州バラヤン町の魚醤加工場。発酵・熟成を進めるため、壺の中をかきまぜる

ラグナ州など隣接州を中心に、流通し、地域産業的色彩が濃い。

次いで、魚醤産業では漁業、製塩業など関連産業への波及効果が注目される。現在、リンガエン湾は海洋汚染やダイナマイト漁法により、漁獲が減少し、原料需要をまかないきれず、パンガシナンの生産者はケソン州やビコール地方からも魚を仕入れる。バタンガス州バラヤンでも製糖工場や日本の政府開発援助で建設された火力発電所からの排水で、バラヤン湾が汚染され[12]、地元の漁獲では不十分となり、一部生産者は同様にケソン州、ビコール地方で魚を買い付ける。

また、バラヤンでは地元の漁師が豊漁期の乾季に魚を全量出荷せず、庭先の壺に塩漬けし、三、四～六か月、発酵させ、半製品とし、魚醤生産者に売る。高さ五〇cm、口周り四〇cm、一番太い部分の直径六〇cmあまりのずんぐりした壺に入った原価約一〇〇ペソの魚は発酵させると、三〇〇ペソとなる。塩の費用を考えても、漁民にとって、相当の付加価値であり、漁村経済への波及効果は大きい。

さて、リンガエンとバラヤンでは生産者組織が結成されている。前者には三二生産者が集まる居住バランガイ(行政の末端単位)二つの名前をつけたマニボグ‐パガピサン塩辛販売者連盟がある。七八年結成され、魚、塩など原料の購入価格、製品の卸売価格の統一を申し合わせ、また、製品出荷に使うヤシ袋を委託生産し、会員に安価で販売している。

一方、バラヤンには生産者八名によるバラヤン塩辛生産者連盟がある。この連盟はポリビニールのキャップシールを委託生産し、会員に安く分け、かつ、地元の公設市場《いちば》で非会員にも売る。販売代金と、拠出金一人一〇〇〇ペソを利用し、組合員に融資も行っている。さらに、製品を入れる瓶の自主生産も試みたが、フィリピンでは瓶の製造コストが高く、製造企業(ビールで有名なサンミゲル社)に高額の前金を要求され、成功しなかった。

こうした生産者組織は政府支援の受け皿ともなってきた。例えば、八六年、科学技術省下の産業技術開発研究所はバラヤンの連盟メンバー八名をマニラの研究所に招き、研究所開発の濾過器、瓶詰機、麹を用いた生産について、説明した。このうち、生産者は日本の味噌、醬油生産に使われる発酵促進剤たる麹に興味をもった。通常魚醬生産では一〇か月から一年、発酵期間を要するが、麹を使えば、三か月で、発酵が完了する。資本投下から、回収まで時間がかかる産業にとって、魅力的な技術であった。そこで、バラヤンに戻った二生産者が、研究所の指導に従い、麹を用い、魚醬をつくった。しかし、研究所が麹の培養素地として、ココナツの果肉を用いたため、できた塩辛はココナツミルクの味がした。麹菌も研究所から購入せねばならず、風味、コストの点で、麹使用は適正技術とならなかった。

ついで、研究所は八八年、リンガエンの生産者連盟に麹導入を図ったが、同様に、塩辛がココナツ味となり、また、赤かびも生え、新機軸導入は失敗した。

とはいえ、こうした生産者組織の存在は前述のように、同業者の結束、破壊的競争の抑制という面で一定の効果を上げているようである。

なお、政府からの優遇策に関し、バラヤンの生産者の半数が前述NACIDAに登録し、免税の恩恵を受けた。生産者は製品のラベルに同登録と記し、政府のお墨付きをトレードマークにした。リンガエンでは通商工業省パンガシナン州支局が海外バイヤーを紹介したり、地元の生産者連盟を受益者として、カナダの国際開発局（CIDA）に瓶詰工場建設への支援を要請している。マニラの大手メーカーも政府機関国際貿易センター（ITC）を通じ、外国輸入業者とのコンタクトにつとめている。

以上、十分とはいえないにせよ、鍛冶産業と比べて、魚醤産業では政府機関と生産者、生産者組織との協調が一定の成果をあげているようである。

## 4　フィリピン地場産業発展の条件

### もう一つの発展論に基づく分析

次に、フィリピンにおけるもう一つの発展論に基づき、これら二産業を検討してみよう。

**［民族的工業化論］**　民族的工業化論の視点から考えると、民族系企業が主導する大規模工業と小工業の成長が並行し、または統合されなければならない。そこで、大小規模の製造業、あるいは諸産業間の連関関係を検討する必要がある。鍛冶産業では関連産業として、炭生産があるが、原料の鋼材、資本財の工具、グラインダーはスクラップか輸入品が使用され、十分な国内後方連関が生じていない。つまり、関連産業への波及効果が乏しく、輸入依存により、外貨も流出している。したがって、原料の安定供給、国内の雇用創出のため、民族系サポーティング産業が育成されなければならない。

他方、魚醤産業では漁業、製塩業などへの後方連関効果があり、国内資源の活用により、外貨を流出させず、さらに、輸出により、外貨を獲得している。瓶は廃品回収業者を通じ、リサイクルされ、比較的高価であり、瓶製造業の弱さが窺えるものの、全般的に、魚醤産業は雇用創出も含め、地域経済に貢献しているといえよう。原料・投入財を含め、産業の再生産システムがフィリピン人によって、掌握され、民族的工業化・自立経済論の立場から、魚醤産業は肯定的に評価できる。

【発展の基準】　公正の観点から、産業従事者の人間としての可能性実現を検討しよう。魚醤産業では多くの生産者が一定の収入を確保し、子息に高等教育を受けさせている。一方、鍛冶産業では零細生産者は生産の季節性のため、事業を休止する時期もあり、経営者の収入は不安定で、子息に十分教育を施せないケースもある。

また、両産業において、従業員の福利厚生は十分保証されていない。一般に、地場産業では学歴を問わず、雇用がなされ、非就学青年に就業機会が提供されているが、パキアオ（pakiao）と呼ばれる出来高制を通じ、賃金が支払われ、最低賃金が遵守されない。むしろ、鍛冶・魚醤産業を含め、地場産業は低賃金労働に依存して、生き延びてきた側面もある。

【発展過程への参加】　両産業で、経営者による組織結成がみられた。こうした組織はフィリピン社会・経済全体の変革を指向しているとはいえず、また、全国的な労働・市民運動などとの連携も見られない。しかし、既述のように、地場産業は現在、相当数の人々の生活を支え、今後のフィリピン経済・社会を展望する際、その果たし得る役割は無視できない。その意味で、地場産業に従事する人々の動勢は見逃せない。また、タイの自助運動指導者スラック・シワラックは「真の発展とは基本的貧困・不公正と戦うことである」と述べた[13]。外資系企業を含む大企業と比べ、銀行などから融資を受けにくく、疎外されてきた産業の経営者はそうした不公正に立ち向かっており、一定評価されてしかるべきである。さらに、生産者の取り組みは貧困など、構造的暴力をその被害者たちが克服する主体的かつ意識的営為の過程ともいえ、「自力更生」[14]的要素も見られる。いずれにせよ、公正、民主・参加的で環境と調和するフィリピンの「発展」を検討する際、民衆の生活に深く結びついている地場産業は無視できない。加えて、それら生産者の努力は全国的運動体と連携されるべきである。ともかく、鍛冶・魚醤産業において、経営者に関しては、産業の発展、ひいてはフィリピンの「発展」過程への参加の試みがあった。

しかし、両産業において、一般従業員、労働者はこれらの組織や事業経営から除外され、労働組合も結成されておらず、発展過程への参加という点で問題がある。

【持続可能な発展】　両産業とも使用される技術は小規模で、小資本で調達できる。労働吸収的でもあり、人々が参加しやすく、適正技術的要素を持つ。鍛冶工房ではグラインダー作業にともなう粉塵鉄粉、魚醤加工場では発酵タンクの洗浄排水の問題もあるが、大規模製造業と比較して、産業自体、環境破壊的とはいえない。スクラップ鉄やリサイクル瓶の使用では資源の循環も見られる。

以上、概略検討すると、もう一つの発展論から、両産業は連関効果、経営者の生活安定、組織的取り組み、資源の有効活用などの面で、肯定的に評価できる。他方、（一部）関連産業の弱体、労働者の厚生、その発展過程への未参加、労働環境といった点で、問題がある。フィリピンの地場産業全般においても、同じような評価点、問題点が見受けられる。では、いかに、これらの問題は克服できるか。

## フィリピン地場産業の発展

【産業の発展とは】　まず、産業の発展とは何か。魚醤産業では個人的努力によって、輸出まで事業を拡大した例もあったが、規模の顕著な拡大がなくとも、生産者組織結成を通じ、販売を安定させ、事業の基礎を固めることも産業の発展といえよう。こうした事業の拡大や安定は経営者やその家族の生活安定につながりうる。さらに、その発展過程においては、労働者やその家族の厚生も充実されなければならない。

**［発展のための諸条件 a——政策[15]］**　フィリピン政府はラモス大統領の下で、『フィリピン二〇〇〇年計画』、『中期フィリピン開発計画一九九三〜一九九八』に基づき、積極的に外国企業を誘致した。『二〇〇〇年計画』は西暦二〇〇〇年までにフィリピンを新興工業国にしようとする経済構想であり、国民総生産の成長率を年間平均六〜八％、貧困率を全人口の五〇％から三〇％に減らそうとした。その実現を図る施策が『中期計画』であり、国際競争力と民衆の強化（ピープルズ・エンパワーメント）を二大テーマとした。輸出指向経済は経済のパイを拡大し、民衆のエンパワーメントはパイの増大を助け、その公平な分配をもたらすとした。カビテ、ラグナ、バタンガスなど、いわゆるカラバルソン地方の工業用地、及び、九二年撤退した米軍基地の跡地を利用したスービック、クラーク工業団地への外国企業進出は著しく、一定の雇用は生み出された。国民総生産（GNP）は九四年、五・三％、九五年、五・七％、九六年七・二％、九七年、五・二％成長した。

しかし、九七年後半のアジア通貨危機、九八年前半の干ばつの影響を受け、エストラーダ政権が誕生した九八年、GNP成長率は〇・一％となった。会社の倒産、操業短縮、人員整理が続き、同年、国内で創出された雇用は一九万六〇〇〇人だけだった。他方、それまで、年間四〇〜五〇万人代で推移してきた海外出稼ぎは、九八年、史上最大の七五万五六八四人となり、国内雇用の三倍以上に及んだ。実際、在外フィリピン人によるフィリピンへの送金はGNPの七・二％に達し、輸出による外貨獲得額と比較すると、その一六・七％となり、最大の外貨獲得源となった。[16] こうして、国内経済の立て直しが急務である事は変わらない。

エストラーダ政権は『一九九九〜二〇〇四年中期開発計画』のもと、経済再建を目指し、Angat Pinoy

（フィリピン人、立ち上がり）を合言葉に、外資導入路線を継承、九九年、GNP成長率を三・六％とした。だが、アロヨ政権が発足した現在でも民衆の厚生を充実させる地場産業への政策は依然課題を抱えている。

実際、地場産業支援策として、アキノ政権（一九八六〜九二）下、九一年制定された小企業憲章（共和国法第六九七七号）に基づき、小企業保証融資公社が発足し、また、官民の金融機関に対する小企業向け融資の強制配分措置（各機関の総融資の五〜一〇％）も実施されている。これらを通じ、今日、小企業向けの融資は増加しているが、より規模の小さな家内工業に対する金融支援は依然限られている。

また、九一年から九四年まで、主に家内工業への税制優遇策として、従業員二〇人以下の事業体を対象に、主要な国税、地方税を免除する「カラカラン20」法（共和国法第六八一〇号）が実施された。町や市役所に登録すれば、各事業体は五年間免税措置が受けられるという措置であった。しかし、対象事業体の約一〇％が同法の恩恵を受けただけであった。政策の宣伝不足、税収減をおそれた町や市が協力を控えたこと、免税措置は受けられるものの、年間手数料を支払う必要があったこと、などが理由だった。

また、政府機関・支援プログラムの重複・協調の不足、諸機関の首都圏集中など、支援援政策・体制自体にも問題が見られる。

現在も続く外資系企業の誘致は一時的な経済のカンフル剤にはなりうるが、国内産業への波及効果拡大につなげない限り、国内雇用力を備えた安定した経済を生み出しにくい。例えば、日系の自動車や家電メーカーが日本の関連企業をフィリピンに呼び寄せている。こうした企業進出が一層の企業進出を呼ぶというパターンは民族的工業化を阻み、国内地場産業の成長につながらない。

また、世界貿易機関（WTO）やアジア太平洋経済協力（APEC）が推し進めてきた貿易自由化の流れの中で、地場産業の製品もより厳しい競争にさらされるようになった。米国や日本製の工具や刃物の流入も増えた。世界最大の魚醤油輸出国タイから、フィリピンにもナンプラが輸入され始めた。マニラ首都圏の靴産地マリキナの生産者も、安価な中国製品流入を憂えている。貿易自由化は地場産業の輸出拡大にもつながるが、充分な育成策も同時に推進しなければならない[17]。

さらに、組織やプログラムの統合など、効率的な政策を提供しつつ、州や地方単位での技術・経営研修所、研究所の設立も求められる。そのためには財政的裏付けが不可欠であるが、現実には国家予算の四分の一が国内外の債務支払いに充てられ、財源難が深刻である。そのため、地場産業向けのプログラムも海外援助に依存する割合が大きい（表6参照）。しかし、蓄積する債務支払いを考慮すると、膨大な額に及ぶ脱税を取り締まり、土地や動産への課税を強化し、富める階層から資金を回収する方が望ましい。

**［発展のための諸条件b——生産者による取り組み］**　生産者組織は魚醤産業で見たように、政府支援の受け皿となりうる。個人の努力による事業拡大もあるが、資本や販路で限界のある零細な生産者にとって、集団的努力は事業拡大・安定のため、より効果的な手段となりうる。

**［発展のための諸条件c——労働者の取り組み］**　労働者の厚生について、賃金の上昇は家内工業の存立を脅かすという主張もあるが、むしろ、政府・労働雇用省は最低賃金の引き上げ、その遵守の徹底監督をはかるべきである。そうした圧力を通じ、経営者が組織結成を通じて、安価な原料入手、合理的な生産・経営に努めるようにし向けるべきである。労働者の厚生は産業の底上げによって、改善されうるが、もう一つの発展、人権という観点から、現時点で、労働者の不公正な状況を改善すべきである。一方、労働者・従業員自身の取り組みも求められ、労働者の組織化を促す全国的な労働組合の働きかけも重要である。

## 表6　フィリピン政府による地場産業向けの主要プログラム

| プログラム・機関名 | 執行・管轄機関 | 財源・海外からの援助 |
|---|---|---|
| **1．融資** | | |
| ①工業保証貸付基金（IGLF=Industrial Guarantee and Loan Fund） | 中央銀行 | 世界銀行＊ |
| ②工業保障貸付基金零細融資プログラム（IGLF-MFP=Industrial Guarantee and Loan Fund Microfinancing Program） | 中小企業開発局（BSNBD） | フィリピン政府 |
| ③農業中小工業貸し付けプログラム（A-SNILE=Agriculture, Small and Medium Industries LendIng Program） | フィリピン開発銀行 | 社会保険制度（SSS） |
| ④輸出工業近代化プログラム（EIMP=Export Industry and Modernization Program） | 技術生計資源センター | フィリピン政府 |
| ⑤農工業技術移転プログラム（AITTP=Agro-Industrial Technology Transfer Program） | 同上 | 国際協力銀行（日本） |
| ⑥民衆援助ー自営業融資支援プログラム（TST-SELA=Tulong Sa Tao-Self Fmployment Loan Assistance Program） | 中小企業開発局 | フィリピン政府 |
| ⑦新生活向上運動（Bagong Kilusang Kabuhayan at Kaunlaran） | 技術生計資源センター | フィリピン政府 |
| ⑧都市生計融資プログラムー企業開発融資計画（ULFP=EDFS=Urban Livelihood Financing Program-Enterprise Development Finansing Scheme） | 同上 | 世界銀行 |
| ⑨輸出工業近代化プロジェクトⅡ（Export Industry Modernization ProjectⅡ） | 同上 | 国際協力銀行（日本） |
| **2．融資保証** | | |
| ①小企業保証融資公社（SBGFC=Small Business guarantee and Finance Corporation） | 中小企業開発協議会<br>通商産業省 | フィリピン政府 |
| ②フィリピン輸出海外融資保証公社（PHILGUARANTEE=Philippine Export and Foreign Loan guarantee Corporation） | — | — |
| ③中小工業輸出信用保証プログラム（ECGP-SMI=Export Credit Guarantee Program for Small and Medium Industries） | 上記公社と商業銀行 | 同左 |
| ④中小企業保証基金（GFSME=Guarantee Fund for Small and Medium Enterprises） | | |
| **3．ベンチャー資本支援** | | |
| ①ベンチャー資本公社（VCC=Venture Capital Corporation） | フィリピン政府と民間商業銀行 | 同左 |
| **4．技術研修** | | |
| ①中小企業訓練プログラム（Training Programs for Small and Medium Enterprises） | 中小企業開発局、通商産業省地方・州支局 | 国内外の資金 |
| ②家内工業技術センター（CITC=Cottage Industry Tchnology Center） | 通商産業省 | 日本政府のプロジェクト方式技術協力＊＊（1966－1972） |
| ③フィリピン製品開発デザインセンター（Product Development & Design Center of the Philippines） | 同上 | フィリピン政府 |
| ④フィリピン貿易訓練センター（PTTC=Philippine Trade Training Center） | 同上 | 日本政府の無償協力、プロジェクト方式技術協力＊（1987－1992） |

| | | |
|---|---|---|
| ⑤国家マンパワー青年協議会（NNYC=National Manpower and Youth Council） | 労働雇用省 | フィリピン政府 |
| ⑥金属工業研究開発センター（MIRDC=Metals Industry Research and Development Center） | 科学技術省 | 日本政府のプロジェクト方式技術協力＊（1980-1986） |

### 5．調査研究

| | | |
|---|---|---|
| ①フィリピン大学小企業研究所（UP-ISSI=University of the Philippines, Institute for Small Scale Industries） | 教育文化スポーツ省 | フィリピン政府（オランダ政府の援助も受けた） |
| ②小企業研究開発財団（SERDEF=Small Enterprises Research & Development Foundation） | — | 国内民間資本 |
| ③産業技術開発研究所（ITDI=Industrial Technology Development Institute） | 科学技術省 | フィリピン政府 |

### 6．販売奨励

| | | |
|---|---|---|
| ①輸出貿易奨励局（BETP=Bureau of Export Trade Promotion） | 通商産業省 | フィリピン政府 |
| ②国内通商奨励局（BDTP=Bureau of Domestic Trade Promotion） | 同 | フィリピン政府 |

### 7．全　般

| | | |
|---|---|---|
| ①中小企業開発局(BSMBD=Bureau of Small and Medium Scale Business Development) | 通商産業省 | フィリピン政府 |

出所：Lapar, Ma Lucila A, "Growth and Dynamics of Small and Microenterprises ; Does Finance Matter?," Working Paper Series No. 91-12, Philippine Institute for Development Studies (PIDS), Aug. 1991, pp. 21-22； Institute for Small-Scale Industries, University of the Philippines (UP-ISSI), *Small & Medium-Scale Enterprises in the Philippines, : an overview, 2nd revised ed.*, UP-ISSI, 1989 pp. 31, 37-39；DTI *Annual Report 1990*, Department of Trade & Industry (DTI), 1990, pp. 40-44； Ramon M. Quesada, "Micro Impacts of Macroeconomic Adjustment Policies (MIMAP)；A Framework for the Philippine Industrial and Informal Sectors", Working Paper Series No. 92-20, PIDS, 1992, pp. 45-46； 外務省経済協力局編『我が国の政府開発援助』国際協力推進協会発行、1990年版、109ページ、1992年版、117ページ。

注：
＊　下線は海外からの援助
＊＊　プロジェクト方式技術協力とは「研修員受入れ」、「専門家派遣」、「技術供与」を組み合わせ、数年間（通常5年）行なう無償協力。施設の建設を含むこともある。

**【発展のための諸条件d——援助・NGO】**　海外からの地場産業に対する援助については有効に活用されなかった例もあるし、[18]一定程度、活用されているといえる例もある。また、北の国のみならず、南の国・地域同士の協力も求められる。

また、国内外のNGOとの協力も必要である。フィリピンでもバングラデシュのグラミーン銀行方式により、グループ・アプローチをとって、小規模雑貨店（サリサリ・ストア）や養豚などの生計事業に融資をするNGOがある。[19]また、前掲グリーン・フォーラムはスーパーマーケットと提携し、資源循環の視点から、地場産業が製造するブリヤシの買い物袋の使用を奨励した。さらに、融資や技術援助などは経営体における労働・雇用条件も考慮し、労働者搾取を再生産・強化するような形で、援助が提供されてはならない。

**［発展のための諸条件 e――他の産業・部門での諸改革・政策］**　最後に、地場産業の発展のみがフィリピンの「発展」につながるとはいえない。他の産業や部門における諸改革・政策も重要である。例えば、公正な所得分配を達成するため、徹底した農地改革や累進課税の実施が求められる。これは地場産業にとっても、国内市場の拡大、支援政策の財源拡充につながる。また、民族的工業化・経済的自立の立場から、大規模製造業や関連産業におけるフィリピン企業の成長が求められる。これも、下請け、産業連関の強化、安定した投入財の供給という点で、地場産業の発展に貢献しうる。さらに、効率的な政策運営、組織の統廃合、汚職の追放も地場産業にとって、有利な政策環境を生み出す。

こうして、フィリピンの発展につながる諸産業・部門での改革・政策は地場産業発展の条件ともなる。逆に、地場産業の発展を促すような政策はフィリピンの望ましい、もう一つの発展の実現にも貢献しうる。さらに、諸政策・改革の実施と並んで、地場産業の成長がはかられるならば、地場産業は公正、民主的、参加的、環境と調和したフィリピンのもう一つの発展達成に寄与できよう。こうして、貴重な労働力を輸出する海外出稼ぎに依存することなく、自立的な経済を樹立する上で、地場産業は不可欠な役割をもっている。[20]

# 第八章　バリ地域社会の内発的ダイナミズム

中谷文美

# はじめに

先進工業諸国がたどってきた近代化の過程とは異なる発展のありかたを模索する「内発的発展論」あるいは「もう一つの発展論」に共通する特徴は、発展の担い手を取り巻く社会・経済構造の改革に担い手自身が主体的に参加する過程を重んじるところにある。[1] たとえば非西欧社会の視点による発展の内発性を強調するとき、鶴見和子は個々の地域における文化遺産としての「伝統のつくりかえの過程」、そして地域住民の自己変革と主体性が重要であると述べている。[2] そのような内発的発展は、発展過程にある地域の住民が各々に固有の環境、伝統文化（鶴見によれば文化遺産）などを踏まえたうえで外来の知識や技術、制度を取捨選択しながら「自律的に創出する」ものであるから、[3] 必然的に多様な道すじをたどることになる。

ところがいわゆる発展途上国の地域社会において、旧来の近代化論に基づいた中央政府の開発路線を拒否し、それに替わる（オルターナティヴな）発展の型を模索・実践するような試みが、ある種の社会運動として起こるとき、その担い手たちは必ずしも開発の進む地域の住民じしんであるとは限らない。むしろ、非営利民間組織（NGO）と呼ばれる存在が、貧困化や権利の剥奪など政府主導型の開発がもたらす弊害を批判し、そうした負の側面を引き受けさせられる民衆のニーズを正確に汲みとろうとする「能動的媒介者」[4] の役割を果たしていることが多いといえる。

このようなNGOをあえて大ざっぱに類別すると、発展途上国の内部で直接開発プログラムに従事するいわゆる「南のNGO」と、途上国の外から技術的な援助をおこなったり途上国のNGOに資金を供与したりする「北のＮＧＯ」とに分けられるが、技術・資金面以外にも両者が密接な連携をとり、民衆の側に立った開発のヴィジョンを提起したり、各国政府のみならず国際機関や多国籍企業を対象に広範なアドヴォカシー活動を組織したりする例も増えている。[5] 世界の貧困問題や環境問題の解決の糸口さえ十分つかめていない今日、特定の地域やその住民のニーズに即した対応が可能なＮＧＯの役割は依然として重要である。だが、ＮＧＯの多様化が進み、規模も拡大するなか、オルターナティヴな開発の旗手と目されたＮＧＯの活動のありかたを批判的に検証する動きも出てきた。[6] つまり、ＮＧＯでありさえすれば内発的発展に寄与することができる、といった単純な理解はもはや通用しなくなっているといえるだろう。

すでに触れたように、仮にＮＧＯが開発の現場にもっとも近いところにいたとしても、それはあくまでも外部から働きかける存在であり、当事者自身ではない。デビッド・コーテンは開発の担い手をめぐる議論のなかで、政府、企業、ボランタリー組織（＝ＮＧＯ）を第三者組織と呼び、それにたいして第四のセクターを形成しているのが民衆組織であるという類別を提示している。ここでコーテンのいう民衆組織(people's organization）は、次の三つの特性を備えるとされる。

［1］ メンバーの利益への奉仕に正当性の根拠を置く、互恵的な集まりであること。

［2］ 最終的な権限がリーダーにでなく、メンバー自身にある、民主的な構造をもつこと。

［3］ 存続していくうえで、部外者のイニシアチヴや資金に依存しない、自立的な組織であること。[7]

具体的な民衆組織の例としてコーテンが挙げているものには協同組合、土地なし農民の組合、水利組合、労働組合などがあるが、重要なのはこの民衆組織が当事者組織であるという点である。民衆中心の開発を進めるうえでとくに民衆組織の役割を重要視するコーテンは、次のように述べている。「開発に携わるボランタリー組織のほとんどが取り組んでいる中心的課題は、社会構造を下から構築しなおし、政治的、経済的な機能をもっと民衆組織に分割、移管していくことである。そのプロセスには、民衆組織を新たにつくったり、既存の民衆組織を強化したりするだけでなく、第三者組織を民衆組織に転換することも含まれている」[8]。第三者組織を民衆組織に転換する例としては、地方自治体を民衆組織へと発展的に改組する可能性が提示されており、そのためには、自治体の長を真に住民から選ばれたものにすること、住民に関係する事柄をめぐる政策決定に住民自身の参加を促すこと、などが必要とされる。さらにボランタリー組織も、地域社会の外部から発展過程にかかわる第三者組織にとどまらず、地域の民衆に直接責任《アカウンタブル》を持ち、そのサービスにたいして民衆組織のメンバーから報酬を受けとる立場に転換することが可能であるという[9]。

当事者の集まりとしての民衆組織も、ＮＧＯなど外部のエージェントからの働きかけによってあらたに誕生するものばかりとは限らない。その形態や規模、目的はさまざまであれ、地域社会に内在する社会組織がコーテンのいう民衆組織としての役割を果たし、変革の主体となる可能性もあれば、急速な社会的・経済的、あるいは政治的な変化のなかで変質を遂げる場合もあるだろう。しかし強調しておきたいのは、停滞し、硬直していると見られがちな「伝統」社会であっても、その社会構造や文化は確固としてゆるぎないものなどではなく、つねに変化にさらされ、多様な価値観がせめぎあうダイナミックな世界だという点である。したがって、地域のニーズに対応した「内発的」開発プログラムを実施しようとするＮＧＯにしろ、そのダイナミズムを理解する努力なしにプログラムを押し進めたなら、それは「自律的に創出」された発展とはほど遠いものになってしまうし、プログラムじたいが暗礁に乗り上げることも多いかもしれない。

そこで本稿では、インドネシアのバリ島の事例を取りあげ、地域社会の内部で揺れ動く社会関係のメカニズムを描くとともに、さまざまな外的要因の変動に対応しながらその活動内容を変化させてきた社会組織と住民の姿を提示したい。

## 1　バリ村落の社会組織

インドネシア共和国を構成する数多くの島々のなかでも、首都ジャカルタの位置するジャワ島と並んでもっともよく知られているのがバリ島といえるだろう。この島の人口は約二七〇万人で、そのうち九割以上がヒンドゥー教を信仰している。「最後の楽園」「神々の島」といったキャッチコピーがこの島を彩るようになってすでに久しいが、「古代ジャワの博物館」とも呼ばれたバリ島の伝統文化と複雑な社会形態は、世界各地からの観光客のみならず、数多くの研究者の関心を惹きつけてきた。

「場所、時間、状況」を意味する「デサ・カラ・パトラ」というバリ語の言い回しにも表わされるように、バリでは近隣の村同士でも宗教儀礼の種類、施行方法や社会組織のパターンが異なるといわれる。したがって伝統的な社会集団の名称やその成員権、役割の規定なども村や地域によってかなりのヴァリエーションがあるが[10]、だいたいどの村にも共通してみられるのが次のような集団である。

バンジャール（集落）――バリ人の日常生活の政治的、宗教的側面に直接関与する共同体組織

スバック（水利組合）――灌漑用水路の建設、整備や農耕儀礼をめぐる義務・経費の負担を司る

葬儀の一場面

プマクサン・プラ（寺院の信徒集団）――特定の寺院の維持・管理、祭礼の施行を受け持つ

スカ（ボランタリー集団）――目的に応じて結成される任意の集団

なかでもバンジャール（ban-jar）は、バリ村落社会における最小単位のコミュニティーであると同時に、バリ人にとっては親族に次いでもっとも密接なかかわりを持つ社会集団である。バンジャールの成員は夫婦を核とする世帯で、バンジャール単位でとりおこなう種々の協同作業（集

農村部における昔ながらのバンジャールの儀礼準備風景（シデマン）

会所など公共施設の建築、修理や清掃など）や儀礼の際には労働力および資材の提供が義務づけられている。また結婚や葬儀など通過儀礼の施行にあたってもバンジャールの成員は互いに助けあうことになっている。このほか社会生活全般にわたってバンジャール内のつきあいは深い。

一般には夫が世帯を代表してバンジャール運営の柱ともいうべき月一回の寄り合いに出席するが、儀礼準備にまつわる義務労働には各世帯から男女とも一名ずつの参加が義務づけられる。成員権をめぐる規定は地域によってさまざまでであるが、成人した息子たちのうちのひとりが結婚したときに父親／母親からその息子と妻に委譲されることが多い。

スバック（subak）は、灌漑用水路の区画ごとに個々の水路から水の供給を受ける水田の所有者およびその水田の耕作者から成る、いわば水利組合である。その成員は灌漑用水路の増設や補修などの費用を等分に負担するほか、各スバックの管轄区域内にある寺を維持・管理し、豊作を祈ってその寺で種々の祭儀をおこなう。

プマクサン・プラ（pemaksan pura）は村のなかに点在するさまざまの寺院のうち、特定の寺院と歴史的なつながりを持つ世帯によって構成される信徒集団である。(11) 自分がプマクサンとなっている寺院では、日常の清掃などのほか、その寺院でとりおこなわれる大小の祭儀にあたって、すべての準備・実施過程に参加しなければならない。こうした祭儀のために必要な費用や労働力、あるいは寺院の修復の費用などは成員間で均等に負担することになっている。この集団の成員権は、父から息子へと継承される。

これら三種類の社会集団の場合、成員資格のある者については、その参加は任意ではなく義務である。それぞれの集団によって定められた規約（awig-awig）にしたがって活動に参加しなかったり、負担すべき義務を怠ったりすれば、罰金を課せられる。一方、スカと一般に呼ばれるボランタリーな集団は同好の士の集まりともいうべきもので、バリの伝統音楽を奏でる諸楽器（ガムラン）の演奏、バリ舞踊、空手やバレーボールの練習など種々雑多な目的に応じて随時結成され、仲間を募る。

ここに挙げた諸集団の構成員は、一部重なりあうことはあっても、完全に一致することはない。バンジャールが原則としては地理的に近い関係にある世帯から構成されるのにたいし、スバックの境界は灌漑区域ごとに分けられ、各区域内に所有地および耕作地を持つ世帯がその成員となる。プマクサン・プラの場合、寺院のプマクサンすべてがその寺院から近いところに位置する世帯であるとは限らず、また一世帯が複数の寺院のプマクサンとなっている例も少なくない。四番目のスカに至っては、個人を成員とするまったく任意の集団なので、出入り自由である。一世帯から複数の人間があるスカに参加している場合もあれば、誰も参加していない場合もある。たとえば同じ村のなかの同じ集落で隣りあって生活している二世帯のうち、一方の世帯主が水田耕作者で他方が公務員であったとしよう。この両者は同じバンジャールに属しているものの、スバックのメンバーになるのは農民の方の世帯に限られる。仮に両世帯とも水田耕作に従事していたとしても、所有する水田の位置が離れていれば、同じスバックの成員とはならない。また両者の所属する寺院集団は同じかもしれないし、異なるかもしれない。つまりバリの地域社会は、多様な集団が目的や機能に応じてそれぞれ少しずつ異なる成員を抱え、うごめき合っているゆるやかなまとまり、とみることができる。

そしてこれらの社会集団のすべてに共通するのは「スカ」という概念に基づく組織原理である。このスカ（seka）という言葉は本来「ひとつになる」という意味を持ち、ボランタリー集団一般の呼称にとどまらず、平等主義と自立性の原則に則って運営される社会集団のいずれをも指すことがある。このような組織原理をクリフォード・ギアツとヒルドレッド・ギアツは次のように説明している。

「二つのスカの中では、それ以外のところでの地位が何であっても、すべての成員は同等の権利と義務を持つ。（中略）何らかの決定は全体の会合での満場一致で決められ、長は名目上のもので権威的にはふるまわない。こうした状況を可能にしているのは、それぞれのスカはより大きな組織の一部なのではなく独立して存在するものであり、他の社会的なつながりやその影響から自由である、という事実である」[12]。たとえば、バンジャール運営にかんしていえば、ある成員がとりわけ裕福であったり、村の役職につくなど高い社会的地位にあったとしても、その人が行使できる権利は他の成員とまったく変わらない。同時に、とくに貧しい世帯であっても一律に課せられる儀礼の費用負担などは他の者と同様に担わなければならないということである。またバンジャールの長（クリアン）を選出するにあたっては、候補者の社会的地位、教育程度、財産といったものよりも、その人が集団のなかの異なる意見を建設的にまとめあげてゆく力があるかどうか、また集団の利益を他者（これには地方政府なども含まれる）にたいしてきちんと主張できるかどうか、といった資質が問われるという[13]。

先にも触れたが、バンジャールの健全な運営に不可欠なもうひとつの要素として、互恵性（reciprocity）の原則がある。バンジャールの成員同士はたがいの通過儀礼の際に助けあうというものだが、これはとくに葬儀の際に強調される。バンジャール内のどこかの家で死者が出ると、他の成員はすぐに駆けつけ、儀礼のためのさまざまな準備を手伝い、物質的援助もする。援助を受けた当事者の方は、協力してくれたバンジャールの仲間に食べ物や飲み物を寛大にふるまって労をねぎらうことになっている。

こうしてみると、前節で紹介したコーテンの定義する民衆組織の特性（互恵性、民主性、自立性）のすべてがバリの社会集団、とくにバンジャールにはあてはまることがわかる。では、民衆組織としてのこうした社会集団がどのように村落社会の発展過程にかかわってきたかについて、いくつかの例を引いてみることにしよう。

## 2　バリの社会集団による内発的発展プログラムの事例

インドネシアでは、一九七二年に大統領特別令により中央政府が特別な予算配分をおこなった結果、各州で小学校の建設が進んだ。だがインドネシア独立直後から特別令発布までの期間に、バリではすでに地域コミュニティー、すなわちバンジャールのイニシアチヴにより学校設立が実現したところが多々あった。[14]

たとえば一九五〇年代の話であるが、タバナンというバリ中西部の町からさらに一五キロほど奥に入った辺鄙なところにあるバンジャールは、町までの行き来を楽にすることと、小学校を自力で建てるというふたつの目標を立てた。そこでまずバンジャールの共有耕作地を売って中古のバスを購入し、村とタバナンの町をつなぐ公共交通のシステムを作った。つづいてそのバス路線運営から得た収益で小学校を建設し、教師の給料もそこから捻出したという。[15]

バリ中部のギアニャール県の場合、インフォーマルな教育プログラムの財源にあてられたのは協同の稲刈りによる副収入であった。バンジャールの成員が所有しているかあるいは耕作している水田の稲刈りを皆でおこない、収穫高の一〇パーセントを労賃として各人が受けとる代わりにバンジャールに納めるというものである。バンジャールの財源でおこなわれた内発的なプロジェクトとしては、ほかにバンジャールの集会所の改修や新築、道路の補修、電気や水道の敷設などがある。[16] いずれも、バンジャールのすべての成員に恩恵が公平にゆきわたるような公共の目的を達成することに重点が置かれている。このような小規模の開発プログラムが地域ベースで進んだ背景には、一九五〇年代から六五年に至るまでの時期にバリの人々のあいだに広がっていた、社会的・経済的発展が早急に必要との認識がある。ことに学校建設の運動は、植民地時代には上位カーストに限られていた教育機会をより多くの子どもに与えようとの気運に支えられていた面が大きいともいわれる(17)。

時代とともに、バンジャールの活動内容はさらに多岐にわたってゆく。バンジャール共有の財産をあらたに生みだしたり、運用したりするやり方もしだいに変わってきた。とりわけ大きな影響を与えたのは、観光産業の発展による経済状況の変化である。キャロル・ウォレンの調査によれば、彼女の調査地であったギアニャール県のウブッド周辺やバドゥン県の、国際空港に近いサヌールなど、比較的観光化の進んだ地域に位置するバンジャールの場合、一九七〇年代から小売業など小規模事業を始める世帯を対象に貸付業に乗りだしたり、観光客向けの芸能パフォーマンスを主催することで収入を得たりする例が増えてきたという(18)。

たとえば「芸術家の村」として知られるウブッドにほど近い、プリアタン村のあるバンジャールでは、群衆舞踊ケチャッを演じるスカを結成し、一九六六年から一九八一年まで観光客相手の公演をおこなった。この興行から得た収入の大部分はバンジャールの収入として計上され、集会所など公共設備の新築、公有の水田購入やバンジャール単位の儀礼の費用などに充てられた。ただし、このバンジャールは初めから観光客相手の商売をもくろんでいたわけではない。一九六五年一〇月一日未明にジャカルタで起きたクーデタ未遂事件(九・三〇事件)の直後から、これに関与されたといわれた共産党の党員およびそのシンパと目される人々の虐殺がインドネシア各地で起こったが、バリではとりわけ虐殺の規模が大きく、少なく見積もっても一〇万人以上が犠牲になったといわれている。こうした情勢のなかで、バンジャールの成員がた

新しく建て直したバンジャール・アダットの集会所（レギャン）。一階部分がコンビニを含む店舗に

がいに擬心暗鬼に陥って殺しあいを始めたりすることのないようにとの配慮から、構成世帯全員に強制参加を求めるかたちでケチャッ舞踊の練習を始めたのである。ちなみにこの試みは功を奏し、このバンジャールではひとりも犠牲者を出さなかったという。バンジャールに基盤を置くこのケチャッ公演グループは、一九六五年一二月に第一回公演を村内の寺院での祭儀の際におこなった。だがその翌年から政治状況は安定に向かい、訪れる観光客の数も増えてきたため、観光客相手のパフォーマンスに切り替えたというわけである。今でもバンジャールの成員は、彼らの芸能活動の最大の意義は皆が共通目的を持ち、ともに汗を流す喜びを分かちあうことにあり、観光収入につ

ながったことは偶然の産物にすぎないと強調する。[19]

現在では、観光客向けのパフォーマンスをおこなう伝統舞踊やガムラン演奏のスカのほか、さまざまなかたちで観光産業に直接携わるバンジャールも増えている。サヌールのあるバンジャールは、貯蓄貸付プログラムに始まって協同組合方式の小売店の経営に乗りだし、そこから上げた収益の一部を元手に観光客相手の水上スポーツ用具のレンタル事業を始めた。[20]

## 3　カースト間の位階関係

さて、これまで述べてきたように、バンジャールなど「スカ」原理に基づくバリの社会集団の活動は、成員間の対等で民主的な関係を前提としており、決定された事項を実行するうえで必要な労働や費用の負担については各成員が平等に担うことになっている。しかし、目的別に自律的に運営される社会集団内部での平等が保証されているからといって、現実にバリの村落社会を構成する住民がすべて社会的に対等な地位にあるわけではない。それどころか、住民のあいだにははっきりした階層格差がある。富や職業といった要素とは別に、そのような格差を作りだしているのは、いわゆるカースト制度である。[21]

バリ語でワルナ（warna）と呼ばれるカーストは、ブラフマナ（brahmana）、サトリア（satria）、ウェシア（wesia）、スードラ（sudra）という四つの階層を指す。上位三つのカースト（まとめてトリワンサと呼ばれる）に属する人々はバリ島のヒンドゥー人口の一割に満たない。したがって平民のスードラだけで構成されている村や集落はバリ全土に少なくないが、そういった平民のみの集落の住民であっても、上位カーストの者とまったく接触を持たない状況にあることは稀である。日常的な場面において、カースト間の位階的関係は言葉づかい、しぐさ、頭の高さ、座る位置などを通じて明確に表現される。さらに種々の儀礼の施行にあたっては、禁忌の適用や儀礼用の正装の整えかた、供物の種類などをめぐる決まりごとがカーストに応じてはっきりと異なる。(ただし上位三カースト間のちがいはそれほど大きくない)。このような階層差に基づく厳密な位階関係はバリの都市部をはじめ、北部のシンガラジャ県、西部のタバナン県などでは薄れてきているというが、東部のカランアッサム県をはじめ、実生活のなかでも人々の意識のうえでも依然根強く残っている地域が少なくない。

この階層間の社会関係について特筆すべきは、上位三カースト(トリワンサ)とスードラとのあいだにある種のパトロン—クライアント関係が存在する、という点である。こうした関係はカースト全体を包みこむものというより、一般に特定の世帯あるいは親族集団間に結ばれ、トリワンサに仕える下位カーストの世帯は前者にとっての「ブラヤ」、後者にとってトリワンサの世帯は「グスティ」と呼ばれる。[22] そのつながりの由来はさまざまであるが、カースト差を越えて成立した過去の婚姻や封建的領主と従者の主従関係に基づくことが多い。

この「グスティ」と「ブラヤ」の関係は本質的には儀礼をめぐる絆であり、上位カーストの者が通過儀礼をとりおこなう際には、そのブラヤは何をおいても駆けつけ、こまごまとした準備をすべて手伝わなくてはならないことになっている。上位カーストの方も自分のブラヤが主催する儀礼には物的援助を惜しまない。日常生活においてもブラヤは何かとグスティの家の手伝いに駆りだされる一方、後者から経済的な恩恵をこうむることも少なくない。つまり、両者の間柄は明確な階層差を示していながら、同時に厳密な互恵性を基礎に成りたっているといえる。[23]

筆者が一九九〇年代初めに二年弱にわたって調査をしたカランアッサム県のある村では、このグスティとブラヤの関係が、儀礼はもとより経済的側面においても顕著だった。村内に比較的多数の上位カーストが居住しており、しかも古い歴史を持つプリ（領主の屋敷）が中心部にあったためかもしれない。この村では手織物業が村の経済を支える小工業として定着しているが、その発展過程で上位カーストに属する起業家が自分のブラヤを動員した例がかなりみられるのである。

ここでは伝統的にソンケッという、金糸を織りこんだ紋織が生産されていたが、儀礼の際にこのソンケッを身につけることは、上位カースト（トリワンサ）にのみ許されていた特権であった。ソンケッの織り手も少数のトリワンサの女性に限られており、糸を染める段階から布を織りあげるところまで、全工程を個々の女性が手がけるのがふつうだった。やがて日本軍による占領、インドネシア独立をめぐる政治混乱などを経て、高価な原材料を必要とするソンケッの生産はしばらく中断するが、一九五〇年代後半になって、村の商人のなかにソンケッの材料を町から仕入れて織り手に渡し、織りあがった布を町に持っていって売るという仕事を始める者があらわれた。一九七〇年代、八〇年代にバリ全体の景気が上向くと同時にソンケッの需要も増え、それに応じて村ではトリワンサ以外にもソンケッを織る女性の数が増加した。同時に生産工程の合理化が進み、仲買商人は糸染めや整経、織柄の設定など織りにはいるまでの準備工程を細かく分けて、それぞれの仕事に下請けを雇うようになった。商人の大多数はトリワンサで、彼らは主として自分の親族やブラヤとの関係を利用し、ソンケッの生産ネットワークを作りあげたのであった。

準備工程を請け負った者は出来高に応じて、工賃の支払いを受ける。織り手のなかには自分で糸を買い、仕上がった製品も自分で直接市場に持ちこんだり仲買人に売ったりする者もいれば、仲買人から材料一式をあずかって指定された色とパターンで布を織り、製品はすべて仲買人に納めて織り賃を受けとる者もいた。材料費のかさむこのソンケッ織りの場合、まとまった額の元手がなければ独立した織り手としてやっていくのはむずかしい。ソンケッ生産がさかんになりはじめてから初めて織りを手がけるようになった女性たちは、出来高制の織り子として仲買人に雇われる者が多かった。この場合織りあがった布の値段は一方的に仲買人が決めるため、織り手の取り分はどうしても少なくなる。が、予定どおり布が仕上がらなかったときも仲買人に前借りを申しこむことができるので、家庭内外のさまざまな仕事に追われて機織りに充てる時間の一定しない既婚者の織り手にとっては、都合のよいシステムでもあった。各家庭における通過儀礼やバンジャール全体を巻きこむような大規模な儀礼がいくつも続くようなときは、数か月にわたって女性たちが織りに専念できないこともある。仲買人は材料を渡し、何度となく前貸しをしたのちもいっこうに布が織りあがってこないと愚痴をこぼす。しかし彼女らと織り手やその他の下請け労働者の関係はたんに資本家と労働者という関係で割りきれるものではなく、両者は伝統的な社会関係の網の目のなかにすっぽり埋めこまれているために、雇い主の側も利潤を度外視して織り手の家の事情を考慮してやらねばならない場面が発生するのである。

ここで整理してみると、バリの社会で古くから特定の役割を担ってきた何種類かの社会集団は、いずれも民主的な意志決定メカニズムを持ち、その活動においては成員の平等な参加を求めるという原則にしたがって運営されている。そして成員の手で選出されたリーダーは、集団全体の利益のために行動することになっている。こうした社会集団は変わりゆく時代状況のなかで活動範囲を経済領域まで広げ、公共の福祉を増進するという役割を果たしてきた。その運営原則は一貫しているものの、実際に取り組む経済活動の中身や目的の選定にあたっては、地域社会を取り巻く政治的、および社会・経済的枠組みの変化が大きな影響を及ぼしているといえるだろう。

これまでみてきた社会組織は本来開発を目的とする集団ではない。しかし、独立後のインドネシア社会においては、「開発」が最優先課題であるという認識が急速に浸透しつつあったばかりでなく、財源の乏しい政府は村落レベルの開発に住民の積極的な参加を促すほかなかったという現実がある。このときバンジャールが特定の状況に応じた対応をなしえたのは、これが変化のただなかに置かれた住民じしんの組織であり、しかも住民の意志を汲みあげて総意のもとに現実のニーズに即したプログラムを作りあげ、なおかつ実施過程に住民全員の参加を取りつけるだけの動員力を持っていたからだといえるだろう。

他方、バリ社会に同時に存在する、カーストという位階秩序を基盤にした垂直的な関係性においても、起業家精神に富んだトリワンサ層が事業を始め、そこに自分のクライアントである平民を雇いいれるという構造がみられた。(24)

こうして多様な集団や関係性が多元的に存在し、たがいに交錯するバリの地域社会も、オランダによる植民地支配を経たのち、スハルト前大統領率いる「新秩序体制」政府下においてさまざまな再編成を余儀なくされた。以下にその過程を考察したい。

## 4　アダットとディナスと——「官製」民衆組織の誕生へ

バリの地域社会には、先ほどから触れているバンジャール（集落単位）とは別に、デサと呼ばれる村落単位が存在する。バンジャールが地縁を基礎としつつも本質的にはその政治・社会的、宗教的機能によって定義される（つまり成員である世帯は一定の領域内に囲いこまれているとは限らない）のに比べ、デサは境界のあきらかな一定のテリトリーを占める地縁組織で、その境界内には三種類の公共の寺院（カヤンガンティガ）が必ず含まれることになっている。[25]一般にはひとつのデサが複数のバンジャールを包みこむかたちになっていることが多いが、デサとバンジャールの境界が完全に一致している例もいくらかある。

オランダは、一九〇八年にバリの植民地支配を確立したのち行政機構の改革に着手し、プルブクラン（perbekelan）という名のもとに新しい行政単位を導入した。これが現在デサ・ディナス（desa dinas）、つまり行政村と呼ばれるものの原型である。そしてこれと区別するために、従来からあったデサは、デサ・アダット（desa adat）、慣習村と呼ばれるようになった。この二種類の村、プルブクランとデサ・アダットの境界は一致していないため、ひとつの行政村のなかにいくつかの慣習村が含まれることもあれば、逆の場合もある。オランダの支配下において、個々のバンジャールは行政村の下部機構と位置づけられた。この行政単位としてのバンジャール（バンジャール・ディナス）も、伝統的な役割を備えた共同体としてのバンジャール・アダットと区別される。こうして、村落のレベルではデサ・アダットとデサ・ディナス、集落のレベルではバンジャール・アダットとバンジャール・ディナスという四種類の区分が導入される結果になった。この区分はインドネシア独立後もひきつがれた。

すでにバンジャール主導の内発的発展プログラムともいうべき事例をいくつか紹介したが、ここで主体となっていたのはバンジャール・アダット、つまり従来からバリ社会に存在し伝統的な社会関係に基づく共同体である。すなわち、バンジャール・ディナス、そしてデサ・ディナスというかたちで、まったく新しい行政組織が上から覆いかぶせられたオランダ植民地時代以降も、従来のバンジャールは従来のその自立性、そして住民にとっての重要性を失わなかったということができる。

ところが一九六六年に成立した「新秩序体制」政府のもとでは、より効率の良い開発行政を進めるという名目によって中央集権化が進み、地域社会のありかたも大きく変わることになった。いくつかの小規模の改編を経たのち、一九七九年に施行された村落行政法によって、地域ごとに各々の伝統や慣習にもとづいて多様性を保持していた末端行政が一元化されることになったのである。この結果、デサ・ディナスが地方行政の末端機構と定義され、中央政府から配分される予算の消化や地元民のニーズを上に伝える役割を一手に担うことになった。しかも、デサ・ディナス（行政村）の下部機関と位置づけられたバンジャールのリーダー選出にあたっては、行政村の村長が提出する候補者リストに基づいて、さらに上部の組織である郡の郡長が任命するという取り決めがなされた。これによって、少なくとも制度上はバンジャール本来の結束力、行動力を保証する柱のひとつであった、公共の福祉に尽くすリーダーの民主的選出という特性がそがれたことになる。(26)

このようにトップダウンの色彩が強い行政機構のなかに、少なくとも名目的にはボトムアップを保証するような制度も組みこまれている。中央政府レベルで国家五か年計画を策定する国家開発庁にたいし、各地方の実情をふまえた提言をおこなう地域開発庁（BAPPEDA）の設置などがそれにあたる。また、デサ・ディナスの内部にはLMD（村落諮問委員会）とLKMD（村落社会維持委員会）という組織が、ともに開発過程への住民の積極的参加を促すという目的で置かれた[27]。

このうちLMDは村長をその長とし、各バンジャールのリーダーおよび村のさまざまな組織の長、たとえば水利組合の組合長や小学校の校長その他の有識者などから構成される。LMDの構成員は選挙によって選ばれるものではなく、村長の任命によって定められ、とくに任期は決まっていない。村長は村の予算を含め、開発全般をめぐる問題についてLMDに諮問する義務があり、それにLMDが最終的な承認を与えることになっている。また、LMDは村長候補の任命や村長選挙を組織するといった、選挙管理委員会的な役割も担う。（ただしあくまでもLMDの長は村長である）。一方LKMDは同じく村長を長とするが、構成員は各バンジャールが相談して推挙した者を選挙によって選出する。任期は五年である。LKMDは村の予算や開発政策についての諮問を受けるが、公の権限はない。

結局、開発をめぐる民衆の参加をうながすといっても実際に意志決定に参加できるのは、村のなかですでに一定の地位を得た者である。しかもLMDやLKMDといった組織の決定は村長のリーダーシップから独立しておこなわれるものではない。つまり村長に多大な権限が集中することにより、住民参加型の開発プロセスを促す装置のはずであったLMDやLKMDが本来の機能を果たすことはむずかしくなっていた。ついでにいえば、村長は住民の選挙により選ばれることになっているが、バンジャールの場合に比べ、さまざまなカーストの混在するデサ・ディナスのレベルでは、どうしても上位カーストの者が長に選ばれる傾向が強いという側面もある。

筆者の調査地においては、ＬＭＤ、ＬＫＭＤとも村の開発問題へのかかわりは名目上のものにすぎなかった。具体的な開発プログラムの手足となって動いていたのはデサ・ディナス（行政村）内に組みいれられたバンジャールである。いまや各バンジャールは行政村の下部機構としてのバンジャール・ディナスと従来の社会的・宗教的機能を果たすバンジャール・アダットというふたつの顔を備えており、それぞれの役割に応じて異なる長（クリアン）を選出している。乳幼児保健プログラムや家族計画プログラムの施行、人口動態のチェックなどといった政府がらみの仕事は郡長の任命を受けたクリアン・ディナスがおこない、通過儀礼をめぐる成員世帯間の相互扶助、バンジャールとしてデサ・アダットの祭儀を施行する際の調整や音頭とりは成員の手で選出されたクリアン・アダットが引き受ける、というぐあいである。実際に住民から頼りにされ、バンジャール内でもめごとがあったときなどにリーダーシップを発揮していたのは圧倒的にクリアン・アダットの方であった。

## むすびにかえて

開発至上主義を国家目標としたスハルト体制下のインドネシアにおいて、住民の主体的な「参加」を求めることは、村落レベルの開発プロセスの効率を高めるうえで戦略的に重要であった。それは同時に、開発問題をめぐる国際的な世論の動向や援助供与者である国際機関などの意向とも合致していた。しかし、「相互扶助（gotong-royong）」「全体協議を経た一致（musyawarah）」といったスローガンが掲げられていても、現実には開発プログラムにかんする意志決定や施行のプロセスに当事者の民主的な参加が保証されていたとはいえない。

パトリック・ギネスが指摘するように、インドネシア政府の官僚の側には、各民族、地域固有のアダットは「停滞した伝統」に固執する社会を支えているもので、それを近代化し、変革しない限り開発が達成されないという思いこみがあった[28]。したがって、一方では地域社会に既存の社会集団や社会関係のネットワークの自律性をそぎ、徹底した中央集権化を押し進めながら、他方で、上意下達式の開発過程に住民の協力を取りつける方策として、たとえば相互扶助概念など特定の「伝統的価値観」を抽出し、つくりなおしたうえで適用してきたとみることができる。

だが、バリの農村部をみるかぎり、住民の生活世界は依然として種々の社会集団や関係のネットワークが重層的に共存し、せめぎあうダイナミズムを失っていない。たしかにジャカルタまでつながる国家行政機構の末端としてのデサ・ディナスの役割や機能は肥大化しているが、一人ひとりの村人にとっていまだにもっとも身近で重要な存在は自分の親族であり、バンジャールであり、スバックその他の集団である。さらに鏡味治也がくわしく検討しているように、バリでは中央政府の思惑に対抗し、バリの独自色を打ちだすために、州政府が慣習村（デサ・アダット）の振興政策を八〇年代以降積極的に展開してきたという背景もある[29]。

ただバリ社会に生きる人々にとってますます重い課題となりつつあるのは、開発過程にまつわる問題の性質そのものが今まさに大きく変化しているという点であろう。一九八〇年の銀行規制撤廃以降、観光産業への投資が質、量ともに大規模化し、バリ島全域にわたって環境や住民の生活への深刻な影響が顕在化しつつある。すでにいくつかの大規模観光開発をめぐる抗議運動、訴訟などが起こっているが、スハルト政権崩壊後の「変革」(Reformasi)の時代にあっても、開発政策じたいに明確な転換はまだみられない。一九九九年に改正された村落行政法を受け、LMD、LKMDの位置づけや役割をめぐって各地であらたな議論が巻き起こっているようだが、本章で中心的に取りあげたバンジャールや、その他の社会集団が今後、開発の当事者組織として本領を発揮しうるのかどうかについては、まだ未知数であるといわねばならない。

＊本稿は日本平和学会関東部会(一九九五年一一月九日)、および日本平和学会一九九五年度秋季研究大会(一一月十九日)における発表内容に基づいて、あらたに書きおこしたものである。執筆にあたっては永渕康之氏よりご教示をいただいたほか、スハルト政権崩壊後の状況については、ジャワ島でフィールド調査中の島上宗子氏より示唆を受けた。ただし一九九七年に脱稿後、細部を除いては修正を施すことができなかったため、近年の変化をじゅうぶん組みいれた考察になっていないことをお断りしておきたい。

# 第九章　太平洋島嶼社会自立の可能性

松島泰勝

# はじめに

本論の目的は内発的発展が太平洋島嶼においてどのように展開しているのかを明らかにすることである。まず島嶼における内発的発展論の意味を考察した。内発的発展論は分析対象地域の内実を重視する考え方であるが、その内実を示すために論者を含めた島嶼出身者が考える自己と島嶼との関係性について論じた。発展過程に主体的に参加する島嶼民の思想を概説することで、島嶼独自の内発的発展論を提示することができるのではないかと考える。島嶼民の内発的発展論を踏まえたうえで、島嶼民が直面する政治経済的諸問題について考察した。そして次にこれらの問題を解決するために村レベル、島レベル、島嶼間ネットワークのレベルで行なわれている自立運動について論じた。

島嶼の内発的発展論は研究・実践主体のアイデンティティと深く結びつき、諸問題に解決策を提示し続ける過程で形成されてきた。島嶼を取り巻く多くの困難な問題と格闘しながら生きてきた島嶼民の強かさを基本的モチーフとして本論は展開されている。本論の構成は、１「島嶼経済と内発的発展」、２「島嶼社会の政治経済的問題」、３「島嶼社会における自立の可能性」、「結びにかえて」となる。

## 1　島嶼経済と内発的発展

### 島嶼出身者が島嶼経済を研究することの意味

論者は石垣島で生まれ、南大東島、与那国島、沖縄本島で育った。沖縄の島嶼で生まれ育ったという経験が論者を島嶼経済研究に駆り立てた最大の要因である。この体験に基づいて論者は島を次のように認識している。

［1］　島の孤立性と開放性――島は台風等により孤島化するとともに、国境線も島嶼民の自由な移動を妨げる働きをする。一方、大交易時代の琉球王国や密貿易時代の与那国島のように海を通じて島が外部世界に開かれ、富が島嶼にもたらされる場合もある。

［2］　島の要塞化――地政学的有利性を持つ島は経済的中継地点になるとともに、軍事的にも重要な拠点として位置付けられ、太平洋戦争の戦場となり、戦後は米軍基地がつくられた。

［3］　島嶼文化の強固性――自然とコスモロジーと人間が緊密な関係を形成するとともに、島の外から多様な文化を取り入れて、文化の創造を多面的に行っている。そして島嶼文化を基盤とした島嶼出身者という強烈なアイデンティティも生まれる。

以上のように考えている論者が島嶼を研究対象とする場合、次のような研究視角をもつことになる。

［1］　島嶼研究は客観的な性格が求められるのと同時に、自己認識形成の過程ともなる。つまり島嶼を知ることと自己を知ることとは同一の行為となるのである。島嶼研究とアイデンティティ形成の相互作用

は、論者が東京、グアム、パラオに住み、自己と他者との関係性が明確になるに従って強固なものとなった。［2］　自己に纏わる人々（親族や知人、歴史的共通感覚で結びついた人々）が生活する島嶼が直面する問題を解決する糸口を見つけることが島嶼研究の中心的課題となる。研究活動が研究そのものを自己目的とするのではなく、現実の分析とともに、その解決が研究の大きな課題となる。［1］と［2］をまとめると、研究活動、自己の存在、島嶼の現実という三要素が相互に関連しながら、それぞれのあり方を規定しているといえよう。

このような考察に基づいて論者は島嶼における内発的発展（本論における「自立」）を次のように考えている。つまりそれは、島嶼外でつくられ、島嶼の内実に基づかない開発計画のあてはめではなく、島嶼民が自らの頭で考えたものであり、島嶼の文化・歴史・環境を踏まえながら、外部システムを島嶼の中で内部化することによって政治経済的、文化的自立性を獲得する過程であるといえる。それは島嶼民の強い個性と自らの知恵を手段として、島嶼の外部から流入してくる物産、諸勢力、文化を島嶼内在の論理によって利用し、加工し、島嶼民が主体となって島嶼の未来を切り開く不断の試みとも言い換えることもできよう。

論者以外の島嶼出身者は島嶼をどのように考えているのだろうか。サモアで生まれたT・フェアベーンは一九八五年に『島嶼経済』[1]を出版した。その中で最も力点が置かれたのはサブシステンス（生存部門）を評価し、それを活性化することで輸入品（特に食料品）依存度が大きい島嶼の経済構造を是正することであった。フェアベーンがサブシステンスの近代化を提唱する背景には西欧人が一般的に抱いている「南島パラダイス」イメージへの批判がある。すなわち、太平洋の島は、イギリスの作家スティーブンソン、アメリカの人類学者ミードが描いたような「楽園」イメージからは程遠く、むしろ、高い幼児死亡率、低い生涯年齢、栄養欠乏・食料欠乏状態、台風への無防備状況という第三世界特有の諸問題に直面しているという島嶼の現状に対する覚めた認識がある。

沖縄出身の嘉数《かかず》啓は、一九九四年に『島嶼経済における持続可能な発展』[2]を世に出した。その本の中で嘉数は、島嶼のサブシステンスを重視し、それを島嶼経済の多様化政策の核にすること、また産業間のバランスをとることで対外的依存関係を脱するための諸政策を提示した。政策を示すだけでなく世界的な島嶼間協力を推進したり、沖縄県庁の学術顧問、沖縄開発金融公庫副理事長などに就任して県の開発に具体的な方向づけを与えた。つまり経済理論と現実の島嶼状況との対応関係を常に考慮しながら研究を行なっているのである。それは嘉数が沖縄という経済的困難に満ちた島嶼で生まれ、問題に解決策を示し続ける中で自らの経済発展理論を形成していったことによるのだろう。

パプアニューギニア（PNG）政府の大臣、最高裁判所の判事、大学の講師等を経験したB・ナロコビは次のように述べている。「我々の歴史は西欧の探検家との接触によって始まったのではない。我々の文明はキリスト教により始まったのでもない。我々は古代文明の継承者であるから、自分自身に誇りをもち、自らの歴史の上に足を据えなければならない。（中略）自立を中国やタンザニアから学ばなければならない政治イデオロギーであるかのようにしばしば考えがちであるが、実際は、自立の知恵はメラネシアの内部に常に存在している[3]」。

オセアニア島嶼の歴史は西欧人の来航とキリスト教の布教によって始まると通常考えられている。しかしPNGには西欧人との接触以前から灌漑農業の存在が知られており、また神と自然と人が一体化したコスモロジーの中で島嶼民は生きていた。他者から歴史や宗教を強制される受け身的な態度ではなく、PN

G内在の歴史と生き方を踏まえた自立性を確立する必要があるとナロコビは内発的発展の考え方を主張している。また中国やタンザニアにおける発展方法をそのままPNGに当てはめるのではなく、島嶼の内部を深く掘り下げることで自らの発展様式を見つけだそうと考えている。

ニューカレドニアで一九七五年に「メラネシア二〇〇〇」という文化祭を主催し、先住民族であるカナク人の文化復権を促進させ、ニューカレドニア独立を唱えるカナク自由社会主義戦線（FLNKS）の議長であったJ・M・チバウもまた島嶼独自の生き方を求めた。つまり統治国であるフランスが行なう近代化論に基づいた開発政策ではなく、カナク人の文化や伝統的生産の方法をいかした発展の方法をチバウは目指した。チバウは次のように述べている。「我々が望んでいるのは、伝統、資産、資源に関するメラネシア人の取り扱い方を反映した諸制度である。自らの財産管理や中小企業経営の方法にはメラネシア的なやり方が存在している。また労働の配分、福祉、環境への配慮にはメラネシア的な方法があり、それゆえ、国家は外部からではなく、内部から生まれる魂を持つことができるのである」(4)。

チバウは島嶼に埋め込まれたメラネシア的なものの発現を文化面だけに留めるのではなく、政治経済、環境等にも波及させることにより、カナク人が主体となった発展を模索している。

次に人類学者、詩人、小説家として著名なトンガ人のE・ハウオファの言葉に耳を傾けてみたい。ハウオファによると太平洋島嶼の伝説や神話を読むと、島嶼民は自らが生活する場所を狭いとは考えていなかったことが分かるという。つまり島嶼民の生活空間は島嶼だけでなく海にも拡がるものであった。そしてハウオファは次のように陸の論理と島の論理を明確に区別した。「大陸の人である西欧人は『海の中の島』として島嶼をみなし、それは中心から離れ、孤立していると考えた。そして海に国境線を引き、島嶼を植民地化する過程で島嶼民を狭い空間に閉じ込めた。一方、島嶼民は『島の中の海』を唱え、島と海との緊密な関係を強調する。彼らは国境線のない海を自分の家となし、島嶼間を自由に行き来し、交易を行ない、親族関係を結び、そして戦った。島が『小さく、貧しく、孤立している』という状態が生じ始めたのは一九世紀における大陸の人による植民地化以降のことであり、歴史的につくられたものである」[5]。

ここには島と島とを結びつけるものであった開放系としての海に国境線が引かれることで、閉鎖系としての海になり島の孤立化が始まったという歴史認識がある。よって次節で述べる島嶼性から発生する政治経済的問題も歴史的に形成されたものであり、これらの問題を克服するための内発的発展の方法を考えるうえで「開放系としての海」という概念が重要な意味を帯びてくる。

## 太平洋島嶼と沖縄の共通性

以上のような島嶼出身者による内発的発展論に基づきながら太平洋島嶼社会について論じてゆくが、その際に沖縄も太平洋島嶼の一つであるとの前提で議論を進めてゆく。なぜなら沖縄と太平洋島嶼には次の諸点で共通性がみられるからである。

［1］　島であること――島嶼という地理的な条件から生じる経済的問題や環境上の脆さへの対応を両地域は迫られている。

［2］　異人王伝説――両地域において当該島嶼の外に由来する人物を王として迎え入れるという伝説や歴史的事実がある。例えば、琉球では舜天王が源為朝の子、英祖王が天子の子、察度王が天女の子とされる伝説や、第一尚氏の始祖が政治の中心である沖縄本島ではなく伊是名《いぜな》島の出身であり、第二尚氏の始祖

もまた伊平屋《いへや》島出身であった。ハワイでキャプテン・クックが王（ロノ神）と見なされたが、フィジーのラウ諸島ではトンガ人のマアフが異人王として島々を統治した。島嶼の外部に存在する強力な人物や勢力に対抗するのでなく、それらを島嶼の中に内部化して島嶼の発展をはかるという島嶼民の知恵が異人王伝説には織り込まれている。

［3］　海上他界説——海の水平線の彼方、または海底に祖先が住み、そこには物産が豊かにあり、島嶼にそれらの富が持ち来たらされるとの信仰が沖縄ではニライカナイ信仰として、太平洋島嶼ではブロツ（またはプロッ）信仰、ハワイキ信仰として存在している。この信仰は儀礼の中でのみ生きているのではなく、沖縄においては水平線の彼方に富を求めることが交易活動の原動力となり、太平洋島嶼においてはカーゴカルト運動と呼ばれる政治経済的変革運動、独立運動と関連している。島嶼の文化と政治経済が海との強い対応関係の中で形成されているといえよう。

［4］　世界システムの中の周辺——琉球王国が一八七九年に日本国に編入されたほぼ同時期に太平洋島嶼も中核諸国の植民地となった。例えば、一八五三年にフランスがニューカレドニアを、七四年にイギリスがフィジーを、八〇年にフランスがタヒチを、八四年にドイツやイギリスがニューギニアを、八五年にドイツがマーシャル諸島をそれぞれ支配下においた。周辺に位置づけられた島嶼は流刑地、移民流入地（または流出地）、資源供給地、キリスト教布教地、軍事的拠点、戦場、兵器の実験や処分地等となり、中核諸国の政治経済的意図に翻弄されてきた。

［5］　太平洋島嶼民と沖縄県民との共同生活という経験——戦前、南洋群島、ハワイなどの太平洋島嶼に多くの沖縄県民が移住した。日本の委任統治領となった南洋群島に移住した日本人の過半を占めた沖縄

県民は特に製糖業、水産業において顕著な働きを示した。沖縄の漁法が地元民に伝えられる等の交流がみられた。

本論では太平洋島嶼と沖縄における諸問題と、そして自立への可能性を比較検討することで、問題の本質を明らかにし、自立化の方法を相互に学びえるのではないかと考えて両地域を分析対象とした。次節では島嶼民が格闘している政治経済的問題について論じたい。

## 2 島嶼社会の政治経済的問題

### 島嶼性から生じる経済問題

ハウオファが述べているように一九世紀以降、太平洋上に国境線が引かれ始めてから次のような政治経済的問題が顕在化するようになった。

［1］ 島嶼という狭い陸地だけが経済単位となることで市場の広さに制限が加わり、生産過程においても不効率性がみられるという規模の不経済が生じた。よって島内で生産される製品がコスト高となり、輸入品依存の経済構造になった。

生産活動が困難なことから島嶼国では次のような現金獲得の手法がとられていた。クック諸島、サモア、ナウル、ヴァヌアツ、パラオ、ニウエ、マーシャル諸島などは外資、特に金融関係を自国に誘致しようとして、タックスヘイブン制度または投資優遇的税制度を導入している。しかし、OECDなどの国際機関はそれらの島々が税の逃避地、マネーロンダリングに利用されているとして注意を促している。

さらにサモア、ヴァヌアツ、キリバス、マーシャル諸島などでは自国のパスポートを外国人に販売して現金を得る行為がみられた。その他、ツバル、ニウエ、トンガではインターネットのドメイン名の販売も行われている。

［2］　ニューカレドニアのニッケル、PNGの銅・金・石油、PNGやソロモン諸島の木材、ミクロネシア諸国やソロモン諸島におけるマグロやカツオなどを除いて島嶼には諸資源が不足している。環礁島においては日常食料品も不足しがちであり、例えばマーシャル諸島のように栄養が偏った輸入食料品を食することで健康への障害が問題化している島が増えている。

［3］　コプラ、フィジーの砂糖、マグロ等のような二、三の輸出品に偏り、観光業に依存するというモノカルチャー構造を島嶼経済は有しており、また、輸出品価格や観光市場は世界の経済動向に左右されるため、不安定な経済状態におかれる。この不安定性を克服するために、EUによる島嶼からの輸出品への価格保証や関税免除、豪州、ニュージーランド、アメリカによる島嶼からの輸出品に対する関税免除等の優遇措置が不可欠になっている。

［4］　大国に対し膨大な輸入と援助金にも依存しなければならない状況にある。独立した島嶼国は旧宗首国、そして属領としての島嶼は統治国からの経済的援助を得ている。援助金によって公共部門が肥大化した結果、公務員の給料が先導する形で島嶼の物価水準を押し上げ、コスト高のため島内製造業が存立する余地を狭めている。

大国からは品物や援助金とともに企業の投資も行われ、例えばニューカレドニアのソシエテ・ド・ニッケル、ブーゲンビル島のコンツィンク・リオティント・オーストラリアが独占的に島嶼の資源開発を行なった。また、日本企業も観光業、水産業、自動車部品製造等へ進出するとともに、マレーシア、フィリピン等アジア諸国の企業の太平洋島嶼への経済進出も活発化している。

公的部門が拡大し、財政収入が増大しないPNG、ソロモン諸島をはじめとする太平洋島嶼国は世界銀行、IMF、アジア開発銀行の構造調整政策を受けており、公務員数が削減されているが、失業者を吸収する民間部門の創出は容易ではない。PNGでは為替の切り下げ、それによる最低賃金の低下策を実施するほか、住民が所有する土地管理権を放棄させ、ダム建設、プランテーション開発、鉱山採掘等の開発にむけた土地利用を図ろうとしている。(6) 島嶼民の土地に対する集団的権利が独自な習慣や生産の方法を維持させたのであり、世界的金融機関による島嶼経済運営への介入はPNG内在の生活様式に大きな変更をもたらすだろう。

沖縄経済も日本政府からの補助金、観光業収入、基地関連収入などに大きく依存している。日本復帰後、増大を続ける補助金によって公的部門が県経済に与える影響が増大する一方で、民間部門の成長は芳しくない。

### 島嶼と基地

日本本土と沖縄との経済格差を縮小させることを目的にして補助金が投下されているが、それとともに補助金は米軍基地が引き起こすさまざま問題に対する補償金という意味も持っている。島嶼というミクロな世界では基地の存在と補助金依存の経済構造の間に関連性があり、クワジェリン環礁にアメリカのミサイル実験基地がおかれたマーシャル諸島やフランスによる核実験が行われた仏領ポリネシアでも沖縄と同じ問題を抱えている。例えば一九六二年に仏領ポリネシアに太平洋実験センター（ＣＥＰ）が設置されたが、その際、ドゴール大統領は大々的な公共投資の実施を始めた。その結果、島は対外的な援助に依存するようになった。輸出収入により輸入をまかなえる比率が五九年に九三％であったが、六二年には五九％になり自給率が低下した。[7] ＣＥＰでの雇用も安定的とはいえず、七〇年におけるＣＥＰ関連収入は三七％であったが、八〇年には一九％に下落した。[8] さらに基地関連の産業として第三次産業が急速に増え、援助の投入により行政部門が肥大化（九一年において全雇用者の四八・六％が就業）した。[9] ＣＥＰはインフレやスラムの元凶とみなされ、マオヒ人（仏領ポリネシアの先住民族）からは「社会爆弾」と呼ばれた。

面積が狭い島嶼に基地が存在することで人権が侵害され、環境にも大きな影響を与えている。沖縄全面積の一一％（沖縄本島だけだと一九％）に米軍基地がおかれた。日本国土面積の〇・六％の沖縄に日本全体に設置されている米軍施設の二五％（米軍専用施設では七五％）が集中している。基地は陸地だけでなく、訓練のためとして空域や海域にも設定されており、民間航空機との接触事故の危険性や漁業被害が報告されている。

基地の存在そのものが島嶼経済の自立性を阻んでいる。基地はその性格上、平らな土地を占拠するが、それは同じように平面を必要とする各種の産業が活動するための場所をも奪うことにつながる。さらに土地の実勢価格を上回る軍用地料が支払われ、それが土地価格全体の高騰をもたらして製造業や住宅建設の機会費用を押し上げた。

基地が面積の限られた島嶼に存在することで、住民に様々な被害を与えているが、その一方で基地は島嶼の近代化を促すための現金収入の道を提供している。しかしその経済装置としての基地の機能はあくまで島嶼以外の他者に依存したものであるという意味で不安定な性格をもっている。沖縄においては基地被害や不安定な経済構造から脱却するために基地撤去を求める人々と、基地から生じる利益に拘わる軍用地主等との対立が生じている。マーシャル諸島は基地からあがる収入を他のミクロネシア諸島に配分されるのを嫌い、ミクロネシア全体を範囲とした国家構想から離脱して、単独で島嶼国家となった。つまり、基地は島嶼内または島嶼間の分裂をもたらし、島嶼自立のための基盤を削いでいる面もある。

## 島嶼の環境・社会問題

島嶼には独自の生態系があり、独自の社会構造がある。それらを考慮にいれないで開発計画や開発方法を島嶼にあてはめたことにより多くの環境問題、社会問題が発生した。沖縄では多額の補助金が投下された土地改良事業により表土が剥ぎ取られ、赤土が海に流れ込み珊瑚礁を破壊したが、珊瑚が島を作り上げてきたことを考えると赤土汚染問題は島そのものの生態系にとって深刻な問題であるといえる。

また環境に大きな負荷を与えているものとして観光開発を挙げることができる。サモアでは観光施設が膨大な水を需要したため島嶼民が使える水が減少した。[10] また、サイパンでは衣料工場とともに観光業者の使う水が増えたため水不足が深刻になり、例えば島嶼民はバケツの水で風呂を浴び、皿や衣類の洗濯はできず、水洗トイレを流すこともできないという状態となり、衛生状態悪化のために学校が休校する場合もあった。[11] 島は面積が小さく取水能力に制限があり水不足に陥りやすい。その限られた水資源を観光施設または他の企業が利潤の追求という原則にしたがって大量に使うために水不足という問題が深刻になる。海により隔てられ他地域から容易に水を運ぶことができない島嶼における企業活動は利潤追求だけではなく、特殊な島嶼環境をも念頭に置いて行なわれるべきであろう。
海に囲まれた島嶼ではまた地震にともなう津波の被害も受けやすい。一九九八年、PNGのセピック州を襲った津波により二一三四人が死亡し、津波にともない同国では約一二〇万人が食糧不足状態に陥った。同国の西部、ハイランド、ニューブリテン島では九七年、旱魃により七〇人が死亡した。また、サモアでは一九九〇年、九一年の台風により椰子の木が甚大な被害をうけ、九四年まで椰子製品の輸出ができなかった。

水は島嶼での生活において必要不可欠であるが、それは地球温暖化によっても危機に晒されている。山地の少ない島嶼において人々は水を地下水から得ているが、温暖化は海面上昇をもたらし、その際、海水が地下水に混入して飲料水として使えなくなると同時に、島の植物の生存も危うくなる。さらに海面が上昇すれば島自体が海面下に沈み、島嶼国が消えてゆく。特にキリバス、マーシャル諸島、トケラウ、ツバル等の環礁島において事態は緊迫している。二〇〇〇年、キリバスの無人島テブア・タラワ島、アバヌエア島が水没した。また、PNGの東ニューブリテン州のデュークオブヨーク島は毎日数ミリずつ沈んでおり学校敷地、政府船着き場が水没しつつある。二酸化炭素を大量に排出してきたとはいえない島嶼国が、その環境上の脆さによって大きな代償を払わなければならないという矛盾がある。

島嶼資源を開発する際の環境問題としてPNGやソロモン諸島における森林伐採問題があるが、その他にもブーゲンビル島やニューカレドニアにおける鉱山開発がある。ここではニューカレドニアの事例について論じたい。ニッケル開発にともなう粉塵、河川や動植物の汚染等が発生しており、ニッケル精錬工場から排出される煤煙によっても島嶼民は被害を受けている。ニューカレドニアでは喘息に伴う死亡率が世界的に、そして肺癌疾病率が太平洋島嶼全体の中で記録的な数字を示している。また一九九一年において首都ヌーメアで八千人のスラム人口を数えたが、それらの人々は汚染された水源の近くで食料を栽培していた。[12] ブーゲンビル島でも環境問題は深刻であり、開発を行う大企業が利潤を島嶼外に流出させるだけでなく、島嶼の生活環境を破壊している。それへの異議申し立てを理由の一つとして両島嶼では独立運動が活発に行なわれるようになった。

島嶼の社会問題も深刻である。一九九〇年においてバヌアツの都市人口の二五％はスラムにすんでいた。またフィジーの首都スバに住む人々の二五％が九一年の時点においてスラムにおり、ラウトカ、バ、ラバサ等の都市にもスラムが形成されていた。[13] ＰＮＧの首都ポートモレスビーにおいても全人口の二五％がスラム生活をしている。さらに毎年、数千人にのぼる学校中退者がラスカルと呼ばれるギャング団を組織し、窃盗や殺人等の犯罪をおかして治安が悪化している。[14] このような状況に対応するために構造調整政策では社会サービス関連の予算を削減する一方で、軍隊や警察への予算割り当てを多くした。それと平行して死刑制度や厳しい刑罰を含む法律が施行され、国民証明カードの携帯が義務づけされた。その反面、ＰＮＧに進出する企業に対する法的規制が大幅に緩められた。[15] 法体系を厳格にしても治安がよくなるとは限らないだろう。なぜならば構造調整政策が推進している土地の私有化や開発政策により、居住地域を追われた人々が都会に流入し、スラムや失業者が増大して治安が悪化することが予想されるからである。

島嶼内における民族対立も深刻化している。一九七二年から八九年の間にブーゲンビル島のパングナ鉱山から産出された銅・金・銀の総額は五一億キナであったが、その中から取得した利益はそれぞれＰＮＧ政府が二〇％、ブーゲンビル銅会社（ＢＣＬ）が一九％であったのに対し、ブーゲンビルの地主は〇・〇六

%でしかないという不平等性がみられた。[16]そこで彼らは八八年から独立を求めてＰＮＧ政府軍と戦い始めた。オーストラリア政府やマレーシア政府による軍事援助で戦いは泥沼化していたが、二〇〇〇年、ＰＮＧ政府とブーゲンビル人民会議（ＢＰＣ）との間でブーゲンビル側が高度な自治権を得るとの合意がなされた。

フィジーでは一九八七年に二度のクーデタが発生したが、その原因は島内において経済力だけでなく政治権力をも獲得したインド系住民に対するポリネシア系住民の脅威感であり、軍隊を使ってインド系住民への拷問が行なわれた。二〇〇〇年五月に、ポリネシア系住民によるクーデタが再び発生し、インド系住民の諸権利を認めた一九九七年憲法が廃止され、二か月近く、インド系首相を含む閣僚一八人が監禁された。また、ソロモン諸島の首都ホニアラでは一九九八年からガダルカナル島の住民がマライタ島住民に対し攻撃し始め、九九年の暮れまでに少なくとも五〇人が死亡し、二万人以上（そのほとんどがマライタ人）がガダルカナル島から追い出された。ガダルカナル島の住民は軍事集団イサタブ・フリーダム・ファイター（ＩＦＭ）を結成し、他方、マライタ島住民はマライタ・イーグル・フォース（ＭＥＦ）をもって対抗した。マライタ島出身者はホニアラにおける政府部門、民間部門で影響力を示していたのに対し、ガダルカナルに元々住んでいた人々が反感を覚えＩＦＭを結成し、マライタ人を追放し始めたのである。各種の政治経済的権限を手中に納める移民者に対して先住者が武力をもって現状の変革を求めるという構図はフィジーと共通している。

以上のように島嶼における政治経済問題は、経済構造の脆弱性、環境や自然災害による影響度の大きさ、民族抗争等、複雑多岐にわたり、その解決は容易ではない。それらの問題は島内部に原因が存在する場合もある。それと同時に島と島、島と大国との関係から問題が発生するケースも多い。よって、その解決策も村、島嶼全体そして島嶼の外部世界を含む総体的な枠組みの中で考える必要があろう。

次節では島嶼の自立運動について論じるが、その際、島嶼の自立運動を村レベル、島レベル、そして島嶼間ネットワークというレベルに分けて議論することにより、島嶼の自立運動がミクロレベルからマクロレベルと積み重なる形で展開されている様を明らかにすることができるのではないかと考える。問題解決の方法を検討するうえで重要になるのは第一節で論じた内発的発展論の考え方であり、島嶼民が主体的に参加する発展、サブシステンスが内蔵している資源・文化・生き方等の重視、「島の中の海」という考え方である。

## 3　島嶼社会における自立の可能性

### 村レベルの自立運動

まず沖縄のケースについて論じるが、現在の自立運動の基礎にはそれ以前における村の自治性があった。王国時代にまで遡れるムラジマイ（村締）、ムラガタミ（村固）と呼ばれた村内法[17]が村に政治的秩序をもたらし、経済活動を活性化させ、老人や困窮者等の弱者を救済する機能を果たした。また原山勝負[18]という村落間の競技会形式の行事により、村の生産性が向上し、納税が促進され、学事が奨励された。

さらに興味深い事例は共同店[19]の試みである。それは一九〇六年に沖縄本島の国頭村字奥で最初につくられたが、二〇年代には国頭郡全域、島尻郡の農村地帯、離島等に普及し始めた。共同店が形成された理由は村以外から来た商人が掛け売りで農民を支配したことに対抗するためであった。村人が共同して日用品を購入したり、自らがつくった生産物を販売するとともに、船舶を保有して沖縄本島中南部と交易する共同店も現れた。さらに共同店の中には診療所を有し、預金部で村人の税金を集めて役所に支払ったり、製茶工場、精米所、発電所、酒造所、製材所を経営したり、育英資金を与える等、様々な活動を自立的に行なった。

沖縄戦後の米軍統治下においても村の自立運動は様々な形で展開された。収容所から居住地に戻った住民は土地や戸籍の確定、食料生産、住宅や学校の建設、シーサーや旗頭やガン（棺桶を担ぐ上輿）の再生、学事奨励、婦人会や青年会活動等を行う拠点となった区事務所を基礎にして公民館[20]が字、区、部落、シマに設立された。婦人会の活動とは例えば清掃検査、経費節減運動、養蚕や織物の奨励並びに品評会、子弟の教育等があり、青年会は食料生産のための荒蕪地の開墾、砲弾や死体の処理、米軍犯罪に対する警備、演芸大会の開催等があった。

太平洋島嶼にはサブシステンスが幅広く残っており、村を単位とした自立的な慣習や制度も機能しているが、一方で近代化により伝統的な生活体系が崩れつつある村があるのも事実である。このような村では次のような試みが行なわれた。例えば一九八〇年にバヌアツのタボラボラ村[21]には青年クラブが存在しなかったが、ワイトアという人物が青年クラブを結成し、農業プロジェクトを始めた。このプロジェクトの目的は村人が消費する食料を自給し、老人と若者が共に働くことで互いの信頼関係を強めるとともに、将来に向けた発展のための基金を設けることであった。それにより輸入食料への過度な依存と、コプラ・モノカルチャー構造の不安定性を解消しようとした。プロジェクトの実施結果、所期の目的を達成し、各家庭でも菜園をもつようになり、基金を確保することもできた。輸入食料品から地元で生産される食料に切り替えることで栄養状態を向上させたが、それと同時に村の若者に生産する喜びを与えた。さらに権威を振るいたがる老人と新しさを求める若者との間に生じた蟠《わだかま》りを村の自立という共通の目標のために働くことで取り除くことも可能となった。

フィジーのラウ諸島にあるナヤウ島のツポウ村(22)では一九七〇年代末において二一〇人の若者が住んでいたが、そのうち賃金労働者は二二人しかいなかった。農業に従事する若者が稼いだ収入から生活費を支払うと手元にはほとんど現金が残らなかった。さらに生活費も上昇しており、苦しい生活から逃れようと多くの若者は島を離れた。その時、バイティブラブラという人物が中心になって鶏飼育プロジェクトを始めたが、その目的は次の通りである。[1]都会と村との格差を解消するために社会経済的発展をはかる。[2]所得の機会を若者に与える。[3]村人に貯蓄をすすめる。[4]若者が暇な時間を生産的に使うように導く。[5]社会活動を活発にする。その実行過程で老人がプロジェクトに反対したり、宗教的理由で参加を拒んだ若者も存在したが、プロジェクトは多くの村人の協力により成功した。離島では職がなく若者が島を離れる現象は世界の島嶼に共通している。島に産業をおこすために通常は島の外から企業を誘致するのだが、ツポウ村の場合は鶏飼育という身近な事業を若者が主体となって実施したところに特徴がある。サブシステンスが豊かであっても現金が不可欠なのが島嶼の実状であり、コプラだけでなく様々な現金獲得の回路を開拓することで島嶼の経済構造を安定化させ、ひいては若者の島離れをくいとめることもできよう。

パラオの基幹産業は観光業であり、貨幣経済を無視しては島民の生活は語り得ないが、島に埋め込まれ

パラオの伝統的集会所アバイ前のパラオ人女性

た相互扶助の関係は現在でも強固である。人々は週末になると自らの畑を耕したり、海で魚釣りをして自らの食料を確保し、親戚、友達に分け与える。「シューカン」と呼ばれる行事では親戚、友達が金銭や食べ物を持ち寄って、親睦を深めたり、家造りのための基金としている。また、首都コロールの老人会では老人自らがつくったパラオの工芸品を観光客に販売して老人会運営の資金にしている。人間関係が緊密な島嶼では、人間同士の助け合いにより生活し、生産していくという協同性が如実にみられる。

**島レベルの自立運動**

沖縄が約五〇〇年の間、独立国家であったという歴史的経験は現在の自立を考えるうえでも重要である。資源がほとんどなく、面積も限られている島嶼国家が存立できたのは、その位置の有利性を利用した中継貿易や中国や日本との巧みな関係性の構築にあるといわれている。

沖縄戦後、米軍が基地の建設と維持のために輸入品の価格を下げる為替政策を実施したために、島内製造業の発展が阻まれた。それに対抗したのが一九五四年から始まった島産品愛用運動[23]である。例えば王国時代から製造されていた醤油は琉球処分以後、日本本土製醤油に駆逐されたが、愛用運動と企業努力そして輸入規制等によりその生産高も五一年の一六九六石から、五六年には一万九四〇〇石に増大した。[24]様々な製造業が設立され商品の自給率も高くなった。各産業の自給率は一九五九年において製粉業が七〇%、煙草製造業が九〇%、製紙業が八〇%、清涼飲料水製造業が九七%、味噌・醤油製造業が七五%、製菓業が一〇〇%となった。[25]

米軍は基地建設のために一九五三年に土地収用令を発して住民の土地を強制的に取り上げたのに対して、

五四年に住民の議会である立法院は土地の買い上げ反対を含む「土地をまもる四原則」を決議した。しかし米国は住民の要求を無視したために五六年には全六四市町村のうち五六市町村で市町村住民大会が開催され、政党の違いを超えた「島ぐるみ闘争」と呼ばれる住民運動が発生した。運動の結果、五八年に土地の買い上げはしないこと、土地使用料を六倍にするという米軍側の譲歩をえた。

日本復帰が近づくと本土業者による土地買い占めが急速に進み、竹富島では島の三分の一が買収された。島民は一九七二年に「竹富島を生かす会」を結成して土地の買い戻し運動をし始め、八五年には「竹富島憲章」を決議して土地を島の外部の者に売らないことを宣言した。このような運動は石垣島や西表島等多くの島で見られ、「島おこし運動」といわれている。その担い手は都会から帰ってきた若者であり、農業を主体とした自立的な島の発展を目指した。

次に太平洋島嶼について論じる。太平洋島嶼における自立運動の事例としてまずフィジーのビチ・カンバニ運動[26]、バヌアツのジョン・フラム運動[27]、ソロモン諸島のマアシナ・ルール運動[28]等のカーゴ・カルト運動について考察する。ビチ・カンバニは一九一二年にアポロシ・ナワイという人物が設立したバナナやコプラの生産協同組合であり、西欧人や中国人による農民支配への対抗策としてつくられた。さらにアポロシは西欧人以上のマナ（霊力）をもつ王とされ、イギリス統治にかわる「土地の民のマタニトゥ（国家）」を打ち立てるために全島的な自立運動を展開した。

ジョン・フラムとはアメリカ人パイロットであり、バヌアツのタナ島に無尽蔵の物資を運んでくれると信じられていた。この運動の主導者はキリスト教宣教師や西欧人によって島の文化が破壊されたことに抗議し、伝統的な生活への復帰を訴えた。一九八〇年にバヌアツが独立する際にもジョン・フラム運動は一つの政治勢力となった。

マアシナ・ルール運動は一九四四年から五〇年にかけてマライタ島で起こったイギリス統治に対する抵抗運動である。運動の原因はキリスト教会による島文化の否定、植民地政府の強圧統治、企業の過酷な労働条件等である。運動の契機は太平洋戦争中のアメリカ軍の駐留であり、彼らによる豊かな物資の供給と、地元民に対する寛容な態度がイギリス統治の問題性を浮き彫りにしたことであった。アメリカ軍がそのまま駐留し続けることを求めたり、アメリカ赤十字に募金をして「アメリカの統治を買おう」という動きがみられた。そしてイギリスの統治機構と類似し、地元民が指揮権を握るもう一つの政治体制を島の中につくりあげた。アメリカ軍への期待はニューギニアやニューカレドニアでも生じた。自立・独立運動の背景には沖縄のニライカナイ信仰と同じような海上他界信仰があり、島嶼自立過程における島嶼文化の可能性を示している。

次に現代太平洋島嶼における自立・独立運動について述べたい。仏領ポリネシアでは一九四七年にポウバナアが中心となりポウバナア委員会が設立され、協同組合運動を行ないタヒチ語の公用語化、領土議会権限の強化を主張した。同委員会は五〇年にタヒチ人民民主党となり外国資本の没収、ポマレ王女が掲げた国旗の掲揚、核実験反対、独立を求めた。

九九年になると、フランス議会は仏領ポリネシアの自治権拡大を認める法案を可決し、海外領土から海外国に格上げした。海外国は、労働法、地方自治、土地関係法、民法、貿易規定を「国法」として制定する権利が与えられ、独自の市民権を住民に付与することも可能になった。

同じくフランスの統治下にあるニューカレドニア[29]ではフランスに留学していた若者が「赤いスカーフ」

という集団を結成し、独立運動を始めたが、島全体で独立の気運が高まったのはチバウが実行委員長をつとめた一九七五年の「メラネシア二〇〇〇」という文化祭においてカナク人が自らの文化に自信をもつようになって以降のことであった。フランス政府による開発策とは異なる発展を実現させるために、カナク人独自の学校、新聞社、ラジオ局、協同組合等を設けて、FLNKSを中心とした政党が活発に独立活動を行った。

九八年、独立派、反独立派、フランス政府間でヌーメア憲章が合意され、今後一五年から二〇年かけて防衛、警察、金融管理等を除く内政権がフランス政府から移譲されていくことになった。九九年にはニューカレドニア領域議会の選挙が行われ初代領域大統領が選出された。

フィジーのカンダブ島[30]は世界商品であるコプラから島嶼内で消費されるヤンゴナの生産に比重を移した。ヤンゴナとはフィジーでカバと呼ばれる麻酔性飲料の原料である。ヤンゴナはコプラに比べて次のような利点をもっていた。

［1］　コプラ価格が世界市場の影響を受けるのに対して、ヤンゴナ価格はほぼフィジー内で決定されるためフィジーの消費財価格指数の動きと連動しており、価格の変動幅が小さい。一九六八年から八二年にかけてヤンゴナ価格は平均二〇％幅しか変動しなかったが、コプラ価格は大きく揺れ、例えば七四年の価格は七二年、七六年のそれぞれの価格の六倍、三倍であった。

［2］　土地単位面積、単位労働時間等を基準とすると他の作物よりも多くの利益をもたらす。経費もそれほど必要とせず、熟するといつでも収穫ができ、刈り取ったあとも腐ることがないため日数のかかる島嶼間の輸送にも適している。以上のような有利性があるゆえにヤンゴナ生産が増大したわけだが、さらに

重要なのはフィジーにおいて伝統的食習慣が強固に存在していることであり、カンダブ島は島嶼の文化的独自性と自立経済との関連性を端的に示している事例であるといえよう。

## 島嶼間ネットワークによる自立運動

島嶼間ネットワークとは島と島との間で形成される政治経済的、文化的繋がりを意味する。しかしその際、ネットワークを地理的な島だけに限定するのではなく、例えば島嶼出身者が移り住んだ大陸の移民先や活動拠点をもその範囲に含めたい。沖縄におけるネットワークの形成は琉球王国時代の交易活動を嚆矢とするが、日本や東南アジア島嶼部という島だけでなく、アジアの大陸にも華僑ネットワークを通じて交易と外交の網を拡げてゆき、海洋島嶼国家の独立を維持した。そして近代においても「ソテツ地獄」に代表される島嶼の経済的疲弊を脱却するために、世界各地に移住し、故郷の家族に送金した。また沖縄内部の島嶼でも一五世紀の『李朝実録』が伝えるように、島で作られる物産の違いに応じた交易が行なわれており、近代においてもタングン島（田国島）とヌングン（野国島）と総称される稲作ができる島とできない島との間にも物産の移動がみられ、島嶼民の生存を保障した。台湾が日本の植民地になってからは先島との間に人的、物的な移動が盛んに行なわれ、離島苦の緩和に役立った。さらに太平洋戦争が終わってからも一九五〇年代初めまで与那国島は台湾や香港との密貿易の中継地点になり経済的繁栄にわいた。

このようにして形成された島嶼間ネットワークは島嶼の危機的状態も救った。沖縄戦で沖縄本島の政治経済秩序が崩壊した際に、戦争被害の少なかった周辺諸島の人々や、世界各地に居住していた沖縄移民が生活必需品や援助金を送った。また台風等の災害時でも被害が深刻な島に対して他の島々から救いの手が差し伸べられた。例えば一九五九年の台風一八号の際に宮古島では芋を食べ尽くしソテツを食べるしかない状態に直面したが、その時、沖縄本島在住の宮古島出身者で組織する宮古郷友会は「いもヅルを送る運動」を始めた。

さらに環境保護運動の中にも島嶼間ネットワークの連携がみえる。つまり沖縄本島の金武湾で起こった石油備蓄基地（ＣＴＳ）反対運動を担った人々が、多良間島や与那国島においてＣＴＳ建設計画が浮上した時、地元の人々と協力してその実現を阻んだのである。またパラオでもＣＴＳ建設が予定されていたが、その時、パラオ人が金武湾でＣＴＳの現状を学んだり、逆に沖縄の人々がパラオに行き、非核憲法を掲げるパラオの独立性から多くの影響を受けた。

次に太平洋島嶼における島嶼間ネットワークに目を転じよう。「島の中の海」を太平洋に再び実現して島嶼問題を解決する試みが実践されているが、最初にフィジーのラウ諸島[31]の例を眺めたい。ラウ諸島は火山島と石灰島に大きく二つに分けることができ、島によって生態系や産出される物産も異なる。一九世紀の民族誌にも物産が盛んに交易されている様が記されているが、その中で特に食料を多く産出するラケンバ島を中心とした交易網と位階制が形成されてきた。現在でも島嶼間の交易が行なわれており、島嶼民の生存維持を保障している。交易の手段としてはカヌーが多く用いられているが（一九九〇年の時点で約一四〇隻）、その理由は次の通りである。ラウ諸島では珊瑚礁が発達した島々が点在しているが、近代的な大型船舶だと座礁するおそれがあり、航路が遠回りになったり、少量の荷物を多くの島々に運ばなければならないためコスト高になる傾向にある。しかしカヌーによってこれらの問題を克服することが可能となる。

ラウ諸島はフィジー国内の例だが、次に幾つかの島嶼をある文化的枠組みで結びつけた圏域の中におけるネットワークをみてみよう。メラネシア文化を共通にもつPNG、ソロモン諸島、バヌアツ、フィジーはメラネシア・スペアヘッド・グループ（MSG）という連合を形成し、メラネシア文化圏に属するニューカレドニアの独立運動を支援したり、四か国間で自由貿易圏を形成した。

太平洋島嶼全体に及ぶネットワークとしては以下のものがある。一九六五年にフィジー、トンガ、サモアは太平洋島嶼地域生産者事務局（PIPS）を設立し、それによってニュージーランド向けバナナ輸出価格を交渉した。それが基になって七一年に南太平洋フォーラム（SPF、二〇〇〇年一一月、太平洋諸島フォーラム［PIF］に名称変更）が結成された。SPFの下に創設された太平洋フォーラムライン（PFL）は小さな港にも停泊し運送料も低額に抑える方針をとったため、これまで航路から外れていた極小島嶼国に航路を開くとともに、他の船会社も運送料を下げるようになった。さらにSPFは国連でオブザーバーの資格を得て国連総会に定席が与えられ、地球温暖化や核兵器廃止など島嶼国に関連する問題の解決過程に参加している。

気候温暖化にともなう海面上昇は島嶼にとって死活問題であるが、一九八〇年、太平洋島嶼における環境問題に対する計画作成と実施機構として南太平洋地域環境計画（SPREP）が設立された。さらに世界の島嶼国から構成される島嶼国連合（AOSIS）は海面上昇問題に関して世界の島嶼が共同して対応する機関として生まれた。

島嶼間ネットワークは反核運動の際にも太平洋島嶼を結びつけた。太平洋において非核兵器地帯をつくろうという動きが起こったのは一九六二年に仏領ポリネシアに太平洋実験センターが建設され始めたころである。フィジーで「モルロアでの実験反対」という団体が組織され、七一年にはSPFが地域の経済協力機構という性格の他に、核実験を含めた地域の政治問題を自由に討議できる場という性格をもって設立された。そして八五年に南太平洋非核地帯条約が締結され、核兵器の所有・製造・配備・核実験・核廃棄物の海洋投棄が禁止された。

## 結びにかえて

本論は太平洋島嶼民の自立に関する思想を述べたうえで島嶼が抱える政治経済問題と、それを乗り越えるための島嶼民の実践を具体的に論じた。島嶼性から生じる問題は深刻であり、その原因も複雑に絡み合っているため問題解決も容易ではない。島嶼に内在する発展の可能性を引き出す形で島嶼民が主体的に行動している様が明らかになったと思う。歴史的にまた現在も大国の動向に左右され、島嶼という地理的特性から生じる問題に取り巻かれている島嶼民がそれらに敗北するのではなく、自立の可能性を求め続ける背景には何があるのだろうか。論者はそれを島嶼文化の独立性であると考える。島嶼文化の独立性を象徴しているのは島々が島嶼国として独立していることであり、また独立を希求していることである。沖縄の人口約一三〇万人よりも少ない人口の島々が、経済的自立の困難が予想されるにもかかわらず独立するのは、自らの島文化に対する揺るぎない自信があるからではなかろうか。独立とともに自らの憲法をつくり、土地の外国人への売却を禁じ、法的に島嶼民を守ることが可能になった。

日本政府から膨大な補助金を得て存立している沖縄が日本政府の意図に反して基地撤去を求める運動を全島的に行っているのも、琉球・沖縄文化によって立つ独立心である。ここでいう文化とは音楽や文学等だけを指す狭い意味の文化ではなく、法認識、生産方法、ものの考え方、会話の調子や歩き方、歴史認識等など、政治経済、社会全体にわたる人間の生きる様式にほかならない。このような生きる様式が島嶼というミクロコスモスの中で形成され、内発的発展という島嶼独自の発展がみられるようになった。

文化の創り手は島嶼民であるという観点から本論は最初に島嶼の思想について述べた。その思想が具体的に展開したのが第三節の各事例であると考えていい。村レベル、島レベル、島嶼間ネットワークのレベルで行なわれている島嶼の自立運動、つまり独自な人間の生きる様式の確立運動を実践してきたのは一人一人の島嶼民であった。このような島嶼の強い自立性がある限り、外部システムがどのような形で島嶼内に介入してこようとも、島嶼民はそれを内部化して自らの独立を強固にしていくのであろう。

そのためには「島の中の海」を拡大させ、島嶼の「狭さ」を超える必要がある。しかしまた同時にその「狭さ」に目を凝らし自らのよって立つ所を深くほり、サブシステンスの豊かさを再認し、島嶼文化を創造して自立心を強めなければならない。島嶼の世界的展開と、島嶼民の強烈なアイデンティティの中に島嶼自立の可能性があると考える。

# 注

## 序

（1）鶴見和子「内発的発展論へむけて」、『コレクション 鶴見和子曼荼羅 I 基の巻』、藤原書店、一九九七年、五二二頁。
（2）The Royal Thai Government, *Social Development in Thailand. A National Report*, June 2000.
（3）西川潤『新版・人口』岩波ブックレット、一九九四年、四五頁。

## 第I部 論理的基礎——宗教・文化・教育の視点から

### 第一章 タイ仏教からみた開発と発展

（1）それゆえ、国連開発計画は一九九二〜九三年にかけて、『人間開発報告』で「政治的自由指標」の作成を試みたが、これは途上国政府の反対により、中止されてしまった。
（2）西川潤『人間のための経済学——開発と貧困を考える』岩波書店、二〇〇〇年、第一二章参照。
（3）いわゆる小乗仏教。小乗仏教という言葉は後に北伝仏教から生まれた、すべての人を救済するという大乗仏教派からの蔑称。セイロンから東南アジアに伝わった仏教は「長老の教え」(theravāda)として、上座部仏教と呼ばれる。原始仏教からは後世のものだが、アーショーカ王によって保護され、マヒンダ長老らによって南伝した。石井米雄『タイ仏教入門』めこん、一九九一年、参照。

(4) 精進心は仏教でいう中道に到達するための八つの正しい道(八正道)の一つだが、貪欲(タンハー)に対抗して、精進心(チャンタ)をとり上げることで、異なる開発(物の開発対心の開発)間の対比をはっきりさせた。これはパユットの大きな貢献である。

(5) 一九八四年八月一八日、ワット・サイチャイタムでのパユット師へのインタビュー。

(6) 中村元訳「仏伝に関する章典」(『原始仏典』筑摩書房、一九七四年)。二〇—二二頁。高崎直道『仏教入門』東京大学出版会、一九八三年、二九頁。

(7) サンガは、今日的な意味では仏教の教団組織を指すが、もともと、仏法を追求しようとする出家、俗人双方が結成する共同体を指した。

(8) Santikkaro Bhikku, "The Four Noble Truths of Dhammic Socialism," in J. Watts, A. Senauke and Santikaro Bhikku (ed.), *Entering the Realm of Reality: Towards Dhammic Societies*, Bangkok, Suksit Siam, 1997.

(9) 一九七〇年代始めに、カセサート大学出身の何人かの僧によって設立され、バンコク郊外パタムタニに広大な道場をもち、瞑想を指導する。都市中層階級に人気があり、バンコク主要箇所から毎日数千の人がバスで瞑想に通う。

(10) テレビのパーソナリティから出家したポーティラック師によって指導され、原始仏教に近い戒律を厳しく実行している。元バンコク市長チャムロンらが指導する政党パランタム(法の力)は、このサンティアソクに近いと見られている。

(11) ナーン和尚の事業については、ピッタヤー・ウォンクン、野中耕一訳『村の衆には借りがある』燦々社、曹洞宗ボランティア会発売、参照。

(12) パーイ村長とサクーン村の村興しについては、セーリー・ピンポット、野中耕一訳『村は自立できる』燦々社、曹洞宗ボランティア会発売、参照。本節の叙述は同書及び曹洞宗ボランティア会『シャンティ』一九九四年冬号の特集「農村の自立と宗教」に基いている。

## 第二章　サルボダヤ運動による〝目覚め〟と分かち合い

(1) 西川潤「内発的発展論の起源と今日的意義」、川田侃、鶴見和子編『内発的発展論』東京大学出版会、一九八九年、一七頁。

(2) 長峯晴夫『第三世界の地域開発——その思想と方法』名古屋大学出版会、一九八五年、二〇七頁。

(3) T・ヴェルヘルスト『文化・開発・NGO——ルーツなくしては人も花も生きられない』片岡幸彦監訳、新評論、一九九四年、四六頁。

(4) 国連開発計画『人間開発報告一九九四年版』広野良吉、北谷勝秀、佐藤秀雄監修、国際協力出版会、一九九四年、一六頁。

(5) 仏教伝道協会『仏教聖典』一九七二年、六〇〇頁。

(6) Payutto, P. A., *Buddhist Economics, A Middle Way of the Market Place, 2nd ed,* Bangkok: Buddhadhamma Foundation, 1994. 及びパユット師への筆者による面接インタビュー、一九九四年九月（タイ、バンコク）。

(7) 市井三郎、布川清司『伝統的革新思想論』平凡社、一九七二年、一三頁。

(8) Perera, H. R., *Buddhism in Sri Lanka : A Short History,* Kandy : Buddhist Publication Society, 1988.

(9) 足立明「スリランカの仏教とナショナリズム——JVP反乱の後で」、田辺繁治編『実践宗教の人類学——上座部仏教の世界』京都大学出版会、一九九三年、三二九—三三〇頁。

（10） Bond, George D., *The Buddhist Revival in Sri Lanka : Religious Tradition, Reinterpretation and Response*, Deli : Motilal Bararsidass Publishers Private Limited, 1992, p. 45. 例えば、仏教日曜学校、YMBA/YWBA（Young Men's/Women's Buddhist Association）などの青少年活動にはプロテスタンティズムの影響がある。

（11） Ariyatarne´ A. T., *In Search of Development,* Moratuwa : Sarvodaya Press, 1981, p. 21.

（12） アリヤラトネ、筆者による面接インタビュー、一九九四年三月二二日、於サルボダヤ運動本部（スリランカ、モラトワ）。

（13） アリヤラトネ、同。

（14） Ariyaratne, A. T., “Sarvodaya in a Buddhist Society”, *Collected Works Vol. 1*, Dehiwala : Sarvodaya Research Institute, 1979, pp. 131-132.

（15） Ariyaratne A. T. “The Vision of a New Society”, *Collected Works Vol. 5*, Moratuwa : Sarvodaya Vishva Lekha, 1990, pp. 147-161.

（16） Ariyaratne A. T., “Transformation of Vision into Reality- Planning for Development（Awaking)”, *Collected Works Vol. 5,* Moratuma : Sarvodaya Vishva Lekha, 1990, p. 198.

（17） アリヤラトネ「サルボダヤ運動の目指すもの――第三世界の民衆開発」、野田真里訳、早稲田大学稲門西川会『平和と発展』第五号、一九九五年、三五―四一頁。

（18） Ariyaratne, A. T., “Sarvodaya Shramadana Movement of Sri Lanka: Development from Below, A Case Study”, *Collected Works Vol. 4*, Moratuwa : Sarvodaya Vishva Lekha, 1986, pp. 42-45.

（19） Ariyaratne, A. T., “Primary Health Care and Community Participation”, *Collected Works Vol. 1*, Dehiwala : Sarvodaya Research Institute, 1979, p. 157.

（20） ジョアンナ・メーシー『サルボダヤ――仏法と開発』、中村尚司監訳、めこん、一九八四年、一二八

—一一九頁。

(21) Bodananda, K. and D. S. Senanayake, "The Experience of Sarvodaya Samodaya Seva : A Sri Lankan Non-Governmental Organization", International Conference on Effective Parenting to Prevent Drug Abuse and International Forum on Global Issue Commemorating the 50th Anniversary of U. N., Nov. 1994, Miyazaki, Japan, pp. 2-3.

(22) ボーダナンダ、筆者による面接インタビュー。一九九四年三月三〇日～四月二日、於「サルボダヤ平和のための覚醒サービス協会」(スリランカ、ペルマドゥーラ)。

(23) 筆者による面接インタビュー。一九九四年三月三〇日。於「サルボダヤ比丘研修センター」(スリランカ、ラトゥナプラ)。

(24) タイやカンボジアの「行動する仏教」や開発僧の運動については、拙著「タイにおける内発的発展と仏教」『第六回国際開発学会全国大会報告論集』、一九九五年、西川潤・野田真里編著『仏教・開発・NGO』新評論、近刊、マハゴサナンダ『微笑みの祈り』馬籠久美子、野田真里編訳、春秋社、一九九七年等を参照されたい。

(25) アリヤラトネ、筆者による面接インタビュー。一九九四年三月二一日～四月二八日、於サルボダヤ運動本部(スリランカ、モラトゥワ)。

## 第三章 内発的発展と教育――ノンフォーマル教育の意義

(1) UNICEF, *Reaching the Unreached : Non-Formal Approaches and Universal Primary Education*, (UNICEF, 1993), p. 5-6を参考にした。

(2) Government of India, Ministry of Information and Braodcasting, Publication Division, *The Collected Works of Mahatma Gandhi*, 1988, volume 87, p. 326.

（3） *Ibid.*, volume 37, p. 320.

（4） *Ibid.*, volume 41, p. 6.

（5） ブラフマチャリアとは、身体の欲求をコントロールすること。*Ibid.*, volume 14, p. 134.

（6） *Ibid.*, volume 35, p. 139.

（7） *Ibid.*, volume 25, p. 404.

（8） *Ibid.*, volume 50, p. 182-183.

（9） *Ibid.*, volume 66, p. 39.

（10） *Ibid.*, volume 83, p. 53.

（11） *Ibid.*, volume 75, p. 154.

（12） *Ibid.*, volume 13, p. 145.

（13） *Ibid.*, volume 56, p. 295.

（14） *Ibid.*, volume 56, p. 295.

（15） 例えば、tijolo（れんが）という生成語を取り上げた場合、はじめにti-jo-loと音節に分解したものを示し、次に下のような発見カードを提示する。パウロ・フレイレ『伝達か対話か——関係変革の教育学』里見実、楠原彰、桧垣良子訳、亜紀書房、一九八二年、一一五—一一六頁参照。

発見カード

ta—te—ti—to—tu

ja—je—ji—jo—ju

la—le—li—lo—lu

（16） 佐藤寛編『援助と社会の固有要因』アジア経済研究所、一九九五年、八頁。

(17) Edgar Faure, Felipe Herrera, Abdul-Razzak Kaddoura, Arthur v. Petrovsky, Henri Lopes, Majid Rahnema, Frederick Champion Ward, *Learning to be : The World of Education Today and Tomorrow*, (UNESCO, 1972) p. 64.

(18) UNICEF『開発のための教育――ユニセフによる地球学習の手引き　パイロットバージョン』日本ユニセフ協会訳、日本ユニセフ協会、一九九四年、五頁。

(19) UNDP, UNESCO, UNICEF, World Bank, *Meeting Basic Learning Needs: A Vision for the 1990s—Background Document*, (UNDP, UNESCO, UNICEF, World Bank, 1990) p. 33.

(20) UNICEF, *Reaching the Unreached : Non-Formal Approaches and Universal Primary Education*, P. 2.

(21) 算数では簡単な計算や、お金の数え方扱い方を習い、社会科では、食料、栄養、衛生、住居、動物の世話、子どもの世話、伝染病や病気とその予防、応急処置、生態系、コミュニティー、国、世界、基礎科学に重点を置いている。社会科は村の人々とのつながりや協力といった価値観、人口問題、早婚や結婚持参金の問題なども含んでいる。

(22) Mary B. Anderson, *Education for All : What are we waiting for?*, (UNICEF, 1992), p. 64.

(23) *Ibid*, p. 41.

(24) UNICEF, *Reaching the Unreached*, p. 3.

(25) 「シュラマダーナ」とは、労働の分かち合いの意味。サルボダヤ職員によって企画・呼びかけがなされ、自発的参加者によって道路や貧しい人々のための家が作られたりする。キャンプへの参加を通じて、参加者はともに働くことを経験する。

(26) 私が訪ねた所では、学校の敷地を政府から提供してもらい、校舎を住宅供給公社経由で建てた所と、サルボダヤから供与してもらった所があった。また、月謝を取って教師の給料に充てている所、授業料は無料で教師は無報酬で働いている所があった。

(27) UNICEF, *Reaching the Unreached*, p. 5.


**参考文献**

Catherine H. Lovell, Kaniz Fatema, *The BRAC: Non-Formal Primary Educatin Programme in Bangladesh*, (UNICEF, 1989).

三輪桂子「最貧層の生活実態ふまえた学校づくり」社会開発研究会編『入門　社会開発――住民が主役の途上国援助』国際開発ジャーナル社、一九九五年。

ジョン・フリードマン『市民・政府・NGO――「力の剥奪」からエンパワーメントへ』斉藤千宏、雨森孝悦監訳、新評論、一九九五年。


## 第II部　NGOの役割――運動の視点から

### 第四章　都市スラムの自立運動と政策環境

(1) ここでは「スクォッター地区」もスラムの一種と考える。スクォッター(squatters)とは、近代的土地法の下で認められる居住権を有さぬまま公有地・民有地に定住している「無権利居住者」であり、かれらが集住している居住地がスクォッター地区である。特定の社会の慣習や法観念のもとで何を「無権利」とするか微妙なこともあるが、政府から見れば不法占拠状態であるので行政サービスが届きにくく、追い立ての脅威に加え、物的環境も劣悪なまま放置されているのが大多数である。一般に、近代法上認められぬまま公有地や他人の私有地を占有していたり、宅地・建物が都市計画・開発法制・建築基準等に照らして違法ないし無認可であったり、あるいは規制法令がなくとも一定の「近代的」規範に対して住まい方(立地、密度、共同施設、建物の設備や建築材料など)が「異常」とされるような宅地や住宅からなる居住地を、「インフォーマル居住地」という。その「低水準」や「異常」の判断には、法や規制や規範の適切さと、住環境を形成する貧困層の生活諸条件総体との両面に注目しなければならないのである。

（2） 当時のマルコス大統領によって定められた大統領令七七二号。これはその後フィリピンＮＧＯによる長いアドボカシー（提言とロビーイング）活動の標的のひとつとなり、九五年に国連社会権規約委員会は、同令の廃止が考慮されるべきだとする見解を発表し、その二年後に廃止された。

（3） カンポンはインドネシアの都市内で、庶民が自生的につくってきた地区を意味する。オランダ植民地時代には都市行政の管轄外におかれていたので公共サービスは放置され、逆に自発的に生活環境を整備する伝統が存在した。日本の軍政は、カンポンの相互扶助組織を再編しながら隣組制度を導入した。独立後も、制度化された隣保組織は行政の受け皿として機能した。一九六九年にジャカルタとスラバヤで自治体主導のカンポン改良事業が始まった。ジャカルタは比較的「上から」の強権的な実施、スラバヤは自治体と住民との多様なパートナーシップを基盤にしていた違いはあったが、ともに地区内道路、水道、共同水浴場、共同トイレなど最低限の生活基盤を自治体が低コストで提供し、これに応じて住民は労働奉仕や住宅の自己改善を行った。この成果に世界銀行も注目し、五年後からは第二期全国総合開発計画の一環として、全国の自治体に広がった。

（4） www. grameen-info. org/ なおグラミンは「農村」を意味し、グラミン銀行の融資対象は農村に限られる。これはその設立憲章のためである。しかし外郭団体として設置されたグラミン・トラストを通じて複数のＮＧＯが資金を受け、都市スラムでグラミン銀行と同じシステムの融資活動を行っている。グラミン銀行を中心とする草の根融資システムについて、近年多くの疑問も提出されている。居住問題との関連で論点のいくつかを検討したものとして以下を参照されたい。穂坂光彦「住まいへのマイクロクレジット――アジアの経験と論点」『社会運動』二二五号、一九九八年。

（5）　A・ハサン（穂坂光彦編訳）「オランギ低価格衛生設備事業」J・アンソレーナ他編著『居住へのたたかい——アジアのスラムコミュニティから』明石書店、一九八七年。

（6）　詳しくは以下を参照されたい。穂坂光彦「解説——アジアのスラムと居住政策」アンソレーナ他前掲書所収。

（7）　Manuel Castells, *The City and the Grassroots*, University of California Press, 1983, p. 175.（邦訳は吉原直樹他訳『都市とグラスルーツ』法政大学出版局、一九九七年）。

（8）　穂坂光彦「住民によるスラムの改善（スリランカ）」斎藤千宏編著『ＮＧＯが変える南アジア——経済成長から社会発展へ』、コモンズ、一九九八年。

（9）　二〇〇〇年一〇月より、この組織は農村金融プログラムと合体されて「コミュニティ組織開発センター」（ＣＯＤＩ）となり、タイ大蔵省のもとに活動することとなったが、組織形態は住民がコントロールできる形に、分権化されている。

**参考文献**


J・アンソレーナ、伊従直子『スラムの環境・開発・生活誌』明石書店、一九九二年。

内田勝一・平山洋介編『講座現代居住５　世界の居住運動』東京大学出版会、一九九六年。

穂坂光彦『アジアの街　わたしの住まい』明石書店、一九九四年。


## 第五章　北西インドの自営女性労働者協会——最貧困女性のエンパワーメント

（1）　Self-Employed Women's Association, Annual Report 1994.

（2）　R. Jhabvala and N. Bali, *My Life My Work*, SEWA Academy, p. 25, 1992.

（3）　Kalima Rose, *Where Women Are Leaders*, Vistaar Publications, p. 44, 1992.

(4) Jhabvala and Bali, *op. cit.*, p. 25.

(5) Kalima Rose, *op. cit.*, p. 125.

(6) *Ibid*, p. 228-9.

(7) *Ibid*, p. 62.

(8) *Ibid*, p. 206, p. 228.

(9) Ela Bhatt, *Cooperatives and Empowerment of Women*, Samakhya, p. 7-12, 1992.

(10) Kalima Rose, *op. cit.*, p. 217.

(11) Bharati Bhavsar, “Vanlaxmi: A Case Study of Women's Ecogenerative Cooperative”, paper presented at Women in Agriculture Conference in Melbourne, 1994.

(12) Self-Employed Women's Association, Annual Report 1993.

(13) Jayashree Vyas, “Banking with Poor Self-Employed Women”, paper presented at European Regional Meeting in Spain, p. 2,1993.

(14) *Ibid.* P. 19-20.

(15) Pushpa Joshi (ed), *Gandhi on Women*, Navajivan Trust, 1988.

(16) Self-Employed Women's Association, “DWCRA Training for Group Leaders”, 1993.17 Jhabvala and Bali, *op. cit.*, p. 180.

(18) *Ibid.*, pp. 72-73.

(19) 一九九五年八月九日、『女性と開発スタディツアー』の日本人参加者に対して行われた説明会における発言。

(20) Ela Bhatt's Forward in Pushpa Joshi (ed), *op. cit.* p. iv.

（21） *Ibid*, p. vi.
（22） 横山正樹『フィリピン援助と自力更生論——構造的暴力の克服』明石書店、一九九〇年、一五頁。
（23） 同書。一八頁。
（24） Ela Bhatt's Forward in Pushpa Joshi (ed), *op. cit.* p. iv.

**参考文献**

甲斐田万智子「働く女性の声を政策につなげるＳＥＷＡ」『ＮＧＯ大国インド』明石書店、一九九七年。

## 第六章　適正技術の創出に向けて——ＮＧＯ活動の経験から

（1） 第１節は、『インドネシア・日本適正技術会議報告書』（アジア民間交流ぐるーぷ、一九九八年）の解題として執筆した文章を再構成したものである。
（2） Schumacher, E. F., *Small is beautiful*, Sphere Books Ltd., 1974, pp150, 訳は筆者。
（3） *Ibid.*, pp128, 訳は筆者。
（4） 吉田昌夫編『適正技術と経済開発』アジア経済研究所、一九八六年。
（5） Dickson, D., *Alternative Technology and the Politics of Technical Change*, William Collins & Sons Co. Ltd., 1974. デイビッド・ディクソン『オルターナティブ・テクノロジー——技術変革の政治学』田窪雅文訳、時事通信社、一九八〇年。
（6） Lovins, A. B., *Soft Energy Paths : Towards a Durable Peace*, Friend s of Earth Inc., 1977, 室田泰弘、槌屋治紀訳『ソフト・エネルギー・パス』、時事通信社、一九七九年。
（7） 現代技術史研究会セミナー編『第三世界の問題を考える』勁草書房、一九八五年。
（8） 森清『旋盤ひとつでアジアが見える』学陽書房、一九九三年。

（9）田中直「適正技術・代替社会」『環境と生態系の社会学』岩波講座現代社会学、第二五巻、岩波書店、一九九六年。

## 第Ⅲ部　地場産業・農村・島嶼——地域の視点から

### 第七章　フィリピン地場産業発展の条件

（1）Renato Constantino ed., *Recto Reader*, Recto Memorial Foundation, Manila, 1983, p. 32. コンスタンティーノについて、詳しくは拙稿「従属か、自立か、途上国の選択」『20世紀の定義　3　欲望の解放』岩波書店、二〇〇一年、一五四—一五七頁。

（2）R. Constantino, *Nationalist Alternatives*, Foundation for Nationalist Studies, Quezon City, 1979, pp. 78-81.

（3）De Dios, Emmanuel S; Montes, Manuel F.; Lim, Joseph Y., *Three Essays on Nationalist Industrialization*, Philippine Center for Policy studies, Quezon City, 1991.

（4）Randolf David, "Persistent Issues in the 'New World Order'", *Kasarinlan*, vol. 7, Nos. 2-3,1992, p. 9.

（5）Forum for Philippine Alternatives （FOPA）, "Equitable and Sustainable Economic growth in the 1990s：a Proposal to the Progressive Movement," in John Gershaman, Walden Bello eds, *Reexaming and Renewing the Philippine Progressive Vision*, Papers and Proceedings of the 1993 Conference of the FOPA, San Francisco Bay Area, California, April 2-4,1993, pp. 59-62.

（6）Maximo Kalaw Jr., "The Search for a New Economic Paradigm," in Gershman and Bello eds., *op. cit.*, pp. 82；"Exploring Soul and Society, Papers on Sustainable Development", Anvil Publishing Inc., Pasig City, Metro Manila,

1997.

(7) *Philippine Daily Inquirer*, December 19, 1994.

(8) 鍛冶産業については、拙著『フィリピンの地場産業ともう一つの発展論——鍛冶屋と魚醤』明石書店、一九九八年、第Ⅳ章も参照されたい。

(9) 同前、拙著第Ⅴ章も参照されたい。

(10) 石毛直道、ケネス・ラドル『魚醤とナレズシの研究——モンスーン・アジアの食事文化』岩波書店、一九九〇年。

(11) アントニオ・デ・モルガ『フィリピン諸島誌』神吉敬三、箭内健次訳、岩波書店、一九六五年、三〇六頁。

(12) 藤本伸樹「動き出したカラカ発電所——フィリピン二〇〇〇はどんな夢」『オルタ通信』一九九三年九月。

(13) Sulak Sibaraksa, *Siamese Resurgence*: A Thai Buddhist Voice on Asia and a World of Change, Asian Cultural Forum on Development, Bangkok, 1995, pp. 96-97.

(14) 横山正樹『フィリピン援助と自力更生論——構造的暴力の克服』(改訂新版)、明石書店、一九九四年、四—五頁。

(15) より詳しくは前掲拙著、第Ⅲ章を参照されたい。

(16) National Economic Development Authority (NEDA), *1999-2004 Medium Term Philippine Development Plan*, Chap. 7, 1999.

(17) 貿易自由化については、拙稿「地場産業とグローバリゼーション——フィリピン」オルター・トレード編『国境なき時代の台所から　見えない構図——グローバリゼーション』オルター・トレード・ジャパン、一九九九年。
(18) たとえば、一九八一～八四年にかけてのＫＫＫ（生活改善運動）に対する世界銀行による援助がある。前掲拙著、九二―九七頁。
(19) Sandra O. Yu, Supporting the Informal Sector, Cases of NGO Assistance Programs, PULSO, Monograph No. 13, Feb. 1994；雨森孝悦「持続可能な貧困緩和プログラム――フィリピンのグラミン・バンク型貯蓄・融資プログラムの事例から」『平和研究』第二一号、一九九六年、一一月。
(20) フィリピンの地場産業については以下も参照されたい。Rosanne Rutten, *Artisans and Entrepreneurs in the Philippines, Making a Living and Gaining Wealth in Two Commercialized Crafts*, New Day Publishers, Quezon City, 1993；拙稿「地場産業――鍛冶屋から塩辛づくりまで」大野拓司、寺田勇文編著『現代フィリピンを知るための60章』明石書店、二〇〇一年。

## 第八章　バリ地域社会の内発的ダイナミズム

(1) 内発的発展論の理論的系譜については西川潤「内発的発展論の起源と今日的意義」鶴見和子・川田侃編『内発的発展論』東京大学出版会、一九八九年、および鶴見和子「内発的発展論の系譜」同右、を参照のこと。
(2) 鶴見和子、前掲書、四八頁。
(3) 同右、四九頁。
(4) 村井吉敬「内発的発展の模索」鶴見和子・川田侃編『内発的発展論』東京大学出版会、一九八九年、一八五頁。
(5) たとえばＩＮＦＩＤ（International NGO Forum on Indonesia）はインドネシア国内のＮＧＯおよび国外の開

発ＮＧＯ、啓発型ＮＧＯなどが構成メンバーとなり、インドネシア政府や援助供与国、国際機関、多国籍企業などに対し、より公正で持続的な発展を実現すべく、多彩なアドヴォカシー活動を展開している。

（6） ＮＧＯの意義と役割に建設的な再検討を加える試みとしては、Thomas W. Dichter, "The Changing World of Northern NGOs : Problems, Paradoxes, and Possibilities," in John P. Lewis (ed.) *Strengthening the Poor : What Have We Learned?*, Transaction Books, 1988、ジョン・フリードマン『市民・政府・ＮＧＯ』斎藤千宏・雨森孝悦監訳、新評論、一九九五年、ティエリー・ベルヘルスト『文化・開発・ＮＧＯ』片岡幸彦監訳、新評論、一九九四年などがある。

（7） デビッド・コーテン『ＮＧＯとボランティアの二一世紀』渡辺龍也訳、学陽書房、一九九五年、一二五頁。

（8） 同右、一二六頁。

（9） 同右、一二七頁。

（10） Clifford Geertz, "Form and Variation in Balinese Village Structure," *American Anthropologist*, No. 61,1959, pp. 1009-10.

（11） ここでは信徒集団と訳したが、これは寺院のプマクサンとなっている世帯のみがその寺院での祭儀に出席し、祈りを捧げるという意味ではない。

（12） クリフォード・ギアツ、ヒルドレッド・ギアツ『バリの親族体系』吉田禎吾他訳、みすず書房、一九八九年、三八―三九頁。

（13） Carol Warren, *Adat and Dinas : Balinese Communities in the Indonesian State*, Kuala Lumpur : Oxford University Press, 1993, pp. 116-122. バリの社会集団の指導者に求められる資質については、永渕康之「見出された相互扶助組織――バリ島、ウォンガユ・グデ村におけるルグ組織について」『南方文化』一四、一九八七年、一

三三頁も参照のこと。

（14）同時期のジャワ島における地域コミュニティーを基盤とした発展形態については、Nico G. Schulte Nordholt, "From LSD to LKMD : Participation at the Village Level," in Ph. Quarles van Ufford ed., *Local Leadership and Programme Implementation in Indonesia*, Amesterdam : Free University Press, 1987, pp. 47-65を参照。

（15）Clifford Geertz, *Peddlers and Princes*, Chicago : University of Chicago Press, 1963, pp. 87-8.

（16）Warren, *Adat and Dinas*, pp. 169-172.

（17）Carol Warren, "Balinese Political Culture and the Rhetoric of National Development," in Paul Alexander (ed.), *Creating Indonesian Cultures*, Oceania Publications, 1989, p. 40.

（18）Warren, *Adat and Dinas*, pp. 172-77.

（19）一九六五年の九・三〇事件の余波としての大量虐殺は、現在に至るまでバリ各地の地域社会にさまざまなかたちで爪痕を残している。ここに紹介したのは、広がる政治不安と虐殺の嵐のなかで、コミュニティーの連帯を維持するために考案された芸能活動が観光客の増加にともなって商業目的の活動に転化したという興味深い例であり、このほかにもウォレンは、バンジャールが結束してもと共産党員だったメンバーをかばったり、あるいはこの時期の困難な状況をばねにして、バンジャールや村落レベルのコミュニティー・ディベロップメントに成功した事例を引いている。(Warren, ibid., pp. 172-177.) しかしバリ全体としてみれば、プリアタンの集落のような防御装置が働かず、地域社会全体がずたずたに分断されたケースが多いのではないかと思われる。ここに詳述することはできないが、筆者の調査地の場合はあきらかにそちらの色あいが強かったことを付け加えておきたい。

（20）Warren, *Adat and Dinas*, pp. 182-83.

（21）この制度はヒンドゥー教の伝播とともにインドからバリに伝わったものとされているが、インドでみられるカースト制とは異なる部分も多い。だが便宜上、ここではカーストという言葉を用いることにする。

(22) 四つのカーストのうち、ウェシアに属する人々の称号の一部が「グスティ」であるが、ここでいうグスティは「主人」という意味である。

(23) Ayami Nakatani, "Private or Public? Defining Female Roles in the Balinese Ritual Domain", *Southeast Asia Studies*, 34 (4), 1997.

(24) Clifford Geertz, *Peddlers and Princes* でも、高位カーストの成員が旧来のパトロン―クライアント関係に依拠しつつ、起業家として経済活動を展開した事例を取りあげている。

(25) 慣習村としてのデサの定義、規則などについては、吉田禎吾編著『バリ島民』弘文堂、一九九二年、五五―七〇頁参照。

(26) 現実には成員の支持なくしては誰もバンジャールの長としての職務をまともに遂行することができないため、村長が候補者を選ぶ際にまずバンジャールの成員に諮問する、というかたちをとるところが多い。よって今のところは従来の原則がある程度生きているといえるが、リーダー選出にあたっての基準に中学校卒業以上、といった項目が加わるなど、本来バンジャールを率いるにふさわしいとされた資質とは異なる要件が考慮の対象となっている。(Warren, *Adat and Dinas*, p. 248.)

(27) ＬＭＤの前身であるＬＳＤ (Lembaga Sosial Desa：村落社会委員会) が誕生した経緯とそれが全国的な村落行政機構に組みこまれていく過程については、Schulte Nordholt, "From LSD to LKMD" を参照のこと。

(28) Patrick Guinness, Local Society and Culture, in Hal Hill (ed.) *Indonesia's New Order*, Honolulu：Hawaii University Press, 1994.

(29) 鏡味治也『政策文化の人類学』世界思想社、二〇〇〇年。

(1) Fairbairn, I. J., *Island Economies : Studies from the South Pacific*, University of the South Pacific, 1985

(2) Kakazu, H., *Sustainable Development of Small Island Economies*, Westview Press, 1994

(3) Narokobi, B., *The Melanesian Way*, University of the South Pacific, 1980, pp. 3-14.

(4) Tjibaou, J-M., "Jean-Marie Tjibaou on New Caledonia's Goals." *Pacific Islands Monthly*, April, 1982, p. 37.

(5) *Pacific News Bulletin*, March, 1994, pp. 8-9.

(6) *Pacific News Bulletin*, October, 1994, pp. 8-10.

(7) Blanchet, G. L., *L'Économie de la Polynésie Francaise de 1960 à 1980*, Un Apercu de Son Évolution, 1984, p. 19.

(8) Chesneaux, L. et Maclellan, N., *La France dans le Pacifique:De Bougainville à Moruroa*, La Découverte, 1992, pp. 126-127.

(9) Institute D'Émission D'Outre-Mer, *La Polynésie Française,* Institute D'Émission D'Outre-Mer, 1993, p. 34.

(10) Malama and Meleisea, P. S., "The Best Secret : Tourism in Western Samoa.", Rajotte, F. and Crocombe R. (eds.), *Pacific Tourism : As Islanders See It*, University of the South Pacific, 1980, p. 43.

(11) Kakazu, H., *op. cit.*, pp. 97-111.

(12) *Pacific News Bulltin*, July, 1992, p. 5.

(13) Bryant, J. J., *Urban Poverty and the Environment in the South Pacific*, University of New England, 1993, pp. 51-52.

(14) Josephides, L., "Gendered Violence in a Changing Society : the Case of Urban Papua New Guinea." *Journal de la Société des Océanistes*, 99 Annee, 1994, 1994-2, pp. 187-196.

(15) *Pacific News Bulltin,* March, 1995, pp. 9-10.

(16) Kabutaulaka, T. "The Bougainville Crisis the Provincial System of Government : A Problem to the Solution." Durutalo, S. (ed.) *Transitions to Democracy in the South Pacific*, University of the South Pacific, 1993, p. 82

(17) 奥野彦六郎『南島村内法』ぺりかん社、一九七七年、を参照されたい。

(18) 奥野彦六郎『南島の原山勝負の構成——南島の労働推進』農林省農業総合研究所、一九五五年、を参照されたい。

(19) 玉野井芳郎・金城一雄「共同体の経済組織に関する一考察——沖縄県国頭村字奥区の「共同店」を事例として」『沖縄国際大学商経論集』第七巻第一号、一九七八年と、安仁屋政昭・玉城隆雄・堂前亮平「共同店と村落共同体——沖縄本島北部農村地域の事例（1）」『南島文化創刊号』創刊号、一九七九年、を参照されたい。

(20) 末本誠「琉球政府下、公民館の普及・定着過程——ムラと公民館」小林文人他編『民衆と社会教育——戦後沖縄社会教育史研究』エイデル研究所、一九八八年、一九六—二〇五頁。

(21) Toa, I. W., "A Gardening Project for Tavolavola, Aoba, Vanuatu." Mary, L. (ed.), *Pacific Youth in Rural Economic Development : Studies by Youth Involved in Small Commercial Youth Projects*, University of the South Pacific, 1984, pp. 14-17.

(22) Bativuravura, A. "A Laying-Chicken Project in Tubou Village, Lau, Fiji." Mary, L. (ed.), *Pacific Youth in Rural Economic Development : Studies by Youth Involved in Small Commercial Youth Projects*, University of the South Pacific, 1984, pp. 56-65.

(23) 『沖縄タイムス』一九五四年一一月二三日。

(24) 『沖縄タイムス』一九五七年九月六日。

(25) 『沖縄タイムス』一九五九年一一月二九日。

(26) 春日直樹「『土地の民』からみた国家の形成と変容——フィジーのマタニトゥ概念を中心にして」塩田光喜他編『マタンギ・パシフィカ——太平洋島嶼国の政治・社会変動』アジア経済研究所、一九九四年、二〇九—二三六頁。Leckie, J. "Workers in Colonial Fiji 1870-1970." Moore, C. et. al. (eds.) *Labour in the*

*South Pacific*, James Cook University, 1990, pp. 47-66.

(27) *Pacific Islands Monthly*, March, 1989, pp. 26-30.

(28) 棚橋訓「ソロモン諸島のマアシナ・ルール運動」清水昭俊他編『近代に生きる――オセアニア』東京大学出版会、一九九三年、三五―五二頁。Frazer, I. “Maasina Rule and Solomon Islands Labour History.” Moore, C. et. al.（eds.）*Labour in the South Pacific*, James Cook University, 1990, pp. 191-203.

(29) Matsushima, Y. “The Trial of Independence and Coexistence in New Caledonia : the Kanak-Style Economic Development.” Sato, Y.（ed.）*Regional Development and Cultural Transformation in the South Pacific : A Critical Examination of the ‘Sustainable Development’ Perspective* :, University of Nagoya, 1995, pp. 61-86.

(30) Sofer, M., “Yaqona and Peripheral Economy.” *Pacific Viewpoint*, 26（2）, 1985, pp. 421-432.

(31) 松島泰勝「島嶼交易と海洋国家――琉球列島とフィジー・ラウ諸島を事例として」塩田光喜編『海洋島嶼国家の変貌と原像』、アジア経済研究所、一九九七年、を参照されたい。

「アジアの内発的発展」を考えるキーワード

西川　潤

市民社会（civil society）
開発と人権（development and human right）
所得貧困から人間貧困へ（from poverty to deprivation）
福祉とよい生活（welfare and well-being）
ボランティアシップ（volunteership）
オールタナティヴ貿易（alternative trade）
基本的必要（Basic Needs, Basic Human Needs）
文化と開発（culture and development）
大同と中道（daidong and middle-way）
持続可能な発展（sustainable development : SD）
キーパーソン（key person）
マハトマ・ガンジー（Mahatma Gandhi : 1869-1948）

## 市民社会（civil society）

市民（citizen）とは、第一義的には都市の住民を指す。第二に彼らは戦闘を旨とする封建領主、武士と異なり、平和に商工業を営むために文民（civilian）とも呼ばれる。第三の意味は資本の蓄積者である。マルクスらは、城郭（bourg）に囲まれた都市内に住み、交易を営む彼らが、資本主義をすすめる原動力となったと考え、営利を追求する彼ら市民を「ブルジョワ」（bourgeois）と呼んだ。第四の意味は、フランス革命後新共和国によって採択された「人及び市民に関する権利宣言」（フランス人権宣言）で、自然人と区別された、国家（政治社会）を形成し、そこでの権利の主体となる市民（citoyen）である。市民（ブルジョワ）革命以来、資本蓄積、経済発展は国家と営利企業がこれをすすめてきたが、近年、市場の失敗、政府の失敗が、貧困や失業の増大、環境悪化、財政赤字、汚職腐敗等によって目立ってくると共に、この第四の意味での市民が、国家、市場の失敗を是正する役割をもつ新たな開発主体として注目され、また期待されるようになってきた。この意味での市民は、政治体制の透明かつ民主的な運営に責任をもつ人々である。この意味での市民社会は西欧の独占物ではなく、世界どこでも見出されるといえる。

## 開発と人権（development and human right）

開発／発展とは本来、西欧哲学ではヘーゲル哲学の言葉であり（die Entwicklung）、封建制の下、身分制社会の枠内で縮こまっていた（wickeln）市民社会が、革命を契機に世界的に自己発展する様相を指している。

その意味で発展とは自動詞なのだが、ヘーゲルは『歴史哲学』で、これを理性の発展と呼び、世界史の進歩をはかる尺度とした。しかし、ヘーゲル自身がやがて、市民社会の無秩序や市場の失敗を是正する枠組みとして国家の役割を重要視するようになり、発展もいつか国家の上からの開発と同一視されるようになった。日本では徳川時代に新しく土地を開くことを「新田開発」と呼び、ここから明治政府が北海道の拓殖を「北海道開発」と呼んだ。この意味での上からの開発は、やがて戦時中の「満蒙開発」時代を経て、戦後の「地域開発」へと伝承されていく。新田開発は、本文に見るように仏教の「開発」(かいほつ)からとられたものであり、洋の東西を問わず、自動詞としての発展／開発は間もなく、国家によって簒奪され、他動詞として用いられるようになった。それと共に本来開発／発展の主体たるべき市民、人間も開発の「客体」、他動詞の目的語に転化するようになった。この事情を生き生きと描写したのはゲーテの『ファウスト』(第二部第五幕)である。本来、発展／開発は人権、人間の自由権を拡大する言葉だったが、この意味転換と共に、開発という大義名分の下に先祖代々の土地を追い立てられたり、周囲の環境をこわされたりして、人権を蹂躙される事例が随所にみられるようになった。内発的発展は、市民・住民たちがこのような他律的開発に対抗して、開発を自らの内部にとり戻す試みだといってよい。

## 所得貧困から人間貧困へ (from poverty to deprivation)

貧しく困っている状態とは、何かが不足するという意味でのラテン語の **paucer** から出た。英語の **poverty** では、物質的な不足によって人間が不自由な状態に置かれている様子を指す。この意味での貧困を測定するために、政府は貧困線を設定して、それ以下の所得しか得ていない人々に補(扶)助金を与え、これらの人々の生活を支える。これは所得貧困（income poverty）と呼ばれ、アメリカでは人口の七人に一人は食糧切符など政府の援助を得、日本では約百万世帯が生活保護法の対象となっている。世界銀行は一日一ドルの所得を基準として、それ以下の「貧困人口」が世界に約一二億人（一九九八年）いるとしている。だが一年三六〇ドル以下の収入の人がすべて「貧困」「欠乏」状態かというと、そうは必ずしも言えない。なぜなら、年間収入何ドルという国民所得の計算はすべて市場取引活動の測定に基いているからである。社会のセメントが、市場交換ばかりでなく、贈与や互酬、ボランティアシップや、または強制に基いているところでは、豊かさ（well-being）を図るには別の尺度が必要になる。国民一人当たりの収入が一人一日一ドル以下のブータンや中国雲南省のいくつかの少数民族地域では、現金収入は高くなくても、人々が平和で穏やかな生活を営んでいる様子が看取される。そうすると、貧困には国民所得計算以外の尺度も必要になる。そもそも人々が欠乏状態に置かれるのは、本人の性質や能力ばかりでなく、社会システムに発するところが大きい。貧困は「南の世界」「女性」「農民」「先住民」等々の特定社会層に現れる場合が多いのである。このような貧困は単に所得の大小によるのではない。アメリカの黒人や日本の女性のように所得は高くても社会的昇進が難しい（黒人の失業率は全米平均四・五％の五倍に及ぶ）例もある。このような貧困は所得が高くても存在するので、人間貧困（human deprivation）と呼ばれる。ここで「貧困」とは、権利が剥奪されている状態を指す。もちろん所得貧困もしばしば人間貧困に基いている場合が多い。いいかえれば、貧困は別に低所得国に限られた現象ではなく、世界どこでも見られるものである。国連の場でも次第に、貧困問題を所得貧困から人間貧困へととらえ直して、人権確立によって人間開発／発展をすすめ、人間貧困をなくそうとする考え方が強まっている。人権確立を主眼とする内発的発展では人間貧困の解消が重要な柱となる。

## 福祉とよい生活（welfare and well-being）

長年にわたって、開発の目的は政府が社会政策によって福祉（welfare）を実現することにあると考えられてきた。ここで福祉とは、よい状態（wellness）をつくり出すことを指している。しかし、近年二つの意味で政府の福祉政策がそのまま住民の豊かさを実現するとは限らない事情が明らかになってきた。先ず第一には、政府の上からの福祉政策は個人の豊かさ、安全を保障する重要な要因であるにせよ、それだけでは人々がかえって援助に安住し、自立が難しくなる側面が指摘されるようになったことがある。実際にアメリカ人口の七分の一に及ぶ「アンダークラス」と呼ばれる低所得層（その大部分は有色人種）が、白人―アングロサクソン―プロテスタント（WASP）がリードする社会で思うように活動することはきわめて困難である。第二にはこれまで福祉政策は「大きな政府」によって推進されてきたが、一方では石油ショック後の国際分業体制の是正で、先進工業国の高利潤が難しくなったこと、また他方では先進地域での高齢化の進行など、政府財政支出が増大したこと、この双方の理由により「福祉国家の破産」が明らかになったためである。そこから人びとが発展過程に参加することによって、自らの選択能力を強め（エンパワーメント）、自ら豊かさを実現していくアプローチが重視されるようになった。上からの福祉に対して、自らの創意で自らの能力を強め、社会的活動の幅を広げていくことによって豊かさを実現していく生き方を「よい生活」（well-being）という。「福祉」は所得貧困の是正策、「よい生活」は人間貧困の是正策で、前者は他動詞として豊かさを実現し、後者は自動詞として豊かさを実現する。内発的発展の基礎には、この豊かさ概念の転換がある。

## ボランティアシップ（volunteership）

人間の自発的意思による社会的行動を指す。わたしたちの世界では一つは、社会の基盤に市場経済が置かれているために、人びとの行動の基準として、営利性（profitability）が重視され、人間がビジネスでの成否によって評価される面がある。また、近代世界システムは、国民国家をベースとして成立してきたために、人びとは人間としてよりも、しばしば「国民」（nation）として教育され、「国益」（national interest）に従って行動する性向もある。「国民」プラス「営利性」が結合すると、それは「エコノミック・アニマル」という、かつて日本に冠せられた形容詞となる。このような「ビジネスマン」「国民」養成に役立つ教育が「インストラクション」（instruction――社会制度 structure にはめ込むことを意味する）教育である。しかし、社会の結合要因は市場や国家ばかりではない。個人同士の相互尊敬、信頼、連帯、愛情など非営利的、非強制的要因も社会を形成し、個人の豊かさを実現していく上で重要な要素である。このような非営利要素を伸ばすべく、人間の能力を拡大する教育を education――ラテン語の educire〔引き出す〕からくる――という。引き出す教育の重要な部分がボランティアシップの涵養であり、NPOやNGOはボランティアシップを実現する重要な媒体であるといえる。グローバリゼーションの下での多文化時代にはますますボランティアシップが評価される傾向にある。一九九八年日本のNPO法の公布、二〇〇一年国連の国際ボランティア年の設定等はそれを示している。

## オルターナティヴ貿易 (alternative trade)

国際貿易は市場原理、つまり需要と供給原理によって行われる建前になっている。だが同時に、貿易は歴史的に形成されてきた各国の経済構造に従って行われるので、そこではしばしば独占原理もはたらく。そのため、貿易において支配的な、あるいは有利な立場に立つ国、従属的な、あるいは不利な立場に立つ国のちがいが出てくる。国際貿易では付加価値が高く安定した販売先をもつ工業製品国は、付加価値が低く、市場価格の上下に振り回されやすい一次産品国に比べ、有利な立場に立つ。後者はどうしても貿易赤字、そして債務が累積し、それが他国への依存性を強め、発展の障害となりがちである。産油国も富裕なように見えるが、先進国のガソリン価格に占める原油の比率は一割程度でしかなく、その原油もいつ枯渇するか判らない。こうした状態から脱却する道は二つある。一つは、それぞれの地域がモノカルチュア(単一生産物)的な生産、輸出を行う古典的な国際分業体制から脱け出て、自分の地域で必需品の生産に努めること(工業化、それをベースとした新国際秩序、ガンジーのいうスワデシ〔地域自給〕)、第二は、生産費に基いた価格形成に努め、互恵的な貿易を行うことである。後者の道は、南北貿易を国際分業として行うのではなく、相互理解、互恵の場として行うもので、欧米や日本のNGOは、これを第三世界貿易、公正貿易(FT)、オルターナティヴ貿易(AT)等と呼んで実施している。ATでは、生産者がどういう状態で生産しているか、原価はどうか、どれだけの輸送保険費用がかかるか、販売コストはどうか、等をすべて公開し、消費者が国際貿易の仕組みを理解する役に立てている。ATが国際市場貿易にとって代わることはあり得ないにせよ、それは自立した地域同士の取引き、また、現在の国際貿易の仕組みを理解するための鏡の役割を果たすものとして、つねに有用である。ATは都市と農村の交換においてもしばしば行われているし、政府の米価設定や生産費保障の仕組みも、ATの一部といえる。

### 基本的必要（Basic Needs, Basic Human Needs）

もともとは、マルクス経済学で労賃の設定基準を労働者の社会的必要に立脚させたのに始まる（アグネス・ヘラー『マルクスの欲求理論』法政大学出版局）。第二次大戦以降、経済開発＝経済成長と考えられて世界的な開発ブームが出現したが、そのなかで、むしろ、人間が商品、客体のように扱われ、世界的に貧困が増大してきた。この事態を反省して、開発の目的はたんに資本を蓄積することではなく、むしろ人間の必要を充足させることにこそある、とする考え方が国際機関の場で一九七〇年代の中ごろから提起されるようになった。人間の基本的必要（BNあるいはBHN）とは、衣食住や保健、教育、雇用等を指す。BNは人間が人権を実現し、人間らしい生活を営むために必須のものと考えられる。国連が人間開発（発展）の指標として発表している人間開発指標（Human Development Indices—HDI）では、保健、教育、必需品を購入するために必要な所得水準を指標としてとっている。内発的発展では、資本蓄積を社会目標として設定しない代わりに、住民一人一人のBN充足が重視される。

### 文化と開発（culture and development）

文化には色々な意味がある。辞書で先ず出てくるのは、「人間が自然に手を加えて得られた物心両面の成果」、つまり開発の成果であり、世の中が開けて便利になることを指している。

また第二に、人間の物的生活維持を越えて、精神生活に関わる領域を指すこともあり、学問、芸術、道徳、宗教、政治等の分野を意味することがある。

第三には、ある社会集団がもつ世界観や共通の行動様式を指し、「ミソ汁文化」「キムチ文化」「家父長文化」等はこの意味で使われる。開発はこれまで、文化をすすめるものとして考えられてきた（例：文化住宅、文化果つる所）。しかし、開発が大量生産、大量消費体制を拡散し、画一文明を押し進めることの弊害がだんだん意識されるようになってきた。物事の価値基準が単一化することによって、民族や地域固有の価値基準が捻じ曲げられたり、人間が自分の価値に自信がもてなくなることから、しばしば貧困（権利の剥奪としての **deprivation**）が現れることも認識されてきた。ここから、ユネスコは一九八八年から十年間を「文化的発展のための十年（**The World Decade for Cultural Development**）」として設定し、それぞれの民族集団固有の文化を考慮した開発をすすめるべきことを決議した。「多文化時代」の幕開けである。開発が文化をもたらすのではなく、それぞれの文化は独自の動態（発展の可能性）をもっており、これら独自の文化を考慮に入れない開発は人間にとって不幸な事態、すなわち貧困をしばしば導きうる。このことが世界的に認知されるようになった。内発的発展は地域や民族独自の文化と経済社会発展の相関関係を見る発展観、そして発展パターンであり、その意味では「文化と開発」そのものである、といえる。

## 大同と中道（daidong and middle-way）

大同はもともと孔子の『礼記』の中で、すべての人が小康状態にあり、誰をも恐れることなく暮らしている理想状態を指した。一九世紀半ば、西欧列強の中国侵入に際して、腐敗した清朝に対抗して蜂起した太平天国では無差別平等の世界を示すスローガンとなった。近年になり、一九七四年にストックホルムで開催された国連の第一回環境会議の際には、西欧のNGOが公害のない世の中(理想郷)を現すスローガンとして「大同」を掲げ、注目された。覇者のない世の中、民主的な世の中こそが環境を保全する社会システムなのである。儒教の平和思想はそのまま環境保全思想につながる。

中道は仏教の根本概念であり、多すぎること(貪欲)も少なすぎること(禁欲)をも退け、「足るを知る」(基本的必要の充足)中道の実践こそが救い(悟り、あるいは開発)に至る道であるとする。この考え方は高度成長時代にシューマッハーによってとり上げられ(『スモール・イズ・ビューティフル』講談社学術文庫)、大量生産・大量消費システムに対する最初の警鐘を鳴らすことになった。

大同も中道も共に、アジアの伝統的知恵に基く平和と発展の実践の思想であるといえる。

## 持続可能な発展(sustainable development)

今の大量生産・大量消費体制の下では、公害や環境破壊、生態系変化により、経済成長や開発の土台そのものがこわれて、成長や開発の持続性も脅かされるとする考え方。一九八〇年代の後半に国連が任命した「開発と環境に関する独立委員会」(議長を務めたノルウェーの前首相の名をとり、ブルントラント委員会ともいう)がこの見方を打ち出し、一九九〇年代以降、国際開発の場での大きなスローガンとなった。SDの考え方に従えば、開発は必ず保全の努力を伴わなければならない。さもなければ、われわれが開発をすすめればすすめるほど、環境や資源ベースは破壊され、われわれの子孫がわれわれ並みの生活をすることは困難となるだろう。われわれの今の生活は子孫たちの犠牲の上に成り立っているのである、とする。内発的発展では、開発が保全を伴うべきことには同意する。ただし、環境破壊は単に経済の結果として自動的に生じるのではなく、むしろこのような大量生産・大量消費体制を創り出した人間の社会システムの反映である、と考える。従って、本来的な保全を実現するためには、社会システム自体を保全型に転換し、定常的な（経済成長を自己目的とするのではない）経済社会を実現しなければならない。今の経済社会システムをそのままに、環境保全を行うことは出来ない相談なのだ。すでに一九世紀中葉にこの問題を予見したジョン・スチュアート・ミルは、このような新しい社会システムこそは勤労者の自主管理、参加型の社会である、と主張した（『経済学原理』岩波文庫）。内発的発展は、環境保全のためには、地域住民が自分の住む地域に自治権（スワラジ）を確立し、自分たちのイニシアチブで、全員参加型の発展を実現していく必要がある、と考える。

## キーパーソン（key person）

内発的発展はしばしば、前近代的、共同体的社会への回帰ではないか、と批判される。しかし、本書第八章で見たように、いわゆる「共同体」社会とは既に、近代以降の世界システムの発展の中で、それに包摂され、大きく変容しており、純粋に前近代的な共同体社会とは世界のどこにも存在しない。インドのカースト制、ラテンアメリカのマチスモ（あるいは家父長制）、日本の集団主義なども決して昔ながらのものではなく、世界システムへの対応の中で、独自に進化し、強められてきた側面がある。しかし、多くの地域社会が、この世界システムの中で、タテ割型に支配され、それが、このシステムの存続を許容、または支えてきている面もある。それだけに内発的発展では、これら自立をめざす諸地域、諸民族がお互いにネットワークをつくり、水平的な世界秩序を形成していくことが重要になる。その動因がキーパーソンである。キーパーソンとは、これら世界システムの内部で、視野も行動範囲もせばめられている地域社会や民族内から出て、他の世界経験をもち、自己の世界を客観化することにより、一段と広い展望のもとに自己の地域、集団の発展を考え、そのために行動する人にほかならない。内発的発展では、このような人の出現、その人の人間的選択により、地域や集団の歴史が変わってくるとする。ガンジーはその一例である。イランの王制下の近代化に反旗をひるがえしたシーア派の聖職者（ウラマー）たちも、農村から出て都市に学んだ知識人であった（『鶴見和子曼荼羅』Ⅲ知の巻、Ⅸ環の巻、藤原書店、参照）。

---

### マハトマ・ガンジー（Mahatma Gandhi：1869-1948）

本名はモハンダース・カラムチャンド・ガンジー。インド独立の卓越した精神的指導者として広く人々に尊敬され、「偉大な」（マハトマ）という形容詞を冠して称えられる。グジャラート州のポールバンダルで藩王の執事の家に生まれる。商人カーストの一族はかれのイギリス留学に反対したが、それを振切って一八八八—九一年、ロンドン法律学院で法学を学ぶ。この留学生活の間にインド人としてのアイデンティティにめざめ、非暴力主義、菜食主義の立場をとる。また、ラスキンの倫理的経済観、トルストイの人道主義の影響を受けた。帰国後間もなく一八九四—一九一五年の二二年にわたり、主として南アフリカ共和国での生活。この時期にアパルトヘイト（人種差別主義）に反対し、サティヤーグラハー（真理をつかむ）と名づけた非暴力抵抗運動を組織する。

インド帰国後、アフマダバード郊外に「サティヤーグラハー・アシュラム」（塾）を設立。独立運動を担う若者たちを養成した。この塾に入る人々は、真理をつかむために、人を愛する（非暴力、アヒンサー）、盗まない、不倫をしない、物に固執しない（不所有）、肉体労働を進んで行う、欲望を抑える、人を恐れない、あらゆる宗教の尊重、スワデシ（自給）、カースト差別の否定等一一の誓いをたてた。一九一九年アムリッツァーにおける虐殺事件後、国民会議派の設立大会の主催者の一人となる。また、新聞『ヤング・インディア』を創刊、非暴力抵抗運動、カースト制克服、ヒンズー教とイスラム教の融和のために健筆をふるった。一九三〇年の「塩の行進」（塩専売法反対運動）後、インド中に高まった独立運動の指導者としてしばしば投獄と断食を繰返した。しかし、一九三四年には国民会議派から退いた。一九四〇年には第二次大戦参戦に反対し、また、四七年の独立前後には、ヒンズー教徒とイスラム教徒の融和を説いて断食を行った。そのため、四八年狂信的なヒンズー教徒に暗殺された。

ガンジーの教えは、いまの自分の不幸を克服するには、人を攻撃するのではなく、自分が変わる（自立／スワラジ）ことから始めなければならない、というものである（『インドの自治』一九〇九年）。その思想は常に実践を伴っており、かれは、外国製品ボイコット運動（スワデシ）のなかで、自ら糸車を回し、カディと呼ばれる農民の白い綿衣を着用して、洋服を捨てるようになる。

ガンジーは「私の生涯が私のメッセージである」とのべ、かれの思想を知る最良の手引きはかれの自伝（一九二五年）である。しかし、これは一九二〇年代前半までで終わっている。かれのインド独立ビジョンは『わが夢見るインド』と題する、かれの死後弟子たちが編集した本にまとめられている。かれのインド未来象は次のようなものであった。［1］インドの独立＝スワラジは、インド人一人ひとりの心の独立＝自治に基かなければならない。［2］それは、経済自給（スワデシ）を伴わなければならない。［3］そこでは一切の階級差別があってはならない。ガンジーは、人道愛＝人権を基礎においた自治と自給の分権社会を新生インドの平和的な未来像として構想した。このようなインドを象徴する国旗として、かれは多民族を示す橙・白・緑の三色の中央に自給を意味する糸車を置いた。だが、ネルーら国民会議派が指導する独立インド国家は、糸車をアショカ王の紋章である法輪に替え、中央集権的国家権力を強めた。この国家は財閥と結び、強権的な資本蓄積を推進したが、宗教・民族対立、カーストやジェンダー差別を克服することはできなかった。今日、ガンジーの思想を継ぐアシュラムやNGOは全インドに広がり、インドにおける「もう一つの発展」の担い手となっている。

# あとがき

今日のアジアでは、進行する経済グローバル化のなかで、アジアとしてのアイデンティティを求める動きが一段と強まっている。タイ、インドネシア、韓国、フィリピンなど各地で、従来の外資と結んだ開発独裁型国家を改革し、民主化と人間発展を実現しようと努める市民社会の運動が進行しており、それがアジア諸国の変化とそれをベースとしたアジア独自の地域主義を形成しようとする動きの根底にあると考えられる。本書は、このような動きの論理と実践を理解する一助として、早稲田大学現代政治経済研究所の場で一九九五年来組織されてきた「アジアの内発的発展」研究プロジェクトの研究成果である。

内発的発展の理論は既に一九七〇年代以来、当時全盛を誇ったアメリカ起源の近代化論（すべての国は発展のためには、「近代化」という形で先進国の繁栄のおこぼれにあずかり、先進国を模倣しなければならないとする思想）に対抗して、アジアから提起されたものだが（それに先立って、ラテンアメリカでは同様の批判が「従属論」という形で主張された）、その本格的基礎がためは、一九八九年に川田侃・鶴見和子編による『内発的発展論』（東京大学出版会、なお本書はＮＩＲＡ［総合研究開発機構］政策研究・東畑精一記念賞を受賞した）において行われた。しかし、その一層の展開については、個々の事例分析が必要である。日本に関しては地域興しとの関連でかなりの程度事例収集が行われており、また、中国については、鶴見和子や費孝通らの江蘇省等での調査（鶴見和子『内発的発展論の展開』筑摩書房、鶴見和子・宇野重昭編『内発的発展と外向型発展――現代中国における交錯』東京大学出版会）が、ヨーロッパについてはスペインのモンドラゴンなど協同組合地域社会作り等に関する多くの研究調査がある。だが、これらを除いて、内発的発展のきわめて盛んなアジアやその他の南の世界の諸地域では、多くの草の根レベルでの実践にも関わらず、まとまった研究はほとんど存在しない。これは、日本のアジアを見る視点が、先ず日本企業の進出先としての見方に偏っており、その反対側で何が進行しているかについては、わたしたち日本人がほとんど無関心である事実と関連していると考えられる。僅かに最近、グラミン銀行などマイクロ・クレジットの運動が世界に紹介され、政府開発援助でもＮＧＯを対象として含めるなど、歓迎すべき動きが出てきているものの、学問的な研究や理論化は日本も含めて、世界的に緒についたばかりだといってよい。

本書はこのような空白を埋めるために先ずアジア地域での内発的発展の事例収集に努めたものである。その場合に、出来るだけ、これらの発展事例の背景に横たわる思想と論理を明らかにするように努力した。これらは、単に経済一元論ではなく、文化と社会、経済の動きを総合的に理解しようとする開発研究の実践でもある。もちろん本書は、アジア、そして世界随所に見られる内発的発展の総合的研究ではなく、そのような研究に向けての一歩としての意味をもつものでしかない。しかし、本書が多くの方の関心に触れ、たんに発展途上地域ばかりではなく、実はわたしたちの手の届く周囲にも広く、そしてごく何気なく見られる人々の自律的発展の試みを見直す一助となれば、それは編者にとって望外の喜びである。

本研究プロジェクトに対しては一九九五―九七年にわたり村田学術振興財団の助成を頂いた。また、出版に関しては早稲田大学学術出版補助の助成をも頂いた。

本書の刊行にあたっては、藤原書店社長藤原良雄氏、編集部清藤洋氏に格段のご配慮を頂いた。お世話になった方々に感謝の念を表したい。

二〇〇一年三月

編　者

大国インド』（明石書店、1997）、共訳書に『第三世界の農村開発』（明石書店、1995）がある。国際子ども権利センター：電話／FAX 03-3219-3977

## 田中　直（たなか・なお）

1951年東京都生まれ。東京大学工学部反応化学科卒。博士（理学、東北大学）。石油会社にて、石油精製プロセス管理、廃プラスチック再生、微細藻の生化学研究、排水処理の技術開発等に従事。会社勤めのかたわら1987年よりアジア民間交流ぐるーぷ代表を勤め、インドネシアのＮＧＯと協力して、低価格住宅供給、職業訓練、排水処理等のプロジェクトを実施。1999年より同団体専従となり、現在に至る。編著書に、『転換期の技術者たち』（剄草書房、1989）『エネルギー問題——工業化社会の自然と労働』（社会評論社、1984）等、訳書に『バイオテクノロジーと第三世界』（剄草書房、1990）、論文に「適正技術・代替社会」『岩波講座現代社会学』第25巻（1996）所収、等がある。

## 佐竹眞明（さたけ・まさあき）

1957年東京都生まれ。中央大学法学部法律学科卒業。上智大学大学院外国語学研究科国際関係論専攻博士前・後期課程修了。1989年四国学院大学専任講師。現在社会学部応用社会学科教授。87-89年、97-98年、フィリピン共和国留学、アテネオ・デ・マニラ大学フィリピン文化研究所（IPC）にて客員研究員。国際関係論博士。著書に『フィリピンの地場産業ともう一つの発展論——鍛冶屋と魚醤』（明石書店，1998）、共訳書に、エリザベス・ウイ・エヴィオータ『ジェンダーの政治経済学——フィリピンにおける女性と性的分業』（明石書店、2000）、論文に「瀬戸内地域のフィリピン人——出稼ぎから定住へ」会沢勲編『アジアの交差点——在日外国人と地域社会（増補改訂版）』（社会評論社、1996）所収、がある。e-mail：msatake@sg-u.ac.jp

## 中谷文美（なかたに・あやみ）

1963年山口県生まれ。上智大学外国語学部フランス語学科卒。（財）京葉教育文化センターに勤務後、オックスフォード大学大学院社会人類学修士・博士課程修了。人類学博士。1991-93年、インドネシア、バリ島でフィールド調査に従事後、短期調査を継続中。上智大学アジア文化研究所共同研究員、京都文教大学人間学部助手を経て、現在岡山大学文学部助教授。共著に『新版・入門アジア研究』（めこん、1999）『社会変容と女性』（ナカニシヤ出版、1999）『男性論』（人文書院、1999）、*Staying Local in the Global Village: Bali in the Twentieth Century* (University of Hawaii Press)、『構築主義とは何か』（勁草書房、2001年）、訳書にA・ヴィッガーズ『演出された〈楽園〉——バリ島の光と影』（新曜社、2000）、論文に「〈女の手仕事〉としての布生産——インドネシア、バリ島における手織物業をめぐって」『民族学研究』65巻3号（2001）等がある。

## 松島泰勝（まつしま・やすかつ）

1963年沖縄県生まれ。早稲田大学政治経済学部経済学科卒業。早稲田大学大学院経済学研究科博士後期課程履修単位取得。在ハガッニャ（グアム）日本国総領事館、在パラオ日本国大使館において専門調査官として勤務。現在早稲田大学現代政治経済研究所特別研究員、横浜市立大学講師。

論文に「ニューカレドニアにおける自立と共生の試み」佐藤幸男編『南太平洋島嶼国・地域の開発と文化変容』（名古屋大学大学院国際開発研究科、1995）「島嶼交易と海洋国家」塩田光喜編『海洋島嶼国家の原像と変貌』（アジア経済研究所、1997）「ミクロネシアとアジア」『外務省調査月報』（外務省、1999）がある。

## 編者紹介

### 西川　潤（にしかわ・じゅん）

1936年台湾台北生まれ。早稲田大学第一政治経済学部、パリ大学高等学術研究院卒業。現在早稲田大学政治経済学部・同大学院アジア太平洋研究科教授。これまでメキシコ大学院大学・北京大学・チュラロンコーン大学（タイ）等の客員教授を歴任。著書に『人間のための経済学』（岩波書店、2000）『社会開発——経済成長から人間中心型発展へ』（編著、有斐閣、1997）『世界経済診断』（岩波ブックレット、2000）『内発的発展論』（共著、東京大学出版会、1991）『援助と自立——ネグロス島の経験から』（編著、同文舘、1991）等がある。社会発展ＮＧＯフォーラム、アジア人権基金等、ＮＧＯの仕事もしている。http：//faculty.web.waseda.ac.jp/jnishi/index-j.html

## 著者紹介（執筆順）

### 野田真里（のだ・まさと）

1964年三重県生まれ。早稲田大学政経学部経済学科卒、同大学院経済学研究科修士課程修了、名古屋大学大学院国際開発研究科博士後期課程満了、ロンドン大学 LSE 市民社会センターに日本学術振興会特別研究員として留学。フィリピン、カンボジア等で NGO ワーカーとして勤務。現在、名古屋大学大学院国際開発研究科助手。専門は社会開発論、ＮＧＯ／ＮＰＯ論、開発経済学。著書に、西川潤・野田真里共編著『仏教・開発・NGO』（近刊、新評論）、論文に「内発的発展と宗教——カンボジアにおける仏教と開発」川田順造他編『岩波講座・開発と文化』（岩波書店、1998）等がある。
e-mail：noda@wa2.so-net.ne.jp ； panodam@m.gsid.nagoya-u.ac.jp

### 米岡雅子（よねおか・まさこ）

1974年東京都生まれ。早稲田大学政治経済学部経済学科卒。在学中に曹洞宗国際ボランティア会[現(社)シャンティ国際ボランティア会]でパートタイムスタッフを勤め、開発教育協議会でボランティアをする。開発教育教材「フィリピン——戦争と開発と私たち」を共同で自費出版(1997)。1999年より(社)シャンティ国際ボランティア会海外事業企画調査課でラオス・カンボジア(図書館、アジア子どもの家)事業担当として勤務中。

（社）シャンティ国際ボランティア会：電話・03-5360-1233　FAX・03-5360-1220

### 穂坂光彦（ほさか・みつひこ）

1947年東京都生まれ。早稲田大学理工学部卒、東京大学都市工学大学院博士課程中退。1977年より1995年まで国連地域開発センター（名古屋）、国連アジア太平洋経済社会委員会（バンコク）、国連人間居住センター・コミュニティ参加プロジェクト（コロンボ）などで、アジア各国の都市低所得者居住地改善を担当。1988年、各地のスラム住民組織や NGO のネットワークである「居住の権利のためのアジア連合」（ACHR、本部バンコク）の設立に参加。1990年オハイオ州立大学客員研究員。1995年より日本福祉大学経営開発学科教授。著書に『アジアの街　わたしの住まい』（明石書店、1994）がある。
e-mail:hosaka@mihama.n-fukushi.ac.jp

### 甲斐田万智子（かいだ・まちこ）

1960年長崎県生まれ。上智大学外国学部卒。サセックス大学開発問題研究所修士課程修了。1992年より1996年までインド・グジャラート州に滞在。南アジア NGO 研究会に所属し、SEWA や女性運動、貧困女性・子どもについて研究。専門は子どもの権利。1996-1999年国際子ども権利センター大阪事務所に勤務。1999年国際子ども権利センター横浜事務所開設。現在同センター副代表。共著に『国際協力を仕事として』（弥生書房、1995）『NGO

アジアの内発的発展《ないはってきはってん》

2001年4月25日　初版第1刷発行©

編　者　西　川　潤
発行者　藤　原　良　雄
発行所　株式会社　藤　原　書　店


〒162-0041　東京都新宿区早稲田鶴巻町 523
TEL　03 (5272) 0301
FAX　03 (5272) 0450
振替　00160-4-17013


印刷・美研プリンティング　製本・河上製本

落丁本・乱丁本はお取り替えします
定価はカバーに表示してあります

Printed in Japan
ISBN4-89434-228-6

**VI 魂《こころ》の巻——水俣・アニミズム・エコロジー**　　解説・中村桂子
*Minamata : An Approach to Animism and Ecology*
四六上製　544 頁　**4800 円**（1998 年 2 月刊）◇4-89434-094-1
水俣の衝撃が導いたアニミズムの世界観が、地域・種・性・世代を越えた共生の道を開く。最先端科学とアニミズムが手を結ぶ、鶴見思想の核心。
月報　石牟礼道子　土本典昭　羽田澄子　清成忠男

**VII 華の巻——わが生き相《すがた》**　　解説・岡部伊都子
*Autobiographical Sketches*
四六上製　528 頁　**6800 円**（1998 年 11 月刊）◇4-89434-114-X
きもの、おどり、短歌などの「道楽」が、生の根源で「学問」と結びつき、人生の最終局面で驚くべき開花をみせる。
月報　西川 潤　西山松之助　三輪公忠　高坂制立　林佳恵　C・F・ミュラー

**VIII 歌の巻——「虹」から「回生」へ**　　解説・佐佐木幸綱
*Collected Poems*
四六上製　408 頁　**4800 円**（1997 年 10 月刊）◇4-89434-082-8
脳出血で倒れた夜、歌が迸り出た——自然と人間、死者と生者の境界線上にたち、新たに思想的飛躍を遂げた著者の全てが凝縮された珠玉の短歌集。
月報　大岡信　谷川健一　永畑道子　上田敏

**IX 環の巻——内発的発展論によるパラダイム転換**　　解説・川勝平太
*A Theory of Endogenous Development : Toward a Paradigm Change for the Future*
四六上製　592 頁　**6800 円**（1999 年 1 月刊）◇4-89434-121-2
学問的到達点「内発的発展論」と、南方熊楠の画期的読解による「南方曼陀羅」論とが遂に結合、「パラダイム転換」を目指す著者の全体像を描く。
〔附〕　年譜　全著作目録　総索引
月報　朱通華　平松守彦　石黒ひで　川田侃　綿貫礼子　鶴見俊輔

---

人間・鶴見和子の魅力に迫る

## 鶴見和子の世界

**R・P・ドーア、石牟礼道子、河合隼雄、中村桂子、鶴見俊輔ほか**

学問／道楽の壁を超え、国内はおろか国際的舞台でも出会う人すべてを魅了してきた鶴見和子の魅力とは何か。国内外の著名人六三人がその謎を描き出す珠玉の鶴見和子論。〈主な執筆者〉**赤坂憲雄、宮田登、川勝平太、堤清二、大岡信、澤地久枝、道浦母都子ほか。**
四六上製函入　三六八頁　**三八〇〇円**
（一九九九年一〇月刊）◇4-89434-152-2

---

『回生』に続く待望の第三歌集

## 歌集 花道

**鶴見和子**

「短歌は究極の思想表現の方法である。」——脳出血で倒れ、半世紀ぶりに復活した歌を編んだ歌集『回生』から三年、きもの・おどりなど生涯を貫く文化的素養と、国境を超えて展開されてきた学問的蓄積が、リハビリテーション生活の中で見事に結合。
菊判上製　一三六頁　**二八〇〇円**
◇4-89434-165-4

今世紀最高の歴史家、不朽の名著

# 地中海

*LA MÉDITERRANÉE ET*
*LE MONDE MÉDITERRANÉEN*
*À L'ÉPOQUE DE PHILIPPE II*
Fernand BRAUDEL

## フェルナン・ブローデル　浜名優美訳

新しい歴史学「アナール」派の総帥が、ヨーロッパ、アジア、アフリカを包括する文明の総体としての「地中海世界」を、自然環境、社会現象、変転極まりない政治という三層を複合させ、微視的かつ巨視的に描ききる社会史の古典。国民国家概念にとらわれる一国史的発想と西洋中心史観を無効にし、世界史と地域研究のパラダイムを転換した、人文社会科学の金字塔。

●第32回日本翻訳文化賞、第31回日本翻訳出版文化賞、初の同時受賞作品。

**〈続刊関連書〉**
**ブローデルを読む**　ウォーラーステイン編
**ブローデル伝**　デックス
**ブローデル著作集**（全5巻予定）

---

### ハードカバー版（全5分冊）　A5上製　揃35,700円

| | | | | | |
|---|---|---|---|---|---|
| I | **環境の役割** 600頁 | 8600円 | (1991年11月刊) | ◇4-938661-37-3 | |
| II | **集団の運命と全体の動き** 1　480頁 | 6800円 | (1992年6月刊) | ◇4-938661-51-9 | |
| III | **集団の運命と全体の動き** 2　416頁 | 6700円 | (1993年10月刊) | ◇4-938661-80-2 | |
| IV | **出来事、政治、人間** 1　456頁 | 6800円 | (1994年6月刊) | ◇4-938661-95-0 | |
| V | **出来事、政治、人間** 2　456頁 | 6800円 | (1995年3月刊) | ◇4-89434-011-9 | **〔付録〕索引ほか** |

### 〈藤原セレクション〉版（全10巻）　B6変並製　揃17,400円

各巻末に、第一線の人文社会科学者による書下し「『地中海』と私」と、訳者による「気になる言葉——翻訳ノート」を附す。

| | | | | |
|---|---|---|---|---|
| ① | 192頁 | 1200円 | ◇4-89434-119-0 | (L・フェーヴル、I・ウォーラーステイン) |
| ② | 256頁 | 1800円 | ◇4-89434-120-4 | (山内昌之) |
| ③ | 240頁 | 1800円 | ◇4-89434-122-0 | (石井米雄) |
| ④ | 296頁 | 1800円 | ◇4-89434-123-6 | (黒田壽郎) |
| ⑤ | 242頁 | 1800円 | ◇4-89434-126-3 | (川田順造) |
| ⑥ | 192頁 | 1800円 | ◇4-89434-136-0 | (網野善彦) |
| ⑦ | 240頁 | 1800円 | ◇4-89434-139-5 | (榊原英資) |
| ⑧ | 256頁 | 1800円 | ◇4-89434-142-5 | (中西輝政) |
| ⑨ | 256頁 | 1800円 | ◇4-89434-147-6 | (川勝平太) |
| ⑩ | 240頁 | 1800円 | ◇4-89434-150-6 | (ブローデル夫人特別インタビュー) |